जापान के विविध रंग-राग

जापान के विविध रंग-राग

प्रो. रीतारानी पालीवाल

वाणी प्रकाशन

वाणी प्रकाशन
4695, 21-ए, दरियागंज, नयी दिल्ली 110 002

शाखा
अशोक राजपथ, पटना 800 004

फ़ोन: +91 11 23273167 फ़ैक्स: +91 11 23275710

www.vaniprakashan.in
vaniprakashan@gmail.com

JAPAN KE VIVIDH RANG-RAAG
by Prof. Reetarani Paliwal

ISBN : 978-81-8143-787-7
Culture/Religion

प्रथम संस्करण 2008
द्वितीय संस्करण 2015

मूल्य : ₹ 350

हर्ष प्रिंटर्स, दिल्ली-110 093 में मुद्रित

वाणी प्रकाशन का लोगो मक़बूल फ़िदा हुसेन की कूची से

अनुक्रम

पुस्तक के विषय में

साकुरा और काबुकी के देश में 7

ज्वालामुखी की भूमि पर 'ओनसेन' का आनंद 22

झूमती वासंती बयार में 'हानामी' (जापान में बसंत) 30

'मोमिजी' : जापान का लाल शरद बीच 40

'चानोयू' : जापानी में चायोत्सव का सौंदर्यशास्त्र 49

काबुकी : एक नया रंगानुभव 63

यों सीखी जापानी भाषा 69

जापान के बच्चों के साथ 78

जापानी समाज और साहित्य में महिला लेखन 87

बीसवीं सदी का जापानी और हिंदी कविता में युद्ध की मनोभूमिका 103

जापान में अज्ञेय 120

जापान में हिंदी 136

जपान में विद्यार्थियों द्वारा हिंदी नाटक का मंचन 142

जापानी जीवन और सृजन संस्कार का प्रतीक 'मन्योशु' 148

प्राचीन जापान के संघर्षरत जन की प्रेम कविताएँ 154

जापानी वसंत की कविताएँ 160

मिमि-नाशी-होइचि : कनकटा होइचि (जापानी कहानी) 163

फूले साकुरा की पृष्ठभूमि में कियो मिजु देरा मन्दिर : क्योतो

पारम्परिक जापानी नाटक 'नोह' की स्टेज़ प्रॉपर्टी
मुखौटा एवं मुड़वों पंखा

जापान में बसन्त : हवा में झूलती साकुरा फूलों की पँखुरियाँ

मध्यकालीन सुप्रसिद्ध चित्रकार होकुसाई का 'उकिएओ' चित्र
जापानी नर्तकी 'गेइशा'

फूले साकुरा के बीच काबुकी नृत्य का मंचन

फुजि पर्वत शिखर और घाटी में फूलों की खेती

तोक्यो के इनोकाशिरा पार्क में शरद में हरी से नारंगी, फिर लाल होती पत्तियाँ

'नान ज़ेन जी' मन्दिर (क्योतो) की शाकाहारी तोफू रसोई में पारम्परिक जापानी कक्ष में बैठकर भोजन करती लेखिका एवं प्रो. कृष्णदत्त पालीवाल

रिन-ज़ेन जी मन्दिर (क्योतो) के उद्यान में 'मोमिजी'
(जापान के लाल शरद का एक दृश्य)

पारम्परिक वेशभूषा : 'किमोनो' पहने जापानी परिवार

तोक्यो गाइकोकु दाइगाकु के छात्र-छात्राओं के साथ प्रो. तोषियो तनाका, प्रो. पालीवाल और लेखिका (अतामी के सागर तट पर)

साकुरा और काबुकी के देश में

एयर इंडिया की विमान सत्कारिणी ने जब चाय की ट्रे हमारे सामने बढ़ाई तो अचानक नींद से जागते हुए मैंने घड़ी की ओर निगाह डाली। अभी सवा तीन बजे थे। खिड़की से बाहर की ओर झाँका तो प्रकाश फैला था। दिन अच्छी तरह निकल आया था। मुझे लगा कि वाकई हम पूर्व में हैं और मेरी घड़ी पिछड़ गई है। समय पूछने पर सत्कारिणी ने कहा कि पौने सात बज रहे हैं और अगले पचास मिनट में हमारा विमान तोक्यो हवाई अड्डे पर होगा। मैंने अपनी घड़ी की सुइयाँ सही वक्त के साथ मिलाईं और खिड़की के बाहर बादलों की सफेद उजली चादर के नीचे 'उगते हुए सूरज के देश' को खोजने लगी। जब से यह तय हुआ था कि मेरे पतिदेव 'तोक्यो विदेशी अध्ययन विश्वविद्यालय' में अतिथि प्रोफ़ेसर के रूप में कुछ समय तोक्यो में रहेंगे और इस तरह मेरा घर कुछ दिनों के लिए तोक्यो में होगा तभी से धुर पूरब में 'उगते सूरज के देश जापान' के प्रति मन में तरह-तरह की जिज्ञासाएँ पनप उठी थीं। जापान के विषय में थोड़ा-बहुत मालूम था—जापानी मोटरगाड़ियों, टेलीविज़नों, कैमरों, ही-टेक पैनों आदि का इस्तेमाल करते हुए दुनिया भर के लोगों पर जापान की तकनीकी-औद्योगिक प्रगति की धाक है। यहाँ जल्दी-जल्दी आने वाले भूकंपों, लकड़ी के घरों, दुनिया-भर में सबसे तेज़ रफ्तार की रेलगाड़ियों के बारे में हम बचपन से पढ़ते चले आ रहे हैं। दूसरे विश्व-युद्ध की भयंकरतम विनाशलीला की विभीषिका को झेलने वाले देश के रूप में संवेदना के गहनतम स्तरों पर अंकित था यह देश। लेकिन इस सबके बावजूद हमारे यहाँ की यूरोसेंट्रिज्म या वैस्ट-सेंट्रिज्म के चलते पश्चिम के बारे में जितनी व्यापक और गहरी जानकारी आम तौर पर लोगों को है उतनी एशिया के विषय में नहीं है। एशिया के इस सबसे विशिष्ट और सबसे आगे बढ़े देश को देखने और समझने के लिए मन में काफी उत्साह था। जापान के इतिहास और संस्कृति संबंधी कई पुस्तकें पुस्तकालय में जाकर उलटी-पलटी थीं। विमान की खिड़की से बादलों की सतह के। उस पार कुछ भी साफ नहीं दिखाई दे रहा था। बस कल्पना में तैर रहा था—सुदूर पूर्व में प्रशांत महासागर की लहरों से खेलता एक द्वीप-समूह जो सबसे अलग खड़ा सिर ऊँचा किए दुनिया-भर को देख रहा है, जिसे सागर की लहरें एशिया

के विभिन्न भूभागों से जोड़ती हैं। सागर के बीच तैरते इन द्वीपों की अधिकांश भूमि पर्वतीय है। कुछ ही मिनटों बाद हमारा विमान नीचे की ओर बढ़ने लगा। घने जंगल, नदी, झील, खेत, बस्तियाँ, पुल दिखाई देने लगे। नुकीले वृक्षों को देखकर देवदारु का भ्रम होता था।

सात बजकर पैंतीस मिनट पर हम नारिता हवाई अड्डे पर थे। करीब एक घंटे में कस्टम आदि की औपचारिकताएँ पूरी करके बाहर लॉबी में आए और नौ बजे के करीब हम लिमोज़ीन बस में सवार होकर तोक्यो सिटी एयर टर्मिनस के लिए रवाना हो गए। लिमोज़ीन बसें नारिता हवाई अड्डे को तोक्यो शहर से जोड़ने वाली बसें हैं और ये कई इलाकों के लिए अलग-अलग चलती हैं। नदी, पहाड़, गाँवों के किनारे गुज़रते हुए लगभग सवा घंटे के सफर में जो चीज़ सबसे ज्यादा ध्यान खींच रही थी वह थी यातायात की अबाध गति, पुलों, फ्लाइओवरों, टनलों की सहायता से हाइवे को क्रॉसिंगों से बचाया गया था। तोक्यो सिटी एयर टर्मिनस पहुँचे तो सवा दस बज रहे थे। प्रो. तोषियो तनाका वहाँ हमारी प्रतीक्षा करते मिले—बड़े ही आत्मीय, शालीन और प्रसन्नचित्त व्यक्ति। प्रो. तोषियो तनाका तोक्यो यूनिवर्सिटी ऑफ फॉरेन स्टडीज़ में हिंदी के आचार्य एवं विभागाध्यक्ष हैं। उनसे मिलने पर लगा कि हिंदी भाषा ही नहीं, भारतीय जीवन और संस्कृति में भी वे भीतर तक रमे हुए हैं। वे टैक्सी से हमें किचीजोजी नामक इलाके की ओर ले चले जहाँ हमारे लिए निवास स्थान आबंटित था। रास्ते में तोक्यो शहर की गगनचुंबी इमारतें, चौड़ी, साफ-सुथरी सड़कें और इन सबके साथ खड़े वृक्ष अनायास ही ध्यान खींच लेते थे। अधिकांश चौराहों या गलियों के मोड़ों पर हरी वेशभूषा में लोग सफाई करते दिखाई दे रहे थे। तेज़ हवा के झोंकों के साथ हल्की-हल्की फुहार पड़ रही थी लेकिन वे लोग एक-एक तिनका साफ करके सड़कों को आँगन की तरह बुहार कर स्वच्छ और चमकदार बनाने में लगे थे।

मार्च का महीना समाप्त हो रहा था। पतझड़ से निर्वसन हुए पेड़ वसंती हवा के झोंकों से सिहर उठते थे। वसंत के आगमन की सूचना देते हुए साकुरा के वृक्ष हल्के गुलाबी फूलों से लद गए थे। सड़क के किनारे झूमते वृक्षों के 'साकुरा' नाम से परिचय तनाका जी ने ही कराया था और यह भी बताया था कि अंग्रेज़ी में चेरी ब्लॉसम नाम से प्रसिद्ध यह वृक्ष जापान से ही पश्चिम को भेंट मिला है। साकुरा के फूलों की हल्की गुलाबी पंखुड़ियाँ जितनी मनोहर होती हैं उतनी ही नाज़ुक भी। हवा के झोंकों के साथ झड़कर बिखरती जाती हैं।

पौने ग्यारह बजे प्रो. तनाका ने टैक्सी ड्राइवर को मुख्य सड़क से बायीं ओर गली में मुड़ने को कहा और हम बाज़ार की मुख्य सड़क छोड़कर एक गली में पहुँचे। दोनों तरफ बने मकान काफी सुंदर थे, द्वार पर लगे फूलों के पौधे बड़े कलात्मक ढंग से

तराशे हुए थे। कुछ दूर पहुँचकर एक कंपाउंड के गेट में हमारी टैक्सी घुसी और हम बी, 203, 2-61-1, किचीजोजी में थे। जापान में यही हमारा घर था—छोटा, साफ-सुथरा सरकारी आवास। डॉ. कृष्णदत्त शर्मा वहाँ मौजूद थे और उनकी अगवानी में हमें लगा कि हम भारत में ही हैं। थोड़ी ही देर में प्रो. तनाका ने हमसे विदा लेते हुए कहा कि अब आराम कीजिए और यात्रा की थकान उतारिए। तनाका जी का आभार व्यक्त करते हुए हमने उन्हें विदा किया।

अगले दिन शर्मा जी को भारत वापस जाना था। अतः शाम को वे हमें आसपास के इलाके से वाकिफ करा लाए। बाज़ार, पोस्ट ऑफिस, रेलवे स्टेशन, बैंक आदि सभी की पहचान स्थूल रूप में की, क्योंकि उन इमारतों के बोर्ड आदि पर जो कुछ लिखा था उसके विषय में तो हम निरक्षर ही थे। जापान के लोग अपनी भाषा के प्रति इतने आश्वस्त हैं कि उसके अलावा और कोई अक्षर प्रयोग ही नहीं करते। ऐसे में विदेशी लोगों को तो एकमात्र आँखों का सहारा रह जाता है, रंग और शक्ल से जगह या वस्तु पहचानी जाती है। दूसरे दिन सुबह शर्मा दम्पति को विदा करने के पश्चात् हम अपनी आगामी दिनचर्या पर विचार करने लगे। घर की सभी चीज़ों से वाकिफ होकर मैंने रसोई सँभाली और भारत से साथ लाई दालों और मसालों की जगह निश्चित की। मेरे पतिदेव विश्वविद्यालय के रास्ते और ट्रेन लाइनों का नक्शा पढ़ने लगे।

जापानी जीवन और संस्कृति से हमारी घनिष्ठता साकुरा के माध्यम से ही हुई। सुबह-शाम जब भी घर से बाहर निकलते वासंती हवा में तैरती पँखुड़ियाँ अनायास आकृष्ट करतीं। हर गली, मोड़, सड़क के किनारे फूलों की बौछार सी थी। झीलों का रंग किनारे पर लगे वृक्षों की परछाईं से गुलाबी दीखता था। साकुरा के वृक्षों पर पतझड़ के बाद पहले कली और फूल आते हैं और दस-बीस दिन तक झूम-झूमकर गीत गाते हुए जब फूल झड़ जाते हैं, तब नई कोंपलें और पत्तियाँ फूटती हैं। अप्रैल के महीने का गुलाबी वातावरण मई आते-आते स्याह हरा और सघन होने लगता है। साकुरा का फूलना जापानी जीवन में एक विशेष उमंग और उत्साह लेकर आता है। काम से फुर्सत पाते ही लोग साकुरा के वृक्षों के नीचे आकर बैठते हैं, मित्रों, परिवारों के साथ झीलों-पार्कों में पिकनिक मनाते हैं। जगह-जगह पुष्पोत्सव—'हाना मात्सूरी'—का आयोजन होता है जिसमें आगे-आगे फूल-बिखरेते बच्चे और पीछे-पीछे बड़े लोग चलते हुए मंदिरों में पहुँचते हैं। जापान में महात्मा बुद्ध का जन्मदिन भी अप्रैल में ही मनाया जाता है। इस दिन बौद्ध मंदिरों के प्रांगण में 'हाना मात्सूरी' का आयोजन होता है। कागज़ के बने सफेद हाथी को खींचते हुए बच्चे जुलूस निकालते हैं। बच्चे-बूढ़े-जवान, सभी फूलों के उल्लास में खोए महसूस होते हैं। फूलों से जापानियों को बहुत लगाव है। चारों तरफ फूल ही फूल हर मौसम में दिखाई देंगे। एक पौधा फूल चुकेगा तो

दूसरा फूलने को तैयार। इस तरह बारहों महीने कोई न कोई फूल मौजूद रहते हैं। 'इकेबाना' जैसी पुष्प-सज्जा की परंपरा फूलों के देश में ही संभव है।

जापान के लोगों से परिचय और मैत्री एक सुखद अनुभव है। लोग ज्यादा बातूनी नहीं होते, दूसरे के काम में दखल भी नहीं देते, लेकिन व्यवहार में बहुत शिष्ट और मददगार किस्म के हैं। जापानी भाषा न जानने के कारण आपको कोई भी असुविधा है तो आपकी मदद के लिए तुरंत तैयार होंगे। इन लोगों का अपनी भाषा और संस्कृति से लगाव सराहनीय है। पश्चिमीकरण की ओर उन्मुख हो जाने पर भी न तो उनकी जापानी भाषा में आस्था टूटी, न ही उन्होंने जापानी रहन-सहन को त्यागा। किमोनो छोड़कर पश्चिमी वेशभूषा तो धारण कर ली लेकिन भोजन धरती पर बैठकर चॉप स्टिक से ही करते रहे हैं। घोर पराभव की प्रताड़ना के भीतर से औद्योगिक विकास की जो चिनगारी फूटी उसे भाषा ने दृढ़ आस्था और आधार दिया। उन्हें कभी नहीं लगा कि पश्चिम का नया ज्ञान-विज्ञान उनकी अपनी भाषा वहन ही नहीं कर पाएगी। उन्नीसवीं शताब्दी के उत्तरार्द्ध में 'मेइजी पुनर्स्थापना' युग में तथा दूसरे विश्व-युद्ध के पश्चात मित्र-राष्ट्रों की पराधीनता के समय में भी जापान ने थोड़े से समय में दुनिया-भर को चमत्कृत कर देने वाली जो प्रगति की उसमें उसकी भाषा ने उसे दृढ़ आधार प्रदान किया। जापानी जनता के धैर्य और लगन का अधिकतम फलप्रद उपयोग जापानी भाषा के माध्यम से किया जा सका। भाषायी दीवार न होने के कारण हर व्यक्ति को अपनी क्षमता का भरपूर इस्तेमाल करने का अवसर मिला। लोगों का जीवन-स्तर ऊँचा हुआ और औसत आयु में वृद्धि हुई। भाषायी अस्मिता के संबंध में हम भारतीयों को जापान से सीख लेनी चाहिए। हम जो कहते हैं कि अपनी भाषाओं का प्रयोग तब करेंगे जब उनका विकास कर लेंगे वह कितना सही है, इसकी जाँच जापान से तुलना करके हमें करनी चाहिए। जापान में आधुनिक नवजागरण का दौर भारत से पहले नहीं शुरू हुआ और वहाँ की भाषा के पास तो ज्ञान-विज्ञान की प्राचीन भारत जैसी विकसित परंपरा भी नहीं थी, लेकिन वहाँ के लोग दुनिया की सर्वश्रेष्ठ टैक्नोलॉजी अपनी भाषा में विकसित करके आर्थिक सुपर पॉवर बन सके। युद्धोत्तर जापान का इतिहास स्वातंत्र्योत्तर भारत से छोटा किंतु आश्चर्यजनक प्रगति का इतिहास है। स्वातंत्र्योत्तर भारत चाहता तो 'विकासशील देश' की अवस्था से ऊपर उठ सकता था। सूचना क्रांति के युग में हम इंटरनेट और वेबसाइट से भारतीय भाषाओं को अद्यतन ढंग से नहीं जोड़ पाए हैं जबकि यह सिद्ध हो चुका है कि संस्कृत भाषा कंप्यूटर के लिए सर्वाधिक उपयुक्त भाषा है, उसका वैज्ञानिक व्याकरण और ध्वनि-व्यवस्था बहुत सहजता से कंप्यूटर पर प्रयुक्त हो सकती है। जापानी भाषा और लिपि दुनिया की कठिनतम भाषाओं और लिपियों में होने के बावजूद उन्होंने न केवल

अपनी भाषा को सूचना प्रौद्योगिकी से बहुत सफलता से जोड़ा है बल्कि दुनिया भर से अपनी भाषा के। माध्यम से जुड़े हुए हैं। इंटरनेट पर निरंतर अनुवाद की व्यवस्था रखकर सूचना का लेन-देन अपने ढंग से करते हैं। अपने विनिर्माण, शिक्षा, विज्ञान, व्यापार, प्रशासन, चिकित्सा आदि सभी कामों में अपनी भाषा ही इस्तेमाल करते हैं। विदेशी भाषाएँ सीखते हैं, उनके लिए शिक्षक स्वयं तो तैयार करते ही हैं बाहर से भी बुलाते हैं लेकिन व्यावहारिक जीवन की भाषा उनकी अपनी है।

जापानी अस्मिता बोध की बड़ी रोचक ढंग से पहचान उस वक्त हुई जब एक दिन अंग्रेज़ी दैनिक 'जापान टाइम्स' पढ़ते हुए निगाह अचानक दुनिया के नक्शे पर अटक गई और लगा कि नक्शा कुछ अटपटा-सा लग रहा है। ध्यान देने पर पाया कि तस्वीर उस कोण से नहीं ली गई जिससे हम लेने के आदी हैं और जिसमें जापान दुनिया के पूर्वी कोने पर एक तरफ दिखाई देता है। यह तस्वीर ग्लोब के उस कोण को सामने रखते हुए ली गई थी जहाँ जापान केंद्र में दिखाई देता था, एशिया तथा योरोप उसके पश्चिम में और अमरीका पूर्व में। यह सर्वथा उचित और तार्किक ही है कि कोई देश अपनी आँखों से दुनिया-भर को देखे, दूसरों के चश्मों से नहीं। हम लोग दुनिया का भूगोल उन एटलसों और मानचित्रों की सहायता से देखने के आदी हैं जो पश्चिम ने तैयार किए हैं और योरोप को के।द्र में रखकर दुनिया को देखते हैं। उन्हीं के नज़रिए से अमरीका पश्चिम है, अफ्रीका मिडिल ईस्ट, भारतीय महाद्वीप ईस्ट और जापान फार ईस्ट। लेकिन जापान में ग्लोब को इस कोण से नहीं देखा जाता तो इसका कारण है वहाँ की स्वतंत्र मानसिकता। दुनिया के बहुत बड़े भूभाग पर योरोपीय देशों, विशेषकर इंगलैंड का आधिपत्य रहा और उन्होंने अपने आपको सबसे श्रेष्ठ और सबके केंद्र में रखने की जो नीति बनाई थी वह पराधीन देशों पर हावी हो गई। अधिकांश पराधीन देश पश्चिम की आँखों से ही अपने आपको देखते-परखते रहे। स्वाधीनता पा लेने के बावजूद उनकी मानसिकता गुलामी की जकड़न से मुक्त न हो सकी। जापान का इतिहास पराधीनता का इतिहास नहीं रहा। उसकी भौगोलिक स्थिति के कारण उस पर ज्यादा विदेशी हमले हुए नहीं और फिर मध्य युग में करीब 250 वर्षों तक उसने अपने द्वार दुनिया-भर के लिए बंद रखे। उन्नीसवीं सदी के मध्य में अमरीकी नौ-सैनिक बेड़े ने जब यहाँ प्रवेश कर लिया तो जापान ने मैत्री संधि कर अपने द्वार पश्चिमी देशों से व्यापार और सांस्कृतिक-वैज्ञानिक संबंधों के लिए खोल दिए। पश्चिमी ज्ञान-विज्ञान के साथ आए पश्चिमी सभ्यता-संस्कृति के प्रभावों को उसने वहीं तक ग्रहण किया जहाँ तक वे उसे उचित लगे।

द्वितीय विश्व-युद्ध में जिस पराभव का मुँह देखना पड़ा उसे भी जापानी जन-मानस ने एक तरह की चुनौती के रूप में लिया। अपार धैर्य, सहिष्णुता और

संयम के साथ न केवल उसने अपनी खोई हुई प्रतिष्ठा पुनः स्थापित की बल्कि अपनी संपूर्ण क्षमता, पटुता, प्रवीणता और साधना को निर्माणकारी कार्यों की ओर उन्मुख कर दिया। युद्ध के दौरान, 'साम्राज्यवादी-सैन्यवादी शक्ति' के रूप में जो अपयश उसने अर्जित किया था, उसे औद्योगिक प्रगति के रूप में स्थापित सुयश से धो डाला। पश्चिमी दबावों के प्रति जापानी मन में जो आक्रोश था उसका उदात्तीकरण हुआ जिससे उसे अधिकाधिक रचनात्मक ऊर्जा प्राप्त हुई और वह अपने आपको न केवल औद्योगिक रूप से विकसित देश अपितु आर्थिक सुपर पॉवर बनाने में सक्षम हुआ। ऐसी स्थिति में स्वाभाविक ही है कि ये लोग अपने को केंद्र में रखते हुए दुनिया का नक्शा खींचें।

जापान के मंदिरों को देखना अपने में एक विशिष्ट अनुभव है। आकाश को छूते हुए ऊँचे-ऊँचे वृक्षों से घिरे विशाल प्रांगण में स्वच्छ-शांत वातावरण में खड़ा इनका लकड़ी का स्थापत्य शिल्प बड़ा ही भव्य और मनोहर प्रतीत होता है। उनके शिखर ढलानदार छतनुमा होते हैं। ढलान नीचे की ओर पहुँचकर थोड़ा घुमावदार हो जाता है। यह घुमाव चारों ओर छज्जे का काम करता है। वृक्षों के बीच मंदिर शिखर का यह घुमावदार ढलान का स्थापत्य शिल्प आकाश में डैने फैलाए पंछी सा प्रतीत होता है। शिंतो उपासनागृहों का बाहरी प्रवेश-द्वार 'तोरी' कहलाता है जो लकड़ी की विशाल चौखट के रूप में खड़ा होता है। तोरी संभवतया 'तोरण' का ही जापानी रूप है और नगर के प्राचीर पर बने तोरण द्वार की भाँति मंदिर का आरंभिक प्रवेश-द्वार होता है। तोरी को पार करते ही सघन वृक्षों के नीचे चलते हुए वन-कुंज का सा अनुभव होता है। घने वृक्षों को पार करते ही प्रांगण में मंदिर के मुख्य भवन की सीढ़ियाँ होती हैं। बौद्ध मंदिरों और शिंतो 'जिंगो' अथवा जिंजा उपासनागृहों का परिवेश प्राकृतिक जीवन की निकटता की दृष्टि से लगभग मिलता-जुलता ही होता है। शिंतो मत में यह माना जाता है कि देवता आकाशचारी हैं और पूजा-अर्जना से प्रसन्न होने पर ऊँचे-ऊँचे वृक्षों के सहारे धरती पर उतरते हैं। अतः शिंतो उपासना-पद्धति वृक्षों को अत्यधिक पवित्र मानते हुए उनका सम्मान करती है। ईश्वर से प्रार्थना के समय जो मनौती माँगी जाती है उसे भी लकड़ी के टुकड़े पर लिखकर मंदिर के प्रांगण में खड़े कपूर के वृक्ष पर लगा दिया जाता है। इस कारण शिंतो उपासना-पद्धति वस्तुतः प्रकृति-पूजक है। इस तरह यहाँ वृक्षों, बगीचों, फूलों को मंदिर का अनिवार्य अंग बनाया गया है जो मानव और प्रकृति के साहचर्य को विशिष्ट अर्थवत्ता प्रदान करते हैं और स्थापत्य कला को एक नया आयाम देते हैं। धूप-दीप, नैवेद्य, प्रार्थना-नमन आदि का वातावरण भारतीयों को काफी परिचित सा प्रतीत होता है। प्रसाद पाने और मनोकामना पूर्ति के लिए प्रार्थना का विधान भी भारतीय जीवन से मिलता-जुलता सा ही है। जापान में

पितरों को नमन, आराधना का विशिष्ट विधान है। पितरों से परिवार के मंगल के लिए आशीर्वाद लिया जाता है। घरों में पूजा की वेदी पर पितरों के स्मरण प्रतीक (तलवार, दर्पण, नाम की पट्टिका आदि) रहते हैं जिनका भोग लगाने की परंपरा है। त्योहारों, उत्सवों के अवसर पर भोग लगाने के बाद सामूहिक रूप से 'नओराई' (प्रसाद) ग्रहण किया जाता है। प्रसाद के रूप में साके (जापानी मदिरा), चावल, फल तथा अन्य व्यंजन और फल चढ़ाए जाते हैं।

जापान में त्योहार और उत्सव खूब मनाए जाते हैं। यहाँ तक कहावत है कि वर्ष में लगभग ऐसा कोई दिन नहीं है जिस दिन जापान के किसी न किसी हिस्से में कोई त्योहार न मनाया जा रहा हो। हाना मत्सूरी, हिना मतत्ससूरी, साँझा मत्सूरी, हिगन, हनामी, ताना बाता, तांगोने सेक्का, बॉन, त्सुकिमी, सेत्सुबुन, सिचि गो साँ, जोया नो काने आदि जैसे त्योहारों की प्रचुरता और सामूहिकता भारतीय जीवन का स्मरण कराती है। जिस तरह हिंदू कोई धर्म न होकर जीवन-पद्धति है उसी तरह शिंतो भी प्रकृति और मनुष्य के साहचर्य की जीवन-पद्धति है जिसका कोई दर्शन, धर्मग्रंथ अथवा उपदेश नहीं है एक रहन-सहन का तरीका, एक संस्कृति है जिसकी अभिव्यक्ति उसके लोक-विश्वासों और उत्सवों के माध्यम से होती है। जापानी भाषा के 'मत्सूरी' शब्द का अर्थ है—त्योहार, उत्सव, ईश्वर की उपस्थिति से साक्षात्कार, उसकी सेवा, अर्चना, वंदना, स्वागत। इस साक्षात्कार और स्वागत के विभिन्न अवसरों और स्वरूपों में भाग लेना और उनमें निहित आनंद की प्राप्ति ही शिंतो आस्था, विश्वास, प्रबोध और उस सबके बीच अपने होने का अहसास है। ऋतुओं के आने, फसल के कटने, सूर्य की गतियों के परिवर्तन, विभिन्न ऋतुओं में चंद्रमा की कलाओं और नक्षत्रों से जुड़े अनेक त्योहारों की परंपरा में आधुनिक जीवन की जटिलताओं और शहरीकरण के चलते काफी हद तक बदलाव आया है लेकिन फिर भी उत्सव-धर्मिता और लोक-विश्वास जन-जीवन में काफी गहरे पैठे हुए हैं। आचमन-मज्जन, पूजा-अर्चना, धूप-दीप, देवों के आह्वान आदि तो भारतीय जीवन से काफी मिलते-जुलते हैं ही जापानी गीत, नृत्य, संगीत, नाटक आदि के स्रोत भी इन्हीं उत्सवों में निहित हैं। विशिष्ट अतिथि के रूप में पधारने वाले देवों के सम्मान में आयोजित 'कागुरा' प्रस्तुतियाँ आरंभ में मंत्रोच्चार और गीत-संगीत ही थीं जिनमें कालांतर में अभिनय मुद्राओं और गतियों का समावेश हुआ और उन्होंने ग्रामीण 'कागुरा' नृत्य का रूप ले लिया। देवताओं के अनुग्रह और कृपा का गुणगान करते हुए गायकों का आनंदातिरेक भारतीय भक्तिपरक गीतों की तन्मयता का स्मरण कराता है विशेष रूप से कृष्ण-भक्त कवियों और गायकों (चैतन्य महाप्रभु, चंडीदास आदि) के गायन-कीर्तन और हर्षोन्माद में नृत्य का। जैसे भारतीय शास्त्रीय संगीत-नृत्य और भक्ति कविता परस्पर अभिन्न

हैं और प्रत्येक की चरमोपलब्धि रसोद्रेक की तन्मयता और आह्लाद में होती है उसी तरह जापानी 'कागुरा' गायकों की भाव-प्रवणता से उत्पन्न गति, यति, लय ने अभिनय और नृत्य की सृष्टि की। जापान के परंपरागत 'नोह' नाटक में इस गीत नृत्य के अवशेष आज भी विद्यमान हैं।

'नोह' जापान का पारंपरिक और प्राचीनतम नाट्य रूप है जो नारा युग (आठवीं शताब्दी) की सांगाकु नामक प्रदर्शन कला पर आधारित है। एशियाई प्रस्तुतिपरक कलाओं के मिले-जुले रूप सांगाकु के जापानीकृत रूप और उताई-मताई नामक संगीत-नृत्य शैलियों ने मिलकर 'नोह' रंगमंच का विकास किया जिसका आरंभिक रूप लोक-जीवन और लोक संवेदना की अनगढ़ता से शक्ति पाता था। कालांतर में इसमें सूक्ष्म कलात्मकता और शैलीगत विशिष्टताओं का समावेश हुआ। कामाकुरा युग (तेरहवीं-चौदहवीं शताब्दी) के मध्य में यह परिपक्व नाट्य-शैली के रूप में विकसित हो गया। चौदहवीं शताब्दी में इसे शोगुन (सामंती शासक) याशुमोत्सु का संरक्षण प्राप्त हुआ और इसने सूक्ष्म अभिनय और भाव-विधान से परिष्कृत-सुसंस्कृत नाट्य का रूप ग्रहण कर लिया। कनामी और जेआमी जैसे प्रतिभा-सम्पन्न कलाकारों के हाथों नोह एक गहन काव्यात्मक, प्रतीकात्मक, वैचित्र्यमूलक, वैदग्ध्यपरक नाट्य-परंपरा के रूप में स्थापित हुआ। लोक-जीवन और लोक-विश्वासों पर आधारित नोह नाटकों में जन-जीवन की पीड़ा, वेदना, उत्सर्ग और आदर्शों की अभिव्यक्ति रहस्यात्मक, प्रतीकात्मक, पौराणिक परिवेश के माध्यम से होती रही है। शास्त्रीय संगीत, नृत्य, वृंदगान, मुखौटों का प्रयोग, वेशभूषा तथा अन्य आहार्यों से सृजित अयथार्थ स्थितियों के माध्यम से यह गहन जीवन-यथार्थ को प्रस्तुत करता रहा है। अभिनय में पुनरावृत्ति और दीर्घ-विलंबित गति की लय द्वारा भाव और मनःस्थिति का विस्तार करते हुए यह गहन प्रभाव की सृष्टि करता रहा है।

समय तथा परिस्थितियों के अनुरूप कालांतर में नोह नाट्य-विधान में नए-नए प्रयोग भी होते रहे हैं किंतु इसका संगीतात्मक, काव्यात्मक और प्रतीकात्मक स्वरूप कायम रहा है। आधुनिक युग में नोह मध्ययुगीन सामंतीय भाव-बोध से बाहर निकल वैज्ञानिक-तार्किक भाव-बोध से सम्पृक्त हुआ है और इसके वस्तु और शिल्प दोनों में ही नवोन्मेष के लक्षण दिखाई देते हैं। विशेष रूप से यूकियो मिशिमा के आधुनिक नो नाटक—'कान्तान' (1950), 'सोताबा कोमाची', 'यारोबाशी' (1965) आदि—पारंपरिक नोह की मूल मनोदशा को बड़ी ईमानदारी से पुनर्व्यवस्थित करने और उसे समकालीन परिवेश में पुनःसृजित करने का प्रयास करते हैं। 'यारोबाशी' उनका अत्यंत प्रसिद्ध नाटक है जिसका अंग्रेजी अनुवाद 'दि ब्लाइंड यंगमैन' नाम से हुआ है। इस नाटक में मिशिमा अग्नि शस्त्रों, आणविक विस्फोटों और विश्वजनीन अपराधबोध-जन्य

मानवीय त्रासदी की परिस्थितियों के भीतर पारंपरिक नोह के लालित्य और लाघव को समकालीन रंगमंच पर बड़े ही प्रभावपूर्ण ढंग से उत्पन्न करने में सफल हुए हैं। उन्होंने नोह के शैलीबद्ध रूप—शास्त्रीय संगीत, नृत्य, वृंदगान, मुखौटे, वेशभूषा आदि—का भी इस नाटक में समावेश नहीं किया किंतु इसके बावजूद नोह रंगमंच के अनुपम रहस्यात्मक वातावरण की सृष्टि में मिशिमा सफल रहे हैं।

नोह आज भी जापानी रंग-प्रस्तुति का सशक्त और लोकप्रिय माध्यम है। परंपरा और आधुनिकता की परस्पर टकराहट और इस टकराहट से जन्मे कार्य-कारण संबंध का यह बड़ा ही जीवंत और मूर्त्त उदाहरण है जिसमें लोक और शास्त्र एक-दूसरे से प्रेरणा और ऊर्जा ग्रहण करते हैं। नोह के प्रशिक्षण और मंचन की विधिवत व्यवस्था है। नोह प्रस्तुति की विभिन्न शैलियाँ विकसित हुई हैं जिनमें कांज़े, हौशौ, कोम्पारम, कोगॉ, किता आदि काफी लोकप्रिय हैं। आजकल की प्रस्तुतियों में नोह के साथ क्योगेन का भी मेल हुआ है जिससे नोह के गंभीर-गहन परिवेश का शमन करते हुए कुछ समय के लिए परिवेश में हास्य-व्यंग्य के माध्यम से ताज़गी उत्पन्न की जाती है। क्योगेन नामक हास्य-व्यंग्यपरक नाट्य विधा का विकास भी प्राचीन सांगाकु से ही हुआ है। वर्तमान प्रस्तुतियों का क्रम—नोह <> क्योगेन <> नोह—का रहता है जिसमें बीच में हँसी-मजाक के द्वारा चित्त को हल्का करके। अंत में पुनः गंभीर रहस्यात्मक वातावरण का प्रसार होता है।

जापानी रंगमंच का सर्वाधिक प्रसिद्ध, समृद्ध और कलात्मक रूप काबुकी है। कहना चाहिए कि जापानी जीवन, समाज, इतिहास और सांस्कृतिक की पहचान बनाने में काबुकी की महत्त्वपूर्ण भूमिका रही है। नोह का संबंध जहाँ पुराकथाओं के रहस्यात्मक वातावरण आदिम मन, ग्रामीण समाज, लोक जीवन की आस्थाओं, विश्वासों और आकांक्षाओं से रहा है वहीं काबुकी, नागरिक सामंतीय शौर्य और शृंगारपरक जीवन में गहरा पैठा हुआ नाट्य-रूप है। उत्स तो काबुकी के भी शिंतो देवोपासना में ही मिलते हैं। काबुकी का आरंभ इज़ूमो देवस्थान की ओकुमी नामक परिचारिका के नृत्य से माना जाता है। ओकुमी नामक यह महिला देवताओं की उपासना में 'नेम्बुत्सु ओदारी' नामक नृत्य किया करती थी। इसी नृत्य से काबुकी नाट्य शैली का उद्भव हुआ। जापान के इतिहास का सामंत-काल—एदो युग (1603-1868) काबुकी के जन्म, विकास और चरमोत्कर्ष का काल रहा है। नेम्बुत्सु ओदारी नृत्य के संगीत और अभिनय को आधार बनाते हुए काबुकी नाटकों का विधान 1603 में ही आरंभ हो गया। तोकुगावा सैनिक योद्धाओं सरदारों—शॉगुनो—ने छोटे सरदारों पर आधिपत्य स्थापित करते हुए सैन्य शासन की स्थापना की और अपनी राजधानी एदो (आधुनिक तोक्यो) को बनाया। सुदृढ़ शासन-व्यवस्था स्थापित

करते हुए इन सैनिक तानाशाहों ने 15 पीढ़ियों तक जापान पर शासन किया। आंतरिक शांति व्यवस्था के परिणामस्वरूप आर्थिक-सामाजिक-सांस्कृतिक उन्नति हुई। कृषि और व्यापार की सम्पन्नता ने मौद्रिक अर्थ-व्यवस्था का विकास किया और व्यापारी वर्ग को सम्पन्नता प्रदान की। शिल्प और कलाओं को बढ़ावा मिलने के परिणामस्वरूप उनका तेज़ी से विकास और प्रसार हुआ। सैन्य सरदारों (शोगुनों) की शासन व्यवस्था में विभिन्न सामाजिक वर्गों का प्रतिष्ठाक्रम भी उनकी उत्पादन शक्ति के अनुरूप निर्धारित हुआ जिसमें सर्वोपरि योद्धा वर्ग था फिर किसान और शिल्पकार और उनके बाद व्यापारी। सामंतों और योद्धाओं के एदो में आकर दुर्ग के भीतर और उसके आसपास इकट्ठे होकर बस जाने से उनके। शहरीकरण की प्रक्रिया तेज़ हुई। विभिन्न कार्यों और साधनों को जुटाने के लिए व्यापारी तथा शिल्पकारों को नगर में बुलाया और बसाया गया। धीरे-धीरे नगर सामाजिक विकास और संस्कृति का केंद्र बन गया। सम्पन्न व्यापारी और शिल्पकार वर्ग का संरक्षण और प्रोत्साहन पाकर सर्जनात्मक कलाओं का विकास और उत्कर्ष हुआ। बुनराकु (कठपुतली नाट्य) और काबुकी जैसी क्लासिकी नाट्य शैलियाँ तथा गेइशा जैसी कलात्मक आतिथ्य परंपरा और उकियोऐ शैली की चित्रकारी इसी युग की देन है। इन कलाओं का विकास व्यापारी और शिल्पकार वर्ग के आमोद-विनोद के रूप में हुआ था। सामाजिक और व्यवसाय व्यापार संबंधी दबावों से राहत पाने के लिए वे आमोद-गृहों में जाते और कलात्मक विनोदों से सम्पन्न और प्रसन्न होकर लौटते। व्यापारियों और शिल्पकारों के बीच और उनके लिए पनपने के कारण इन कलाओं का स्वरूप और स्वभाव भी नागर जीवन से अभिन्न रूप से जुड़ा हुआ है। इनमें सर्जनात्मक गहनता और तीव्रता का प्रबल आवेग है, साथ ही जीवन की वास्तविकताओं की अनावृत्त अभिव्यक्ति भी है। ग्राम्य जीवन की अनगढ़ता न होकर नगर जीवन का अलंकरण और परिष्करण है, सामंतीय और सैन्य जीवन के प्रभाव-दबाव हैं।

मध्ययुगीन सामंतीय जीवन मूल्यों की साहित्य एवं कला पर जकड़न कैसी सख्त रही होगी इसका प्रमाण इस बात में मिलता है कि जिस काबुकी का जन्म सन् 1603 में नाटक ओकुमी नामक महिला के उपासना नृत्य से प्रेरणा ग्रहण करके हुआ था, उसी काबुकी नाटक में 1629 में महिलाओं की भागीदारी इस हद तक खत्म कर दी गई कि काबुकी रंगमंच पर स्त्री का प्रवेश वर्जित हो गया। न केवल करीब 250-300 वर्षों तक यह वर्जना लागू रही बल्कि काबुकी अभिनय केवल पुरुषों की कला बन गया।

सत्रहवीं शताब्दी के अंत तक आते-आते गेनरोकु काल (1688-1704) में काबुकी एक परिपक्व श्रेष्ठ नाट्य रूप ग्रहण कर चुका था। और तब से आज तक

यह जापान के वैविध्यपूर्ण रंगमंच का सर्वाधिक लोकप्रिय क्लासिक नाट्य रूप बना हुआ है बल्कि रंगमंच के स्वरूप निर्माण और रंग-संस्कार का सबसे सशक्त और महत्त्वपूर्ण साधन रहा है। जापानी श्रेष्ठ रंगमंच के विविध विधापरक तत्त्व क्या हैं, इसकी बोध, अवधारणा और अभिप्राय काबुकी परंपरा में ही विकसित हुए हैं। अतः काबुकी नाट्य शैली और उसकी सुपरिचित मंचीय रूढ़ियाँ—स्त्री का अभिनय करते हुए पुरुष अभिनेता, अत्यंत रूढ़ शैलीकृत अभिनय, रंग-बिरंगी पारंपरिक पोशाकें, गाढ़ी रूप-सज्जा, आदर्श तथा भाव-प्रधान कथन, पारंपरिक मंच विधान आदि—जापानी रंगानुभव का अनिवार्य अंग है।

इन समस्त रूढ़ियों के बावजूद काबुकी में एक आंतरिक लचीलापन होता है जिसके चलते रूढ़ शैलीकृत अभिनय और यथार्थपरक अभिनय दोनों का ही सर्जनात्मक उपयोग कर लिया जाता है। संवाद-प्रस्तुति भी अवसरानुकूल स्वाभाविक और कृत्रिम भावुकतापूर्ण दोनों तरह से की जाती है। अतिरंजनापूर्ण अभिनय और युक्तियों का भरपूर उपयोग किया जाता है। संगीत-नृत्य का समावेश, काबुकी को संवेदनात्मक गहनता और कल्पनाशीलता प्रदान करता है। संगीत-नृत्य का उपयोग भी दोनों तरह से किया जाता है, सहज-स्वाभाविक परिवेश की सृष्टि के लिए भी और अतिरंजनापूर्ण स्थितियाँ और वातावरण उत्पन्न करने के लिए भी। नाट्य-विधान के आंतरिक लचीलेपन के कारण ही काबुकी अभिनेताओं को भूमिकाओं में प्रतिभा और सृजनशीलता का समावेश करने का अवसर मिल पाता है। कभी-कभी किसी भूमिका-विशेष को कोई अभिनेता अपनी विशिष्ट प्रतिभा से इतनी उत्कृष्टता तक पहुँचा देता है कि वह अविस्मरणीय भूमिका बन जाती। अभिनेता अपनी पात्र-विशेष की भूमिका के। लिए प्रसिद्ध होते हैं। नाकामुरा घराने के प्रसिद्ध समकालीन अभिनेता गंजीरो तृतीय की चिकामात्सु मोंजाएमोन के प्रसिद्ध नाटक 'सोनेज़ाकी शिंजू' में ओसाका नगर की गणिका ओहात्सु की भूमिका ऐसी ही अविस्मरणीय भूमिका है। वे इस पात्र का अभिनय एक हज़ार से अधिक बार कर चुके हैं। ओहात्सु और उसके प्रेमी तोकुबेई का रात में सोनेज़ाकी जंगल में अपने जीवन की अंतिम यात्रा पर निकल पड़ने का दृश्य जापानी साहित्य में अत्यंत प्रभावशाली दृश्यों में से एक मात्र माना जाता है। गंजीरों का अभिनय इसे और भी सघन और मार्मिक बना देता है।

काबुकी अभिनेताओं की अपनी कला के प्रति निष्ठा और समर्पण की तन्मयता भारतीय शास्त्रीय नर्तकों का स्मरण कराती है। जिस तरह शास्त्रीय नृत्यांगनाओं अथवा नर्तकों का संपूर्ण जीवन कला साधना को समर्पित होता है वह नृत्य में अधिकाधिक लगन और साधना में ही अपने जीवन का सर्वोच्च आनंद पाते हैं वैसे ही ये अभिनेता भी। दक्षिण भारत के कथकली नृत्य-नाट्य के अभिनेताओं के लिए कहा

जाता है कि वे अपनी विशिष्ट भूमिकाओं—युधिष्ठिर, दुःशासन, दुर्योधन, कुंती, द्रौपदी आदि को भाव की चरम सीमा तक पहुँचाना अपनी चरम उपलब्धि मानते हैं। उनका संपूर्ण जीवन, जीवन का पल-पल उनके नृत्य की साधना में समर्पित होता है। काबुकी अभिनय भी कुछ ऐसा ही है। विभिन्न कालों में अभिनेताओं ने अपनी अकथनीय लगन और असाधारण प्रतिभा से काबुकी नाट्य कला को उत्कृष्टता के चरम शिखर पर पहुँचाया है। मेइजी युग के काबुकी थिएटर में दान्जुर्रा IX और किकुगोरॉ V ऐसे प्रतिभाशाली अभिनेता रहे हैं कि उनके द्वारा प्रस्तुति के लिए लिखे गए नाटक आज भी नाट्योत्सवों का अंग होते हैं। समकालीन काबुकी रंगमंच के नकामुरा उताइमोन षष्ठम इस सदी के सर्वश्रेष्ठ 'ओन्नागाता' (स्त्री का अभिनय करने वाले पुरुष अभिनेता) माने जाते हैं। जेकुएमोन नकामुरा, दांजूरो इचिकावा XII, किकुगोरॉ ओनेए VI, गंजीरो नाकामुरा, यासोसुके बांदो आदि समकालीन काबुकी के अग्रणी अभिनेता हैं। काबुकी अभिनय की उत्कृष्टता का आधार इसकी गुरु-शिष्य परंपरा है जो पैतृक अथवा पारिवारिक अभिनय घरानों के रूप में विकसित और प्रतिष्ठित हुई है। एक घराने के अभिनेता अपनी शैलीगत विशिष्टताओं और विशेष भूमिकाओं के लिए प्रसिद्ध हैं। इसके साथ ही उनकी व्यक्तिगत शैली की अपनी पहचान है जैसे गंजीरो अपनी लास्यपरक 'वागोतो' शैली के सर्वश्रेष्ठ अभिनेता हैं। यह शैली ओसाका एवं क्वेतो की काबुकी परंपरा से संबद्ध है। काबुकी के कुछ प्रसिद्ध घराने अथवा 'या' हैं—कोराइ-या, मात्सुशिया-या, नाकामुरा-या, नारिकोमा-या, नारिता-या, ओतोवा-या, ताचीबाना-या आदि। प्रत्येक अभिनेता अपने व्यक्तिगत नाम के अलावा अपने घराने के नाम से जाना जाता है जैसे उताइमोन नाकामुरा, जेकुएमोन नाकामुरा, गंजीरो नकामुरा। काबुकी नाट्य कथाओं का आधार मुख्यतया प्रेम और शौर्य होता है। ऐतिहासिक नाटक—'जेदाइमोनो'—अक्साशौर्यपरक होते हैं और एदो युग से पहले के इतिहास पर आधारित होते हैं। ऐतिहासिक और कुलीन व्यक्तियों के जीवन पर आधारित ये नाटक युद्ध और राजनीतिक छलछद्मों पर केंद्रित होते हैं। प्रेम और शृंगार की कथाओं में धनाढ्य वर्ग (व्यापारी आदि) तथा नगर की गणिकाओं के प्रेम प्रसंगों की कथाएँ होती हैं। शौर्य और शृंगार के बीच गहन मानवीय प्रेम का विस्तार इन नाटकों को कालातीत संवेदना प्रदान करता है। प्रेम की परिणति सुखांत अथवा आत्मोत्सर्गपरक दुखांत में होती है। भावातिरेक और रोमानियत इन कथाओं की विशेषता होती है। प्रेम की निष्फलता की अवस्था में प्रेमी-प्रेमिका आत्महत्या कर लेते हैं। प्रेम के त्रिकोण की स्थितियाँ भावावेग और नाट्य-संघर्ष की सृष्टि करती हैं। प्रेम, घृणा, ईर्ष्या, बदला आदि मानवीय मनोभावों के उद्रेक द्वारा तनाव, संघर्ष और कौतूहल पैदा होता है।

काबुकी तथा कठपुतली नाट्य बनराकु एक ही समय और समाज के दो सशक्त प्रदर्शनपरक माध्यम होने के कारण इनमें पर्याप्त आदान-प्रदान है। अनेक श्रेष्ठ नाटक ऐसे हैं जिन्हें आरंभ में बनराकु के लिए लिखा गया था और बाद में काबुकी के लिए रूपांतरित कर लिया गया। विशेष रूप से ऐतिहासिक नाटकों के संदर्भ में यह रूपांतरण काफी प्रचलित और लोकप्रिय रहा है। चिकामात्सु मोंज़ाइमोन का 'सोनेज़ाकी शिंजु' बुनराकु शैली का क्लासिक नाटक है। सन् 1953 में प्रसिद्ध नाटककार नोबुओ ऊनो ने इसे काबुकी शैली में रूपांतरित किया और सुप्रसिद्ध अभिनेता गंजीरो III ने इसमें ओहात्सु की भूमिका को सूक्ष्म मानवीय गहनताओं से तराशा। नामिकी सोसुके का 'योशित्सुने कोशिगोइ जो' तथा तकेदा इज़ुमो का 'कुज़ेनोहा' नाम से प्रसिद्ध नाट 'आशिया दोमन ओउची कागामी' जो है, ऐसे ही बुनराकु नाटक हैं जो आज काबुकी के रूप में लोकप्रिय हैं।

मोकुआमी कावाताके ने उत्तर तोकुगावा युग में समाज के निचले तबके के लोगों के जीवन को चित्रित करते हुए काबुकी नाटक लिखे। उनके 'कामियुई शिंगा' (शिंजा नाई) (1875) तथा 'बुंशियी मोत्तोई' (बिसाती सौदा बुंशिची) (1902), 'सेवामोनो' (यथार्थपरक शैली) की श्रेष्ठ नाट्य कृतियाँ मानी जाती हैं।

ई. 1868 में मेइजी पुनर्जागरण काल में नव्य-काबुकी आंदोलन शुरू हुआ तो पश्चिमी नाट्य-पद्धतियों और सिद्धांतों की ओर झुकाव बढ़ा। इस काल में यथार्थपरक नाटक–'सेवामोनो'–की शुरुआत हुई। मेइजी युग में ऐतिहासिक कथ्य पर आधारित नाटकों में भी पुरानी रोमांटिक ऐतिहासिकता की बजाय यथार्थपरकता पर ज़ोर दिया गया। इतिहास में यथार्थ का समावेश करने वाले ये नाटक 'कात्सुरेकी' नाटक कहलाते हैं। फुकुची ओची द्वारा लिखित 'ओमोरी हिकोशिची' ऐसा ही नाटक है जिसकी प्रथम प्रस्तुति 1872 में हुई थी। पश्चिमी परंपरा और सिद्धांतों से प्रभावित काबुकी नाटक शिन-काबुकी कहलाते हैं।

काबुकी का पूरा नाट्य-विधान इतना कल्पनामूलक और काव्यात्मक था कि यथार्थ के समावेश की इसमें बहुत अधिक गुंजाइश न थी। नए विचारों, स्थितियों, प्रवृत्तियों और व्यवहार पद्धतियाँ एक हद तक ही इसके ढाँचे में फिट हो सकती थीं। अतः अपने पुराने नाटकों के संचित भंडार के रूप में ही काबुकी एक लोकप्रिय रंगमंच के रूप में विद्यमान रहा है। जापान के क्लासिकल रंगमंच में–चाहे वह नोह हो या काबुकी या बुनराकु–यथार्थवाद अपने आप में लक्ष्य अथवा मूल्य नहीं है क्योंकि नाट्य-नृत्य और संगीत समग्र रंग-अनुभव के अनिवार्य अंग हैं। युद्धोत्तर कालीन नाटककारों मिचियो कातो और मिशिमा ने काबुकी परंपरा के भीतर आधुनिक भावबोध का समावेश किया। उन्होंने प्राचीन कथाओं में नई संवेदना का संचार

किया। मिचिंयो कातो का 'नामोताके' एक बाँस काटने वाले की प्राचीन कथा पर आधारित है। बाँस के नीचे पाई गई सुंदर छोटी बच्ची की कथा पर आधारित इस नाटक में काव्यात्मकता और प्राचीन कथा का मिजाज पूरी तरह सुरक्षित है और यह आधुनिक काबुकी रंगमंच का लोकप्रिय नाटक है।

काबुकी देखने की ललक जापान पहुँचते ही जाग गई थी लेकिन कुछ समय तक लोभ संवरण जरूरी समझा। जापानी भाषा और संस्कृति से बिल्कुल अपरिचित रहते हुए नाटक को समझना-सराहना लगभग असंभव था। भाषा सीखना तो अपेक्षाकृत लंबा काम है किंतु जापानी-भाषियों के बीच उनकी संस्कृति, हाव-भाव और जापानी भाषा की नाद-व्यवस्था से सहज परिचय प्राप्त हो सकता है। करीब एक महीने में हमें जापानी समाज काफी परिचित-सा प्रतीत होने लगा। हिंदी जानने वाले जापानियों की सहायता से काफी जानकारी हासिल की। जापानी साहित्य और रंगमंच के विषय में भी वाचिक और लिखित, दोनों ही माध्यमों से परिचय प्राप्त करने के बाद हमें लगा कि अब जापानी नाटक देखने के लिए हम कुछ हद तक सुसंस्कृत दर्शक हो सकते हैं। तोक्यो के गिंजा स्थित काबुकीजा थिएटर में काबुकी की प्रस्तुतियाँ वर्ष-भर होती रहती हैं। प्रस्तुति कार्यक्रम अक्सर मासिक होते हैं, ये मासिक कार्यक्रम अभिनय-घराने विशेष पर आधारित होते हैं। नाट्य प्रस्तुति कार्यक्रम लगभग पूरे दिन का होता है। कार्यक्रम को प्रातः और सायं दो भागों में रखा जाता है। प्रत्येक भाग में दो या तीन नाट्य प्रस्तुतियाँ और कम से कम एक नृत्य प्रस्तुति होती है। दर्शक चाहें तो पूरा कार्यक्रम देखें अथवा जिस नाटक-विशेष को देखना चाहें उसके लिए सीमित समय के टिकट भी उपलब्ध होते हैं। पहले-पहल हमने पूरे दिन नाट्य प्रस्तुतियाँ देखने का अभूतपूर्व अनुभव पाना चाहा और दिन भर की तीन प्रस्तुतियाँ देखीं।

फिर मई, 1999 में काबुकीज़ा में दांकिकुसाई (दान्जूरो-किकुगोरो उत्सव) चल रहा था। ऐसे उत्सव अभिनेता अथवा अभिनेताओं विशेष के सम्मान में लगातार उनकी प्रसतियाँ होते हैं। इस उत्सव के एक प्रदर्शन को देखने का निश्चय किया। 'बुंशिची मोत्तोई' नामक नाटक में प्रमुख भूमिका किकुगोरो VII निभा रहे थे। यह नाटक शाम 4.00 बजे के कार्यक्रम में प्रस्तुत होना था। हम 3.45 तक पहुँचकर अपना स्थान ग्रहण कर चुके थे। काबुकी देखना एक रोचक एवं वैविध्यपूर्ण सांस्कृतिक अनुभव है जो दर्शक से सुमनस होने के साथ-साथ विशिष्ट रंग-संस्कार की अपेक्षा करता है। अभिनय एवं प्रस्तुतिपरक विभिन्न प्रतीकों और पारिभाषिक शब्दावली को समझकर ही नाटक को भली-भाँति समझा और सराहा जा सकता है। काबुकीज़ा थिएटर में विदेशी दर्शकों की सुविधा के लिए 'ईयरफोन-गाइड' की व्यवस्था है। इस ईयरफोन को लगाकर गैर-जापानी व्यक्ति काबुकी संबंधी महत्त्वपूर्ण बातें अंग्रेज़ी में

सुन सकते हैं। मंचित हो रहे नाटक के विषय में समय-समय पर कथानक, संगीत, अभिनेताओं, मंच-सज्जा तथा काबुकी के अन्य महत्त्वपूर्ण विशिष्ट तत्त्वों के बारे में टिप्पणियाँ तथा व्याख्या अंग्रेज़ी में सुनाई देती रहीं। खास बात यह थी कि ये टिप्पणियाँ मंच पर घटित कार्य-व्यापार के साथ इतने सही वक्त पर संपृक्त होती थीं कि नाटक का आस्वाद बहुत ही सहज हो सके। ओन्नागाता, ताचियाकु, ताचिमावारी, मी, हानामिपी जैसी तकनीकी शब्दावली दृश्य रूप के साथ जुड़कर अपने अर्थ में काफी गहन और व्यापक हो उठती थी। किकुगोरॉ ओनए VII का कुशल अभिनय ईमानदार, चतुर किंतु भोले-भाले पियक्कड़ रंग-मिस्त्री चोबेई की भूमिका को बहुत ही जीवंत और सहज बना देता था। 'योशिनोयामा' नामक नृत्य कार्यक्रम में जेकुएमोन नाकामुरा की ओन्नागाता भूमिका अविस्मरणीय है। 79 पर पहुँचे जेकुएमोन अपनी भूमिका में अविश्वसनीय रूप से युवा और खूबसूरत दिखाई देते हैं। कहा जाता है कि सबसे श्रेष्ठ ओन्नागाता वही है जिसे देखते हुए यह पता ही न चले कि अभिनेता पुरुष है। जेकुएमोन इस मानदंड को बहुत पीछे छोड़ जाते हैं।

['साहित्य अमृत', मई 2000]

ज्वालामुखियों की भूमि पर 'ओनसेन' का आनंद

पिछली जून-जुलाई की बात है अभी जापान में बीसवीं सदी का अंतिम वसंत बीत कर वर्षा का मौसम शुरू हुआ था। साकुरा झर चुका था, नंगे वृक्ष नई पत्तियाँ पाकर झूम उठे थे। चारों ओर के वातावरण में घनी हरियाली छा गई थी। आजीसाई के पेड़ों पर लदे फूल रंग बदलने की तैयारी में थे। तभी एक दिन टेलीविज़न समुद्र के जल में तेज़ी से घूमते हुए चक्रवात के दृश्य को बार-बार फोकस करने लगा। दिन में कई बार उस दृश्य को दिखाए जाने पर हमें यह तो स्पष्ट हो गया कि कोई खास बात है। उस दृश्य के साथ दिए जाने वाले विवरण, बयान और रिपोर्टिंग से स्पष्ट हो रहा था कि कोई सनसनीखेज घटना है लेकिन अभिव्यक्तियों को देखकर भाषा की दीवार पार नहीं हो पा रही थी। एक शब्द जरूर बार-बार दोहराया जाता समझ आ रहा था—'मियाकेजिमा'। जापान में हम जापानी टेलीविज़न ही देखते थे, केबल नहीं लिया था, यह सोचकर कि जापानी भाषा-संस्कृति को जानने के लिए जापानी मीडिया काफी उपयोगी माध्यम रहेगा। लेकिन ऐसे खास अवसरों पर लगता कि काश साफ-साफ समझ आ जाए कि क्या मसला है। दोपहर से रात तक कम से कम आठ-दस बार वह पानी को उबालता सा बुदबुदा और फिर उसके चारों ओर घूमता चक्रवात दिखाया जाता रहा। अगले दिन सवेरे अखबार देखने पर गुत्थी सुलझी और पता चला कि मियाकेजिमा यानी 'मियाके द्वीप' पर ज्वालामुखी सक्रिय हो गया है। लेकिन पर्वत शिखर से लावा उगलने से पहले ज्वालामुखी गतिविधियाँ कुछ किलोमीटर दूर समुद्र में सक्रिय हुई थीं और उनका अधिकतम वेग समुद्र ने झेला था। जल के भीतर का वह उबाल उन्हीं लावा की चट्टानों का था और अब वह धीरे-धीरे पर्वत शिखर से फूट कर वायु में बह रहा था। शिखर के आसपास के लोगों को दूर सुरक्षित स्थानों पर पहुँचाया गया था। अगले दिन टेलीविज़न का मुख्य फोकस लावा उगलता पर्वत, वातावरण में फैलता काली राख भरा धुआँ, और वे लोग थे जो बहुत धैर्य से कम्यूनिटी सेंटरों में अपने परिवार के साथ ठहरे थे। तोक्यो का सरकारी विभाग बहुत तत्परता से उनके लिए भोजन, बिस्तर आदि के प्रबंध में जुटा था।

इससे लगभग दो माह पूर्व 31 मार्च को दक्षिण पश्चिमी होक्काइदो में उसु पर्वत में ज्वालामुखी सक्रिय हुआ था और भारी ज्वालामुखी गतिविधियाँ आठ अप्रैल तक चलती रही थीं फिर 732 मीटर ऊँचे ज्वालामुखी के ज्वालामुखों से गर्म लावा बहने लगा। कोंपिरा पर्वत से निकलकर यह लावा लेक तोया 'स्पा डिस्ट्रिक्ट' की ओर बढ़ा। भूभ्रंश के कारण आबुता नगर के राजमार्गों पर दरारें दिखाई देने लगीं। विशेषज्ञों ने बताया कि ज्वालामुखियों के विस्फोटों से लगभग 30 ज्वालामुख बन गए हैं और उस इलाके में नए भ्रंश दिखाई देने लगे हैं तथा पुराने भ्रंशों ने चौड़े होकर अधिक विस्तार पा लिया है। पूरे इलाके में कई दिनों से लगातार भूकंप जारी थे। वहाँ के तीन म्यूनिसिपल इलाकों के लगभग 13000 लोगों को सुरक्षित स्थानों पर पहुँचाया गया था। उस पर्वत में यह विस्फोट 23 वर्ष बाद हुआ था। पिछले विस्फोट अगस्त 1977 में हुए थे जो 15 महीनों तक चले थे। उस समय की विस्फोट परिस्थितियों, परिणामों आदि की फाइलें और फोटोग्राफ एक टाइम कैप्सूल में रख दिए गए थे जो अब निकाले गए हैं। इस बार की ज्वालामुखी गतिविधियाँ भी पिछले छह-सात महीनों से सक्रिय हैं लोग अपने घरों की वापसी को उत्सुक हैं लेकिन प्रकृति की कृपा की प्रतीक्षा में हैं। मियाके द्वीप के काफी लोगों को वापस जाने का सौभाग्य मिला है लेकिन कुछ क्षेत्रों के लोगों को अब भी बीच-बीच में सुरक्षित स्थानों पर शरण लेनी पड़ती है।

वास्तव में ये जापानी जीवन का एक सुपरिचित दृश्य हैं। सर्वाधिक महत्त्वपूर्ण और रोचक घटना लगभग छह दशक पहले उसु या उसुदा के पर्वत पर ही घटी थी। दिसंबर, 1943 की बात है। होक्काइदो के उसुदा के पर्वत के निचले भाग में धरती घरघराने लगी और पूरा इलाका एक के बाद एक भूस्पंदनों से थरथरा उठा। ये भूकंप लगातार और कई महीनों तक चलते रहे—लगभग सौ झटके प्रतिदिन की रफ्तार से। रेल की पटरी ऊपर को उठ गई और लगभग 24 मीटर ऊँची पहाड़ी बन गई। मैदानी ज़मीन में बड़ी-बड़ी दरारें पड़ गईं, कुएँ सूख गए। धरती लगभग हर घंटे-आध घंटे में थरथराकर छटपटा उठती। आसपास के लोग रात-दिन भयभीत रहते पता नहीं अगले क्षण क्या हो जाए। लगभग छह महीने बाद अगले जून में आकर जबरदस्त भूकंपों से छटपटाते इस भूभाग से धुआँ उठने लगा और वर्ष के अंत तक पहुँचते-पहुँचते मैदानी धरती 150 मीटर ऊँची पहाड़ी में बदल गई। धीरे-धीरे इस नई ज्वालामुखी चट्टान के शिखर पर एक काली शंकु (कोननुमा कील) दिखाई देने लगी जो साठ सेंटीमीटर प्रतिदिन के हिसाब से तब तक लगातार ऊपर बढ़ती गई जब तक वह चार सौ मीटर ऊँची नहीं हो गई। यह लावा की शंकु थी, और यही उस भूगर्भीय आलोड़न और भूकंप के निरंतर झटकों का कारण थी।

जापान में इतने सारे भाँति-भाँति के ज्वालामुखी हैं कि इसे ज्वालामुखी संग्रहालय

कहा जा सकता है। यदि फूजी पर्वत को भी गिन लिया जाए तो यहाँ अस्सी से अधिक जीवित ज्वालामुखी हैं। दुनिया के 800 सक्रिय ज्वालामुखियों में से 80 यहाँ हैं। मोटे तौर पर कहा जाए तो दुनिया-भर के ज्वालामुखियों का 1/10 जापान में है। साथ ही यहाँ ज्वालामुखी गतिविधि को अक्सर किसी न किसी स्थान पर गतिशील रूप में सक्रिय देखा जा सकता है मानो जापान एक प्रकार की प्राकृतिक प्रयोगशाला हो।

ज्वालामुखियों पर बसे होने के परिणामस्वरूप जापान में दुनिया-भर में सबसे ज्यादा भूकंप आते हैं। तोक्यो में ही साल भर में चालीस-पचास बार अच्छे-खासे भूकंप के झटके महसूस किए जाते हैं। औसतन दो वर्ष में एक बार देश के किसी न किसी हिस्से में विनाशकारी भूकंप आ जाता है। यह भी ध्यान रखने की बात है कि जापान में भूकंप अक्सर अपने साथ समुद्र में त्सुनामी (अति-शक्तिशाली ज्वारीय तरंग—जिसे भूगर्भ-वैज्ञानिक भूकंप-तरंग (seismic wave) भी कहते हैं) भी लेकर आता है। जापानी द्वीप समूह की बाहरी परिधि पर एक भूडोल मेखला है—पर्वतोत्पत्तीय परिप्रशांत महासागरीय मेखला—जो ज्वालामुखी रूप से असंतुलित है और जहाँ अंतःसागरीय भूकंपन अक्सर ज्वारीय तरंगें उत्पन्न करते हैं। त्सुनामी (अतिशय ऊँची और तेज मयान समुद्री लहर या ज्वारीय तरंग) भूकंप के कारण सागर तल खिसकने से पैदा होती है। परिणामस्वरूप जापानवासियों को अक्सर ज्वालामुखी विस्फोट, भूचाल, ज्वारीय तरंगों, तूफानों, बाढ़ों जैसी भीषण प्राकृतिक विपदाओं का सामना करना पड़ता है। सन् 1923 के तोक्यो भूकंप (कांतो क्षेत्र के महाभूकंप) और उसके बाद लगी आगों और ज्वारीय तरंगों में लगभग एक लाख चालीस हज़ार लोगों की जानें गईं और आधे से ज्यादा शहर नष्ट हो गया। इसी तरह, शताब्दी के अंतिम दशक में 1995 के कोबे में आए भूकंप (हानशिन—आवाज़ी महाभूकंप) से लगभग 50,000 लोग प्रभावित हुए। 6000 का जीवन गया, शेष आहत हुए। नब्बे के दशक में ही होक्काइदो तोहोकु क्षेत्र में तथा अन्य द्वीपों में अनेक बड़े-बड़े भूकंप आते रहे हैं। इन भूकंपों के कारण अधिकांश जापानी तटवर्ती क्षेत्र पर भयानक त्सुनामी (ज्वारीय तरंगें) उठती रही हैं। तोहोकु क्षेत्र के सनरिकु क्षेत्र ने त्सुनामी से सर्वाधिक विनाशलीला झेली है। इन प्राकृतिक विपदाओं से जूझते रहने के कारण जापानवासियों ने न केवल भूकंपों को झेलने योग्य रहन-सहन की पद्धति विकसित की है बल्कि विनाश, पुनर्निर्माण और फिर पुनर्निर्माण की समर्थ नवीन टेक्नोलॉजी की खोज करते रहे हैं। आधुनिक ज़रूरतों की पूर्ति के लिए गगनचुंबी इमारतें बड़ी तादाद में बनाते हैं लेकिन ऐसी कि भूकंप के सामान्य झटकों को झेल सकें।

ज्वालामुखी, भूकंप, ज्वारीय तरंगों, तूफानों, बाढ़ों और ऐसी ही अन्य प्राकृतिक विपदाओं की क्षतिपूर्ति में प्रकृति ने जापान को बहुत से वरदान भी दिए हैं—विविध

प्रकार की अति-सुंदर प्राकृतिक दृश्यावली और अनेकानेक ओनसेन (गर्म चश्मे या उष्ण तप्त जल के सोते)। प्राचीन युग से ही इन तप्त सोतों के गंधक और खनिज-युक्त औषधीय गुणों का उपयोग यहाँ होता रहा है। विभिन्न क्षेत्रों के सोतों के खनिज गुण भाँति-भाँति के हैं। बर्फानी पहाड़ों के ओनमेन, तलहटियों के ओनसेन और समुद्री तट के ओनसेन का अपना-अपना खास सौंदर्य और विशेष गुण हैं—जैसे निक्को के चूज़ेनजी ओनसेन तंत्रिकाति और आंत्र-संबंधी रोगों के लिए अमोघ कहे जाते हैं। यों तो गर्म चश्मे दुनिया-भर में पाए जाते हैं। भारत में भी पर्वतीय इलाकों में उपलब्ध गंधक के हैं। और सोतों का पुराने समय से लोग इनके औषध-गुणों का महत्त्व जानते हैं। मणिकर्ण, मनाली आदि के गर्म सोतों के खौलते जल में बहुधा लोग चावल पकाते, दाल राँधते भी देखे गए हैं। इनमें स्नान भी करने की व्यवस्था है। लेकिन जापानी जीवन ने इस प्राकृतिक देन के साथ बहुत नज़दीकी रिश्ता कायम किया है। दसियों हज़ार की तादाद में उपलब्ध ओनसेन जापानवासियों के लिए अत्यंत प्रिय और विशिष्ट आकर्षण की वस्तु हैं। इनके खनिज गुणों से युक्त जल में स्नान में वे अपार आनंद और संतोष पाते हैं। ओनसेन स्नान जापानी जीवन और संस्कृति का अभिन्न अंग है। पर्वतारोहियों, पर्यटकों, भिक्षुओं, पुजारी-महंतों, प्रेमियों, व्यापारिक अथवा प्रशासनिक कार्यों से यात्रा करने वालों, छुट्टी मनाने वाले परिवारों—सभी के लिए इसका अपने-अपने ढंग से महत्त्व है। उनके सैर-सपाटे में इनसे चार चाँद लग जाते हैं। दिन-भर की कड़ी मेहनत की थकान उतर जाती है, दिल-दिमाग तरोताज़ा हो जाता है। स्कूलों और विश्वविद्यालयों से छात्रों को देश के विभिन्न भागों में भ्रमण-यात्राओं पर ले जाया जाता है। लोग अपने परिवारों और मित्रों के साथ छुट्टियाँ मनाने जाते हैं। ओनसेन पर जाना उनके भ्रमण, छुट्टी और मौज-मस्ती का आकर्षक अंग होता है। ओनसेन से उठते धुएँ को देखकर जापानी वैसे ही उत्साह से भर जाते हैं जैसे फूजी पर्वत के दर्शन करके या हरी चाय (ओचा) पीकर। घूमते-फिरते उन्हें जहाँ कहीं ऊपर उठता धुआँ दिखाई दिया तो एक बार रुककर कहेंगे वो देखो—ओनसेन।

ओनसेन स्नान की सुविधा (हॉट स्पा फैसिलिटी) जापानी पर्यटन का अत्यंत महत्त्वपूर्ण अंग है। विभिन्न इलाकों में समुद्र तटों पर और पहाड़ी क्षेत्रों में स्पा टाउन या आनसेन क्षेत्र विकसित हुए हैं, जैसे होक्काइदो का तोया लेक स्पा टाउन, जोज़ान के। इ स्पा टाउन, सेंदाइ का अकियु स्पा, सकुनामी स्पा, हकोने के हकोने—यमोमोते ओनसेन, तोनोसावा ओनसेन, ओहिरा दाइ ओनसेन, मियोनेशिता ओनसेन, गोरा ओनसेन, अशि-जोन्यु/युनो-हाना जावा ओनसेन, इज़ु के। अतामी ओनसेन, इतो ओनसेन, तोइ ओनसेन, दोगाशिमा ओनसेन, इज़ु नागा ओका ओनसेन, शुज़ेन्जी ओनसेन, निक्को इलाके के चूज़ेनजी ओनसेन आदि।

यहाँ गर्म जल के सोतों के आसपास खुले आकाश के नीचे सुविधायुक्त सरोवर बना दिए गए हैं। इनमें प्राकृतिक परिवेश को काफी हद तक कायम रखा गया है। पारदर्शी छत और खिड़कियों से प्रकृति और आकाश दिखाई देता है। इमारत के निर्माण में पत्थर, लकड़ी, बाँस तथा चटाई आदि का अधिकतम उपयोग करते हुए प्राकृतिक और पारंपरिक जापानी परिवेश की अनुभूति प्रदान की गई है। ओनसेन सरोवरों में स्नान और आराम करने की सुविधा प्रदान की जाती है। स्पा टाउन में ठहरने की सुविधा कई तरह की होती है। रियोकान (पारंपरिक जापानी घरनुमा सराय), आधुनिक हॉलीडे रिसॉर्ट और होटल। सभी में गर्म चश्मे में स्नान की व्यवस्था है। ओनसेन का एक अलग कक्ष होता है। कक्ष के द्वार पर जापानी ढंग के आधे पर्दे लगे होते हैं जिन पर 'पुरुषों के लिए' या 'महिलाओं के लिए' केवल जापानी भाषा में लिखा होता है। अतः कोई विदेशी व्यक्ति जापानी भाषा जाने बिना या जापानी व्यक्ति की मदद के बिना इसमें नहीं पहुँच सकता। कक्ष के अंदर प्रवेश करते ही स्लिपर उतारने का स्थान होता है। यहीं से अगला द्वार प्रसाधन कक्ष में खुलता है, जहाँ चारों तरफ शीशे, हेयर ड्रायर, वज़न तौलने की मशीनें, पेपर नैप्किन और कपड़े, तौलिया आदि रखने के लिए बाँस की टोकरियाँ रखी होती हैं। इस कक्ष के एक किनारे पर बने स्लाइडिंग द्वार को खोलने पर हम ओनसेन कक्ष में प्रवेश करते हैं, जो गर्म जल की गंध और चारों तरफ उठती भाप से भरा होता है। इस कक्ष में एक तरफ गंधक जल कुंड होता है और दूसरी तरफ दीवार के सहारे नल, फव्वारे, शीशे लगे होते हैं, जिनके पास साबुन, शैंपू, लकड़ी का पटरा, लकड़ी की छोटी बाल्टी आदि रखे होते हैं। इन पर व्यक्तिगत स्नान करने के बाद ही ओनसेन कुंड में प्रवेश किया जाता है। कुछ होटलों में अंतर्राष्ट्रीय पर्यटकों का ध्यान रखते हुए कमरे के साथ जुड़े स्नानगृह के टब में ओनसेन से जल उपलब्ध कराया जाता है ताकि यदि आप ओनसेन पर सबके साथ न नहाना चाहें तो अकेले स्नान का आनंद उठा सकें।

ओनसेन स्नान की भी अपनी संस्कृति है, अपना खास कायदा है जिसे पालन करना अनिवार्य है। परंपरा की निरंतरता में आधुनिकता का समावेश और विलय जापानी जीवन की निजी विशेषता है जो जीवन के हर क्षेत्र में दिखाई देती है—छोटे-से-छोटे और बड़े-से-बड़े में। एक ओर एशियाई मानस की प्रकृति के साथ साहचर्य की परंपरा यहाँ मिलती है तो दूसरी ओर जापानी सामूहिकता की। चराचर प्रकृति के साथ निकटता के अनेक रंग शिंतो जीवन पद्धति में विद्यमान हैं जिन्होंने प्रकृति के साथ जीने और उसे अपने जीवन में ढालने की प्रवृत्ति मनुष्य को दी है। जापान ने अपने छोटे से भूभाग का 67 प्रतिशत वन संपदा में सुरक्षित रखा है—केवल 33 प्रतिशत मानवीय इस्तेमाल के लिए उपयोग किया है। प्राकृतिक दृश्यावली के अनुकरण पर

उद्यान लगाने की लंबी परंपरा यहाँ के समुराई किलों और मंदिरों, दोनों में दिखाई देती है। ये लोग मानते हैं कि उद्यान लगाने वाला माली स्वयं एक स्रष्टा है और उद्यान उसकी अपनी कल्पना, सौंदर्यबोध और साधना का संसार है।

पेड़-पौधों, फूलों की भाँति जल के प्रति भी जापानी मानस काफी संवेदनशील है। जापानी लोग ओनसेन को प्रकृति की पवित्र देन मानते हैं। अतः इसमें आदर के साथ प्रवेश करते हैं, मनमाने ढंग से नहीं। इसमें घंटों बैठकर फुर्सत के क्षणों का आनंद लेते हैं—चाहें तो दो-चार बार हाथ-पाँव चलाकर तैरने का आनंद भी उठा लेते हैं। लेकिन सारी मौज-मस्ती का भी अनुशासन है। जिस तरह भारत में नदी स्नान करते हुए नदी को दूषित न होने देने की परंपरा रही है, वैसे ही ओनसेन को स्वच्छ रखना हर जापानी अपना दायित्व समझता है। अतः ओनसेन में घुसने से पहले शरीर को साफ करता है। स्नानागार में एक तरफ नल, फव्वारे, पटरे, बाल्टी आदि होते हैं जिन पर रगड़कर नहाने और साबुन को अच्छी तरह मैल छुटाने के बाद ओनसेन में प्रवेश किया जाता है।

जलकुंड के आकार का यह ओनसेन सामूहिक स्नानागार होता है यानी एक बार में ओनसेन में पाँच-छह से लेकर दस-बारह लोग तक स्नान कर सकते हैं। हाँ स्त्रियों और पुरुषों के लिए अलग-अलग स्नानागार होते हैं। जापानी लोग इनमें बिल्कुल निर्वसन स्नान करते हैं। जापानी स्नान का शिष्टाचार विदेशियों को थोड़ा अटपटा और चौंकाने वाला लग सकता है लेकिन जापान में यह आम बात है। स्नान को वे पूर्ण स्वच्छता से जोड़ते हैं और परिचित-अपरिचित सभी साथ-साथ ओनसेन में बड़े सहज भाव से निर्वसन बैठे रहते हैं, बल्कि स्नानागार में घुसने वाला नया व्यक्ति पहले से बैठे लोगों को झुककर सम्मानपूर्वक अभिवादन करता है। जापानी के 'हादाका नो त्सुकियाइ' (निर्वसन मित्रता) जैसे शब्दों की कल्पना विदेशी को काफी विचित्र-सी लग सकती है। लेकिन जापानी जीवन के लिए यह आम बात है, वैसे ही जैसे किसी पुराने जमाने में भारतीय गाँव में कुएँ अथवा तालाब के किनारे लोगों का स्नान करना। 'हादाका नो त्सुकियाइ' का तात्पर्य होता है अजनबियों के बीच स्नान करते हुए उनके प्रति अपनेपन का भाव जगाना। सामुदायिक स्नान यहाँ परंपरागत रिवाज है जो न केवल पश्चिमी वैयक्तिकता के विपरीत जापानी सामूहिकता की भावना को प्रकट करता है बल्कि सामंतीय काल के जापान के समाजशास्त्र का भी परिचय देता है। उस समय आम लोगों के घर छोटे-छोटे होते थे और घरों में स्नानगृह नहीं होते थे। अतः नगरों और ग्रामों की विभिन्न बस्तियों में 'सेंतो' (सार्वजनिक स्नानगृह) बनाए जाते थे। इन सामुदायिक स्नानगृहों में गर्म पानी की व्यवस्था की जाती थी और यह सायंकाल 3-4 बजे से लेकर रात को 11-12 बजे तक स्नान के लिए खुले रहते थे।

लोग अपनी सुविधा और समय के अनुसार वहाँ जाकर स्नान किया करते थे। ये सेंतो या सामुदायिक स्नानागार सबके लिए सुखद और स्वच्छ हों—इसलिए इनमें भी घुसने से पहले व्यक्तिगत स्नान और सफाई के लिए स्थान बनाया जाता था। वस्तुतः इनके भीतर बैठकर गरम-गरम सेंक का आनंद उठाया जाता था। अब आधुनिक जापानी घरों में प्राइवेट स्नानगृह बनाने का प्रचलन हुआ है लेकिन सामुदायिक स्नानागार अब भी मौजूद हैं और लोग सप्ताह में एक दो बार वहाँ जरूर जाते हैं।

हम विदेशियों को पहली बार ओनसेन पहुँचकर झटका-सा लगता है और हम अपने ढंग से कपड़े पहनकर जल में प्रवेश करते हैं। हालाँकि उसी समय कोई अंग्रेज़ी बोल सकने वाला जापानी स्वर सुनाई देता है—"गो फ्रीली इन टू द पूल। बेदिंग इज़ जस्ट लाइक 'योगा'—'मेडीटेशन'।" और तब हमें लगता है वास्तव में यह स्वर सही कह रहा है। स्नान तो शुद्धि है, चित्त के परिष्कार की तरह बाह्य रूपाकार का परिष्कार। और फिर तन-मन की शुद्धि के इस वातावरण में थोड़ी देर के लिए हम भूल जाते हैं कि अन्य लोग जो यहाँ हैं वे किस रूप में हैं। तब यह बात कोई मायने नहीं रखती कि कपड़े पहने हैं या नहीं।

ओनसेन स्नान में सबसे महत्त्वपूर्ण है—अनुशासन। चित्त का अनुशासन। मौज-मस्ती के आनंद के बावजूद यहाँ उच्छृंखलता नहीं है। कुछ समय पहले की घटना है। होक्काइदो के बर्फानी समुद्र-तट पर रूस के निकटवर्ती इलाके में कुछ विदेशियों ने ओनसेन स्नान को क्लब की तरह इस्तेमाल करना शुरू कर दिया । उसमें बैठकर शराब-पार्टी करने लगे तो जापानी लोगों ने इसे अपनी संस्कृति का अपमान माना और हॉट स्पा सुविधाओं के बाहर लिखकर टाँग दिया 'केवल जापानियों के लिए'। पश्चिम के लोगों ने इसके पीछे निहित भावना की अनेदेखी करते हुए कहना शुरू कर दिया कि जापानियों का यह व्यवहार नस्लवादी है, वे अपने को विदेशियों से श्रेष्ठ समझते हैं इसीलिए दूरी रखना चाहते हैं। पश्चिमी मीडिया ने इस बात को भरपूर उछाला। यहाँ तक कि जापानी नागरिकता ग्रहण करने वाले एक पश्चिमी मूल के व्यक्ति ने कहा कि यह जाति-भेद का एक रूप है और वह इस बात को लेकर न्यायालय में जाएँगे और जापान से हर्ज़ाना वसूल करेंगे। जापानियों के प्रति पश्चिम की यह पूर्वाग्रहपूर्ण दृष्टि कई बार बातचीत या पत्रकारिता में भी दिखाई दे जाती है। किंतु वास्तव में यह पश्चिमी श्रेष्ठता बोध है जो पूर्वी या अन्य किसी भिन्न संस्कृति के वैशिष्ट्य को समझ पाने में अक्षम है। यह प्रकृति का दोहन कर भोग लेने वाली पश्चिमी दृष्टि की उस सीमा को प्रकट करता है जो प्रकृति के प्रति एशियाई मानस में निहित सद्भावपूर्ण आदर की भावना को सराहने में अक्षम है। लेकिन ध्यान देने की बात है कि किसी समाज की संस्कृति को समझना, उसके बीज-भाव का सम्मान

करना एक बात है और कानून के माध्यम से उस समाज का नागरिक बन जाना दूसरी बात, और पहली बात में निहित संवेदना की अनुभूति के बगैर वहाँ की नागीरकता पा लेने पर भी वहाँ के जीवन से पराया बने रहना है।

['समकालीन भारतीय साहित्य'
नवंबर-दिसंबर 2001]

झूमती वासंती बयार में 'हानामी' (जापान में वसंत)

घनी अँधेरी रात में आज
इस साकुरा वृक्ष के नीचे—
मेरा वास होगा
फूल होंगे मेरे मित्र
करेंगे मेरी मेहमानदारी

—तदानोरी

बारहों महीने कोई न कोई फूल खिले रहने के कारण जापान को फूलों का देश कहा जाता है। चारों तरफ रंग-बिरंगे फूल जगह-जगह दिखाई देते हैं—घर-द्वार, गली, मोड़, नुक्कड़ पर, सड़क के किनारे बनी क्यारियों में, उद्यानों में, पार्कों में, झीलों और सरोवरों में, मंदिरों, जिंजाओं (शिंतो देवालयों), किलों और महलों में, सार्वजनिक भवनों में। जापानी लोग जब अपने संबंधियों अथवा मित्रों के घर जाते हैं तो भेंट-स्वरूप फूल का छोटा पौधा ले जाते हैं। बुके भेंट करने की प्रथा भी है लेकिन थोड़ी औपचारिक। छोटे गमले में खिलने को तैयार पौधा ले जाना आत्मीयता का सूचक तो है ही, वृद्धि और विकास का भी प्रतीक है। फूलों को सजाने की विशिष्ट कला 'इकेबाना' जापानी संस्कृति की अनोखी निधि रही है जिसकी विकास-परंपरा में विभिन्न शैलियों और संप्रदायों का अनोखा योगदान रहा है। विशाल वृक्षों को बोनसाइ के रूप में अति-छोटा करके विकसित करना भी ऐसी ही विशिष्ट जापानी कला है जिसमें बौने हुए वृक्ष पर लगता फल भी अपने रूपाकार में फूल का सा दिखाई देता है। फूलों के प्रति जापानियों का लगाव रोज़मर्रा के जीवन में हर जगह दिखाई देता है। घर में बने 'तोकोनुमा' (फूलदान और चित्र सजाने के लिए दीवार में बना विशिष्ट आला) पर सजे फूल, द्वार पर क्यारियों में खिलते फूल, बाज़ारों में जहाँ-तहाँ खिले हुए फूलों के गमलों की दूकानें—मानो फूलों की कहानी कह रही हों। लेकिन वसंत ऋतु का साकुरा का फूल जापानी जीवन में खास महत्त्व रखता है जिसके खिलते ही

जापानी चित्त में आह्लाद के स्पंदन की लहर-सी दौड़ जाती है और लोग 'हानामी' के लिए—खिले हुए फूलों को देखने के लिए—निकल पड़ते हैं। वैसे तो प्रकृति की लय के साथ जीने और प्रकृति को अपने जीवन में सहेजने की प्रवृत्ति जापानी लोगों ने आधुनिक पश्चिमी विज्ञान एवं प्रौद्योगिकी को जीवन में उतार लेने के बावजूद कायम रखी है। यह बात 'जिंजा' 'हानामी' और 'मोमिजी' को देखकर भली-भाँति समझी जा सकती है। प्रकृति एवं पितर उपासक होने के कारण पारंपरिक जापानी शिंतो मत में वृक्षों, पर्वतों, सागर आदि का विशेष महत्त्व है। 'जिंजा' अथवा 'जिंगू' (शिंतो देवालय) में लहराते ऊँचे-ऊँचे पेड़ मानो देवदूतों की भाँति देवताओं का संदेश लाते हैं। बौद्ध मंदिरों और जिंजाओं के प्रांगण में खड़े ये वृक्ष वनस्थली की प्रकृति के। सुरम्य वातावरण को निरंतर सहेजे रहते हैं। जापानी उद्यान के बारे में यह कहा जाता है कि वह अपने में एक पूर्ण संसार होता है, लगाने वाले की भावना और कल्पना को निरूपित करने वाली सृष्टि। वैसे ही जैसे यह विश्व उस विराट स्रष्टा की सृष्टि है। यही कारण है कि विभिन्न बौद्ध मतों, ज़ेन साधकों, जिंजाओं और समुराई सामंतों के महलों में बने उद्यानों के बीच निराली विविधता दिखाई देती है। फूल तो फूल, मात्र बाँस की झाड़ियों से या केवल छोटे-बड़े पत्थरों एवं कंकड़ों से भी उद्यान की सृष्टि की जा सकती है जिसे देखना दिल-दिमाग में स्फूर्ति तो पैदा करता ही है हमारी कल्पना को भी सजीवता प्रदान करता है। बाँस-वन के शांत परिवेश में गिरते छोटे से झरने के स्वर को लगातार कुछ देर तक सुनते हुए या कंकड़ों-पत्थरों के अमूर्त आकार से सृजित ज़ेन उद्यानों की नीरवता को निहारते हुए व्यक्ति उनसे अपनी कल्पना और भावों के अनुरूप अर्थ ग्रहण करता है।

'मोमिजी' और 'हानामी' वस्तुतः प्रकृति को देखने, निहारने, सराहने और उसकी लय में कुछ देर के लिए अपनी जीवन लय मिला देने के दो रूप हैं। शरद का आगमन जापान में अनोखे ढंग से होता है। वृक्षों की पत्तियाँ पतझड़ की तैयारी में रंग बदलने लगती हैं। 'मोमिजी' नामक वृक्ष की पत्तियाँ पहले पीली, नारंगी और फिर चटख लाल रंग में तब्दील होती जाती हैं। पर्वतों पर फैले सैकड़ों हज़ारों वृक्ष रंगों की बैठक सजाते प्रतीत होते हैं। लोग इन वृक्षों के नीचे जाकर बैठते हैं। इनके रंग को निहारने और अपने चित्त में सहेज लेने के लिए। जापान का यह लाल शरद इतना अद्‌भुत होता है कि बाहर से आया विदेशी जो भी इसे एक बार देख लेता है तो निरंतर देखते रहना चाहता है। वसंत में साकुरा के खिले फूलों को देखना 'हानामी' कहलाता है। 'हाना' का अर्थ है 'फूल' और 'मी' का अर्थ है—'देखना', 'निरखना'। हानामी और मोमिजी दोनों ही जापानियों को इतना रिझाते हैं कि वे हर शरद और वसंत के इस प्राकृतिक वैभव को अपने जीवन में उतारने का भरसक यत्न करते हैं।

यों तो वसंत का आगमन भाँति-भाँति के सुंदर फूलों से सजता है, लेकिन साकुरा जापानियों का अत्यंत प्रिय फूल है। इसके खिलते ही एक विशिष्ट उल्लास की चहल-पहल-सी दिखाई देती है प्रकृति में भी और जीवन में भी। इसका कारण है कि पतझड़ के बाद नंगे खड़े वृक्षों में सबसे पहले साकुरा ही वसंत की सूचना देता है और फिर वसंत को चारों ओर बगरा देता है। अचानक ही हमें पद्माकर की पंक्ति याद आती है—"बनन में बागन में बगरयौ बसंत है'। मार्च के आखिर और अप्रैल के आरंभ में साकुरा के वृक्ष फूलों से लद जाते हैं। पहाड़ियों, घाटियों, झरनों, सरोवरों के तटों, उद्यानों, भवनों, सड़कों के किनारों और घरों के बगीचों में साकुरा की भूरी गुलाबी फूलों से लदी डालियाँ वसंती हवा के झोंकों से झूम उठती हैं और फूलों की नाज़ुक पँखुरियाँ झर उठती हैं। चारों ओर हल्की गुलाबी मोती की सी आबदार पँखुरियाँ हवा में तैरती दिखाई देती हैं। लहराती और पँखुरियाँ गिराती इन डालों पर फूल ही फूल होते हैं, पत्तियाँ नहीं। पतझड़ के बाद साकुरा में पहले फूल आते हैं, फिर पत्तियाँ। चारों ओर का वातावरण एकदम गुलाबी होता है। लेकिन वसंत की यह बहार जितने उत्साह से आती है, उतनी ही जल्दी बिखर कर तार-तार भी हो जाती है। तेज़ हवाएँ झोंकों की झड़ियों से डालों को लगातार झकझोरती हुईं फूलों को झाड़ती रहती हैं और फिर प्रशांत महासागर से उठते बादलों की घिरती घटाएँ तेज़ बौछारों की मार से साकुरा की नाज़ुक पँखुरियों को बेरहमी से उधेड़ डालती हैं। साकुरा खिलते देख कर जापानी मानस राग और उल्लास से भर जाता है। इसकी शांत नाजुक सुकुमारता को सराहते हुए वह अपने मन में समेट लेना चाहता है। लोग घरों से बाहर निकल पड़ते हैं, 'हानामी' के लिए। पर्वतों, उद्यानों, झीलों के किनारे जाकर साकुरा के वृक्षों के नीचे बैठते हैं, प्रियजनों के साथ बैठकर फुरसत के क्षणों का आनंद लेते हैं, छुट्टी मनाते हैं। खिले साकुरा को निहारना चित्त को हर्ष और शांति प्रदान करता है, कड़ी मेहनत और आधुनिक होड़ के समाज में थोड़ी देर प्रकृति के कोमल, शांत और क्षण-भंगुर परिवेश के साथ तदाकार होने का सुख प्रदान करता है। साकुरा जापान का अपना फूल है और साकुरा उत्सव उसकी संस्कृति का अभिन्न अंग। जापान के सुप्रसिद्ध आख्यान 'गेंजी नो मोनोगातारी' (गेंजी की कथाएँ) के समय से लेकर आज तक जापानी जीवन और साहित्य साकुरा के रंग में सराबोर होता रहा है।

प्राचीन राजधानी नारा के निकट योशिनो पहाड़ियों पर उगने वाले बनैले साकुरा वृक्षों से सैकड़ों किस्में विकसित हुईं। इनमें से 19वीं शताब्दी में तोक्यो में उगाई गई 'सोमेई-योशिनो' किस्म की प्रजाति आज जापान का क्लासिक साकुरा मानी जाती है। साकुरा पुष्प की सांस्कृतिक वंशावली पौराणिक राजकुमारी 'कोनोहाना नो साकुरा' से शुरू होती है। राजकुमारी साकुया का विवाह सूर्य देवी आमातारेसु के पौत्र राजकुमार

निनिगी से हुआ था। राजकुमार निनिगी जब विवाह के लिए जापान की भूमि पर उतरे तो अपने हाथ में आमातारेसु के बगीचे के धान के पौधों की एक गठरी भी लाए जिसे जापानी भूमि पर रोपा गया और देश धन-धान्य से सम्पन्न हुआ। यह भी माना जाता है कि राजकुमारी के नाम 'साकुया' से ही इस वृक्ष को 'साकुरा' नाम मिला है और साकुरा वृक्ष में राजकुमारी की आत्मा निवास करती है। क्योतो में एक उत्सव मनाने की पुरानी परंपरा है जिसमें मंदिरों के भिक्षु साकुरा वृक्ष की आत्मा से यह प्रार्थना करते हैं कि साकुरा के फूल दीर्घजीवी हों—ज्यादा से ज्यादा दिन खिले रहें। यह माना जाता है कि यदि फूलों के खिलते ही तुरंत बादल-वर्षा से पँखुरियाँ झर जाएँ तो यह भविष्य संकेत अथवा पूर्व-सूचना होती है कि धान की फसल अच्छी नहीं होगी।

साकुरा को प्राचीन हेइके राजवंश कालीन भव्य कलाओं का मूलभूत तत्त्व कहा जा सकता है। कवि साइग्योओ ने इसके अनिंद्य सौंदर्य के गीत गाए और चित्रकारों ने 'यामातो-ए-चीरकों' (वस्त्र पर अंकित चित्र चीरक) और चिकों (बाँस की सींकों से बने चीरकों) पर इसके कुसुमित पुष्प-पुंज को उकेरने में अपनी साधना की पूर्णता मानी। आगे चलकर समुराई युगों में पारंपरिक दाय स्वरूप प्राप्त इस साकुरा आसक्ति को समुराई योद्धाओं ने अपने ढंग से सँजोया—अपने अस्त्रों और कवचों को साकुरा की फूल-पत्तियों के डिज़ाइनों से सज्जित करके। इस प्रकार, थोड़े से दिनों के लिए खिल कर तार-तार हो झर जाने वाला साकुरा फूल प्राचीनकाल से ही लोगों का अत्यंत दुलारा और 'मोनो नो आवारे' (दया का पात्र) रहा है—जीवन की नश्वरता और क्षण-भंगुरता के सुमधुर-उदास सुख-दुखात्मक बोध के प्रतीक के रूप में। पुराने समय से ही चित्रकार उसे अपनी तूलिका से उकेरते रहे हैं और कवि अति-सुकुमार सौंदर्य का गान करते हुए उसकी लय को अपनी शब्द-लय में उतारने का प्रयास करते रहे हैं। साकुरा की क्षणभंगुरता उन्हें सताती-सालती रही है, जैसे दसवीं शताब्दी के कविता संग्रह 'कोकिंशु' (प्राचीन और नवीन कविताएँ) में संकलित इन कविताओं में :

नरम धूप में नहाया हुआ
वसंत का यह शांत दिवस—
मेघ रहित स्वच्छ आकाश!
फिर क्यों साकुरा के फूल
इतने अधीर हो झरते जाते हैं? **(की नो तोमोनोरी)**

–

नश्वरता के इस राज्य में
क्लांतिकर धुआँधार वर्षा में

साकुरा के फूल तार-तार हो बिखरते रहे हैं यहाँ।

(ओनो नो कोमाची)

हेइअन कवि साइग्योओ तो साकुरा पर इतने मुग्ध हैं कि खिलते हुए साकुरा के नीचे ही प्राण त्यागने की कामना करते हैं :

काश मैं वसंत ऋतु के
दूसरे माह की पूर्णिमा की चाँदनी में
फूल रहे साकुरा तरु के नीचे
अपनी अंतिम साँस लेता।

('शिन कोकिन वाका-शु' में संकलित)

चीनी-जापानी चंद्र-पंचांग (कलैंडर) के हिसाब से नया वर्ष फरवरी के आरंभ में शुरू होता है और दूसरे माह की पूर्णिमा अक्सर मार्च के अंत या अप्रैल के आरंभ में पड़ती है। यही समय है जब साकुरा की कलियाँ पूरी तरह चटक रही होती हैं। दिलचस्प बात यह है कि साकुरा के वृक्ष के नीचे अंतिम साँस लेने की साइग्योओ की यह इच्छा पूरी हुई। वे वसंत की बहार में ही इस दुनिया से विदा हुए। समकालीनों द्वारा यह साइग्योओ की सर्वोत्तम कविता मानी जाती है।

साकुरा फूलों का खिलना इतना सुखद लगता है कि उनका झर जाना चित्त को सालता है। लगता है काश कुछ और समय के लिए तो खिले ही रहे। किंतु फिर जीवन की अनित्यता का बोध होता है और मान लेते हैं कि यही नियति है। नवीं शताब्दी के कवि फुजिवारा योशिफुसा (804-872) की जर्जर होती काया में वसंत की लय नया उत्साह पैदा करती है :

उम्र के ढलान पर आकर अब,
वाकई बूढ़ा हूँ मैं
कोई दो राय नहीं इसमें
फिर भी
देखता हूँ जब इन फूलते साकुरा वृक्षों को
कितना प्रफुल्ल हो उठता है मेरा मन!

वहीं अठारहवीं सदी के कवि कामो नो माबुची (1697-1769) साकुरा को खिलते देख इतने आह्लादित और विस्मित हैं कि संसार-भर के लोगों को अनिर्वर्णनीय साकुरा का अनिंद्य सौंदर्य दिखा देना चाहते हैं। वे महसूस करते हैं कि कितना भी बताया-सुनाया-समझाया जाए, जब तक लोग अपनी आँखों से देख नहीं लेंगे वे नहीं समझ पाएँगे कि साकुरा से लदे पहाड़ कितने सुंदर होते हैं :

काश! धरती पर रहने वाले, सभी लोग

हमारी इस भूमि पर आते
इन योशिनो पहाड़ियों पर पहुँचते
और फूले हुए साकुरा को देख पाते!

उन्नीसवीं शताब्दी के दाते चिहिरो (1803-1877) साकुरा फूलों की सहन-शक्ति पर मुग्ध हैं जो आँधी-पानी के थपेड़ों की मार से अपना जीवन खोकर भी मन मैला नहीं करते :

खिले और बिखर गए
हवा और वर्षा की मर्जी पर अपने को सौंप कर,
शेष नहीं रहे साकुरा के फूल अब!
पर चित्त उनका शांत है सदा।

तोकुगावा कालीन जापान—सत्रहवीं से उन्नीसवीं सदी के मध्य (मेइजी रेनासाँ) से पहले तक का जापान—कठोर सामंतीय शासन का काल था जिसमें जन-सामान्य का जीवन कई तरह के दबावों और बंदिशों से ग्रस्त रहा था। आम जनता के लिए योद्धा सामंतों के बाकुफु शासन के नियमों के पालन के सिवाय कोई और रास्ता न था। उन्नीसवीं सदी के मध्य तक आते-आते जनता इन दबावों के प्रति मानसिक रूप से सचेत हो उठी थी। यह कविता अप्रत्यक्ष रूप से जनता की दशा और सहनशीलता की कवि द्वारा अभिव्यक्ति मानी जा सकती है।

जापानी साहित्य और पुरावृत्त साकुरा के बिंबों और प्रतीकों से भरे पड़े हैं। 'मान्योशु' (प्राचीन गीति कविताओं का संग्रह) की कविताओं में प्रेम के कोमल भावों को साकुरा पुष्प, पवन, चंद्रमा, पंछी आदि के प्रकृति बिंबों द्वारा अभिव्यक्ति मिली है। कोमल और सुकुमार की अभिव्यक्ति के लिए अक्सर साकुरा की उपमा दी गई है। सुप्रसिद्ध काबुकी नाटकों के शीर्षक—'योशित्सुने सेन बॉनज़ाकुरा' (योशित्सुने और हज़ार साकुरा वृक्ष) है तथा 'सुकेरोकु युकारी नो ऐदो-ज़ाकुरा' (एदो का साकुरा पुष्प सुकेरोकु) क्रमशः दोनों नायकों—योशित्सुने और सुकेरोकु की सुकुमारता और लोकप्रियता के परिचायक हैं, सुकेरोकु अपने सुकुमार यौवन और अनूठे सौंदर्य के कारण एदो के गेइशा समाज में अतिप्रिय है। अतः एदो का पुष्प है। योशित्सुने अपने शौर्य-पराक्रम के बावजूद अत्यंत सुकुमार है, साथ ही मानवीयता से परिपूर्ण भी। अतः उसकी युद्ध कथाएँ साकुरा से जुड़ी हैं। गेंजी-हेइकेई युद्ध गाथाओं में हेइके वंश के किशोर राजकुमार आत्सुमोरी की कथा में आत्सुमोरी को साकुरा की भाँति सुंदर, सुकुमार और मनोहर योद्धा कहा गया है। इसी कथा पर आधारित "कुमागाई जिन्या" (कुमागाई युद्ध शिविर) नाटक में योशित्सुने जब अपने सेनापति कुमागाई को आदेश का संदेश भेजता है कि हेइके वंश के एकमात्र उत्तराधिकारी के प्राण बचाए जाएँ तो प्रतीकात्मक

भाषा में कहता है—"जो कोई भी साकुरा की एक डाल काटेगा उसे इसकी कीमत चुकानी होगी।" सेनापति कुमागाई अपने स्वामी की इस 'संध्या भाषा' को समझ लेता है और आत्सुमोरी के जीवन की रक्षा स्वयं अपने पुत्र का बलिदान करके करता है। स्वामी के समक्ष उसकी आज्ञा-पालन का प्रमाण प्रस्तुत करता है—शब्दों में नहीं साकुरा की डाल दिखाकर और फिर कठोर कर्त्तव्य-पालन की वेदना को झेलता हुआ समुराई बाना त्याग कर बौद्ध भिक्षु हो जाता है।

साकुरा का झरना, कोमल सुंदर का जल्दी से बीत जाना, अक्सर मन में विराग का उद्रेक करता रहा है, जीवन की नश्वरता, अनित्यता के बोध को जगाकर सांसारिक वैभव को त्यागने का संदेश देता रहा है। जापान का इतिहास क्षत्रिय योद्धाओं का इतिहास रहा है—शौर्य और वीरता का, बलिदान को आदर्श मानने के उत्साह और कर्मठता का इतिहास। लेकिन जीवन-भर युद्ध करते रहने के बाद युद्ध के। परिणाम पर विचार करने पर युद्ध की निस्सारता, जीवन की निस्सारता के। अहसास ने योद्धाओं को संसार त्याग कर भिक्षु होने की प्रेरणा दी है। इस तरह समुराई के साइके में साकुरा ने मानवता और करुणा को जगाया है।

प्राचीन जापानियों को मनोहर लगने वाला साकुरा पथरीली चट्टानी भूमि पर पाया जाने वाला बनैला पहाड़ी साकुरा (यामा-जाकुरा) था। पतझड़ से नंगे हुए यामाजाकुरा वृक्ष (पहाड़ी साकुरा के वृक्ष) अप्रैल का महीना शुरू होते ही ललछौंही कोंपलों और हल्के गुलाबी फूलों से लद जाते थे। आजकल जो साकुरा जापान में हर जगह दिखाई देता है—कहना चाहिए ब्रह्म की तरह सर्वव्याप्त है—वह अपेक्षाकृत नई किस्म का साकुरा है जो 1872 में तोक्यो की सोमेई नर्सरी में विकसित किया गया था। ओशिमाज़ाकुरा और एदो हीगान से विकसित इस किस्म की विशेषता यह है कि यह जल्दी और विपुल प्रचुरता में फूलती है। यही कारण है कि इस पर फूल पहले आते हैं नई कोंपलें बाद में। पूरा पेड़ हल्के गुलाबी फूलों से भरभरा कर लद जाता है, हफ्ता-दस दिन के लिए। एक-एक करके पँखुरियाँ झरती जाती हैं और नई पत्तियों की कोंपलें फूटती जाती हैं। अप्रैल का दूसरा हफ्ता उतरते-उतरते फूल कम ललछौंही पत्तियाँ अधिक दिखाई देने लगती हैं और तीसरे-चौथे सप्ताह में वही वृक्ष पूरी तरह विकसित पत्तियों से भर कर बिल्कुल हरा दिखाई देता है। 'ओशिमा साकुरा' के फूलों के झड़ चुकने के बाद साकुरा की दूसरी नस्ल 'हिदारे साकुरा' (झूलता साकुरा) खिलती है। इसे झूलता साकुरा इसलिए कहा जाता है कि इसकी फूलों से लदी डालियाँ बरगद की शाखाओं की तरह नीचे लटकी रहती हैं और इसकी पँखुरियाँ वर्षा की टप-टप बूँदों की तरह लगातार नीचे झरती हैं। इसका रंग भी ओशिमा साकुरा से थोड़ा-सा ज्यादा गुलाबी होता है। साक्यो जुनिचिरो तानाजाकि के उपन्यास 'सासामेयुकी'

में क्योतो इलाके के हेइके राजवंश द्वारा निर्मित देवालय के विशिष्ट हिदारेज़ाकुरा को चित्रित किया गया है। इसकी पतली-पतली फूलों-भरी और नीचे की ओर झूलती हुई टहनियों से लगातार पँखुरियाँ झरते रहने के कारण इसे अंग्रेज़ी में weeping cherry blossom कहा जाता है।

साकुरा-दर्शन—**'हानामी'**—एक तरह से जापान का राष्ट्रीय-उत्सव सा हो जाता है जिसमें हर कोई शामिल होता है मानो प्रकृति से तादात्म्य और सामंजस्य का स्वर मिलाते हुए लोग निकट मित्रों, साथियों या परिवारों को लेकर, न्यौता देकर इकट्ठे हो रहे हों। पार्कों, झीलों, पहाड़ों पर बने देवालयों और मंदिरों के बगीचों में सैकड़ों-हज़ारों की तादाद में लोग पहुँचते हैं। प्राचीन आभिजात्य युगों में या सामंतकाल में लोग फूले हुए साकुरा के पेड़ के नीचे बैठकर प्रकृति के शांत-सौम्य वातावरण को निहारते-सराहते हुए काव्य सृजन करते थे, चित्र बनाते थे। अब भी इक्का-दुक्का लोग डायरी पर कलम चलाते हुए या कैनवास पर रंग भरते हुए दिखाई देते हैं पर बड़ी तादाद में लोग कैम कॉर्डर और डिजिटल कैमरा लिए दिखते हैं—हवा के झोंकों से झूमती कुसुमित डालियों की लय को, झरती हुई पँखुरियों की नाज़ुक नफासत को, धरती पर बिखरी हुई और पानी पर तैरती पँखुरियों की चादर को कैमरे में दर्ज करते हुए। अब ज़माना टेक्नोलॉजी का है, तेज़ रफ्तार का है। कविता लिखने से ज्यादा अब तेज़ आवाज़ में 'कराओके' गाने की ध्वनि रिझाती है। ताली बजाते, गाते 'साके' (जापानी धान से बनी शराब) के घूँट और सिगरेट का कश खींचते लोग बतियाते हुए धीरे-धीरे झरती पँखुरियों के बीच भोजन और गप-शप का आनंद उठाते हैं, झीलों, तालाबों, खाइयों में नौका-विहार करते हैं—गुलाबी वसंत से तदाकार होते हुए, उसके क्षणभंगुर शृंगार की कथा कहती जल पर तैरती पँखुरियों की हिलती चादर को चप्पू से चीरते हुए। हानामी में सभी शामिल होते हैं—बच्चे, बूढ़े, जवान, प्रेमी युगल, स्कूली छात्र-छात्राएँ, देशी-विदेशी सभी। अति-बुजुर्ग लोगों को उनके परिवारीजन अथवा परिचर व्हील चेयर पर हानामी के लिए लाते हैं। जापानी लोगों की औसत आयु दुनिया में सबसे अधिक है। बड़ी तादाद में मौजूद इन बुजुर्गों का यह अपने पुराने परिचितों से मिलने और हवा खाने का अवसर होता है।

वसंत के आगमन की निश्चित तारीख नहीं होती। साकुरा की कलियाँ शांत-नीरव आकाश में धीरे-धीरे चटकना शुरू होती हैं, पहले दक्षिणी जापान में क्यूशू क्षेत्र में। शनैः-शनैः वसंत दक्षिण से उत्तर की ओर बढ़ता है—क्यूशू से शुरू होकर उत्तर में होक्काइदो तक। मौसम विभाग बड़े उत्साह से टेलीविज़न पर रिपोर्ट देता है—क्यूशू में साकुरा दस प्रतिशत खिल उठा है। बुधवार तक यह 20 प्रतिशत खिला होगा और अगले सोमवार दोपहर तक यह 'मान्काई' होगा यानी पूरी तरह खिल उठेगा। और तब

जापानी लोगों को लगता है कि 'हानामी' के बहाने कुछ देर प्रकृति के समीप पहुँचा जाए, उसके साथ जी लिया जाए।

विभिन्न स्थानों पर साकुरा उत्सव 'हाना मात्सुरी' आयोजित होते हैं। रंगारंग कार्यक्रमों के रूप में, मेलों के रूप में, दावतों के रूप में। बहुत से मंदिरों में भगवान बुद्ध का जन्मदिन 'हाना मात्सुरी' (पुष्पोत्सव) के रूप में मनाया जाता है। इस अवसर पर बुद्ध की माता को 'सफेद हाथी' के दर्शन और बुद्ध अवतार की कथा का बच्चों द्वारा मंचन किया जाता है। श्रद्धालुगण अवलोकितेश्वर कान्नोन (भगवान बुद्ध) की प्रतिमा पर धूप-अगरबत्ती और साके भेंट चढ़ाते हैं, प्रार्थनाएँ करते हैं। काबुकी नाट्य-अभिनेता इस मौसम में साकुरा के वृक्षों के नीचे प्राकृतिक परिवेश में 'साकुरा काबुकी' का मंचन करते हैं। 'उताइमोन सान' द्वारा यह मंचन काफी प्रयोगशील और मनोहर होता है। क्योतो के निकट ओहारा संज़ेइन मंदिर के प्रांगण में मुक्ताकाश के नीचे वृक्षों के परिवेश में एक किनारे पर जलते अलाव के। प्रकाश में काबुकी मंचन किया जाता है। यहाँ प्राकृतिक परिवेश के साथ मिल कर काबुकी में पहले से ही विद्यमान रम्याद्भुत तत्त्व और ज्यादा आकर्षक हो जाता है।

शिज़ुओका के कॉम्पिरा देवालय के निकट स्थित 'कानामारुज़ा' जापान की सबसे पुरानी रंगशाला है। 1835 में निर्मित इस रंगशाला में आज भी एदो युगीन परिवेश में ही मंचन होता है। मंचन वर्ष में तीन माह होता है जिसकी शुरुआत अप्रैल में साकुरा खिलने के दिनों में होती है। बाहर वृक्षों से लगातार झरती हुई साकुरा की पँखुरियों की बहार को रंगशाला के। भीतर कागज़ और प्लास्टिक की साकुरा पँखुरियाँ बिखराते हुए पुनःसृजित किया जाता है।

नगर और ग्राम प्रशासन संस्थाएँ बच्चों के साकुरा नृत्य आयोजित करती हैं। तोक्यो में विभिन्न देशों के दूतावासों में भी साकुरा उत्सव मनाया जाता है, फूलों के बीच बैठकर दावतें होती हैं। तोक्यो का कुदांग इलाका, जहाँ भारतीय दूतावास स्थित है, साकुरा के लिए विशेष रूप से प्रसिद्ध है। इस पहाड़ी इलाके में सैकड़ों की तादाद में लगे साकुरा की कतारें अत्यंत मनोरम दृश्य उपस्थित करती हैं। जापान के बाहर विभिन्न देशों में स्थित जापानी दूतावास अपने प्रांगण में साकुरा उत्सव मनाते हैं। इनमें वाशिंगटन का साकुरा उत्सव विशेष महत्त्वपूर्ण है। लगभग सौ साल पहले जापान द्वारा वाशिंगटन को भेंट मिले हज़ारों साकुरा जब फूल उठते हैं तो वहाँ मैफर्सन मेमोरियल के पास बने पत्थर के जापानी दीपदान में जापानी दूतावास की 'साकुरा राजकुमारी' दीप जलाती है और तरह-तरह के रंगारंग कार्यक्रम होते हैं।

जापान में वैसे तो बहुत छोटे-छोटे घर बनाए जाते हैं लेकिन छोटी-सी जगह का विराट इस्तेमाल करने में जापानियों का सानी नहीं मिलेगा। हानामी को लेकर भी यह

दृष्टिकोण बरकरार है। लोगों का प्रयास रहता है कि अपने घर के आस-पास थोड़ी-सी जगह निकाल कर साकुरा रोप दिया जाए। एक बार लगा लिया तो फिर क्या कहना। उसकी सेवा तो वे करते ही हैं और उसकी उपस्थिति के सम्मान में वसंत के मौसम अपने घर में मित्रों की दावत भी करते हैं—घर की खिड़की से हानामी करते हुए।

['नया ज्ञानोदय', अप्रैल 2004]

'मोमिजी' : जापान में लाल शरद के बीच

नोह नाटक 'मोमिजीगारी' में नायक कोरुमाची पर्वतीय वन प्रदेश जाता है। वहाँ शरद में झरते हुए 'मोमिजी' का आनंद लेती हुई एक अद्‌भुत सुंदरी अपनी परिचारिकाओं के साथ दिखाई देती है और वह उस पर आसक्त हो जाता है। किंतु जल्दी ही उसकी अभिलाषाओं पर वज्रपात होता है जब हाचीमन देवता उसे जानकारी देते हैं कि वह तो सुंदरी के वेश में प्रेतात्मा है। जब मुझे इस नाटक के कथ्य के विषय में पता चला तो जिज्ञासा हुई 'मोमिजीगारी' है क्या? पूछने पर लोगों ने बताया कि यह जापानी शरद ऋतु में प्रकृति का नजारा है जिसका आनंद लेने का जापानियों को बड़ा शौक होता है। वे घंटों पहाड़ों, वनों, पार्कों, मंदिरों में जाकर लाल पतझर को देखते हैं। वसंत में 'हानामी' की तरह शरद में जापानी लोग 'मोमिजीगारी' करते हैं। तात्कालिक जिज्ञासा के समाधान के साथ मैं अन्य कार्यों में लग गई। मार्च के अंत में जब हम जापान पहुँचे थे, उस समय जापानी वसंत का अग्रदूत साकुरा घरों, गलियों, पार्कों, बाजारों में फूला हुआ था। मई में सभी वृक्ष नई कोंपलों के साथ हरे हो गए। जून में जापान में वर्षा ऋतु का आरंभ हुआ। वैसे तो हमें वहाँ सदा ही वर्षा का मौसम महसूस होता था क्योंकि हर चौथे-पाँचवें दिन वर्षा हो जाया करती थी। जून की विशेषता यह थी कि वर्षा के साथ उमस भी शुरू हुई। सागर तटवर्ती शहर होने के कारण तोक्यो की वर्षा और गर्मी का मौसम काफी चिपचिपा होता है। वर्षा के बाद जुलाई में ग्रीष्म ऋतु आरंभ होती है। सितंबर में गर्मी कम होने लगी और अक्तूबर में सर्दी की शुरुआत हो गई। नवंबर शुरू होते-होते वृक्षों की हरी पत्तियों का रंग बदलने लगा। पहले पीला और नारंगी हुआ और नवंबर के मध्य में लाल हो गया। हरे से लाल होती पत्तियों से लदे वृक्ष ऐसे लगते मानों पत्तियों ने गुलमोहर के फूलों का रूप ले लिया हो। झीलों, सड़कों के किनारे, पार्कों में, पहाड़ियों पर–सब जगह हरे नारंगी लाल रंगों की छटा बिखरी हुई थी। प्रो. तनाका हमारे घर आए तो हमने पूछा कि इस रंग बदलने वाले वृक्ष का नाम क्या है। उन्होंने बताया कि यह मोमिजी है। जापान में यह बहुत बड़ी तादाद में है और शौकीन व्यक्ति इसे देखने के लिए जाते हैं, पेड़ों के नीचे घूमते हैं, बैठते हैं, प्राकृतिक रंगों को निहारते हैं। उनकी बात सुनकर मुझे समझ आया कि

'मोमिजीगारी' नामक नोह क्यों इतना लोकप्रिय है। हमारा निवास स्थान किचिजोजी में था। वहाँ इनोकाशिरा पार्क से छोटी नदी बहती है। मुझे वसंत में वहाँ हानामी (साकुरा फूलों को निहारने) के लिए आए लोगों का ध्यान आया और याद आईं साकुरा से झरती हवा में उड़ती, झील के जल पर तैरती साकुरा की पँखुरियाँ। अगले दिन हम इनोकाशिरा पार्क पहुँचे तो फिर बहुत से लोग 'मोमिजी' के। लिए आए दिखाई दिए। कुछ दिनों बाद तनाका जी हमें मेइजी जिंगू (जापान का सुप्रसिद्ध शिंतो देवालय) ले गए। मेइजी काल में बना यह जिंजा प्राकृतिक वैभव से भरपूर है। मेइजी पुनर्जागरण के समय जब यह बना था तो हर शहर-गाँव से लोगों ने लाकर यहाँ वृक्ष लगाए थे। अतः करीब एक किलोमीटर वन प्रदेश में चलकर देवालय पहुँचते हैं। लाल होती प्रकृति के बीच यह सैर वाकई अद्भुत, अनिर्वचनीय अनुभव था।

प्रकृति का यह रूप हमने पहली बार देखा था और इसे निरंतर देखते रहना चाहते थे। सो खुला दिन देखते ही मौका पाकर पार्कों-मंदिरों की ओर निकल पड़ते और सूर्यास्त तक वहीं रहते। दिसंबर के मध्य आते-आते पतझड़ हुआ और वे लाल पत्तियाँ झड़ गईं और फिर आया मौसम बर्फबारी का। और हम धैर्य से अगले शरद की प्रतीक्षा करने लगे, जापान के लाल शरद के उस कल्पनातीत नज़ारे का।

अगले वर्ष सन् 2000 का शरद और भी रोचक रहा। जापान फाउंडेशन के एशिया सेंटर के निमंत्रण पर कथाकार-चिंतक निर्मल वर्मा जापान आए। उन्हें जापान के प्रमुख शहरों—तोक्यो, क्योतो, हिरोशिमा—में भाषण देना था। इस आयोजन के संयोजक प्रो. तनाका और सलाहकार प्रो. कृष्णदत्त पालीवाल थे। हमें इन सभी शहरों में निर्मल जी के साथ रहना था इसलिए हम क्योतो, नारा, हिरोशिमा गए। निर्मल जी और तनाका जी को उड़ान से जाना था। हम लोग शिनकान सेन (जापान की बुलेट ट्रेन) से गए। हमारे साथ थीं—मीवा सुज़ुकी जो निर्मल जी के कथा साहित्य पर शोध कार्य कर रही थीं। इस यात्रा में वे हमारी गाइड और सहायक थीं। हमारी यात्रा और दर्शनीय स्थलों का पूरा कार्यक्रम उनके सहयोग से बना। उन्होंने हर जगह हमारे लिए निरामिष भोजन केंद्रों की भी इंटरनेट पर तलाश की, हमारे टिकट बुक कराए और सुबह आठ बजे तोक्यो स्टेशन पर मिलने को कहा।

नियत समय हम तोक्यो स्टेशन पहुँचे। मीवा हमें शिनकान सेन के प्लेटफॉर्म की ओर ले गईं। हवा की गति से चलने वाली मैग्नेट ट्रेन शिनकान सेन की पटरी अन्य ट्रेनों से अलग है। गाड़ी साढ़े आठ बजे रवाना होनी थी। सभी लोग अपने-अपने कंपार्टमेंट के सामने के स्थान पर लाइन बनाकर खड़े थे अधिकांश जापानी, कुछ

पश्चिमी भी। सवा आठ बजे गाड़ी आई। उसके इंजन की शक्ल नागिन जैसी थी। लोग उतरे और दरवाजे बंद करके सफाई की गई। जब गाड़ी आई तब सभी सीटें उत्तर की ओर थीं और जब छह-सात मिनट में सफाई के बाद दरवाजा खुला तो वे सीटें दक्षिण की ओर घूम गई थीं। हमें क्योतो जाना था, जो तोक्यो से दक्षिण में है। हम सब अपने-अपने कंपार्टमेंट में घुसे—अद्‌भुत आरामदेह कंपार्टमेंट। क्यों न हो विश्व की सबसे तेज़ गति की रेलगाड़ी जो ठहरी। कुछ ही मिनटों में गाड़ी चल पड़ी एक सुरंग से निकलती हुई। बाहर की सर्दी की तुलना में गाड़ी के अंदर अच्छी गरमाहट थी। हमारे साथ जा रहे जापानियों ने अपने ओवरकोट उतार कर टाँग दिए थे। योकोहामा पार करते ही हमारे सामने स्क्रीन पर आया कि हम 240 किलोमीटर प्रति घंटे की रफ्तार से चल रहे हैं। आसमान खुला था। शरद का सूरज नरमी से अपने पंख फैला रहा था। खिड़की से बाहर देखा तो पाया कि अब हम बस्ती से आगे बढ़ चुके थे। गाड़ी पहाड़ियों, वनों में से दौड़ रही थी और हमारे सामने थे मोमिजी से भरे पहाड़ों पर हरी से नारंगी और नारंगी से लाल होती पत्तियों से लदे हज़ारों-हज़ारों वृक्ष। मुझे लगा 'अये लब्धं नेत्र निर्वाणं' (प्रकृति के इस अद्‌भुत-अपूर्व दृश्य से आँखों को निर्वाण मिल गया है) लगातार बाहर ही देखती रही। प्रकृति की छटा को आँखें में भरती। तभी मीवा ने कहा कि चाय हो जाए? मैंने कहा क्या गाड़ी में रेस्तराँ है। मीवा ने कहा कि वह थर्मस में गरम पानी और भारतीय ढंग की चाय के टी बैग लाई हैं। हम लोगों ने अपनी सीट के आगे की टेबलें खोलीं। मीवा ने चाय बनाई और बिस्किट तथा सीताफल, फ्रांसबीन आदि कई फलियों-सब्जियों के बने चिप्स निकाले। आलू और केले के चिप्स खाने वाले भारतीयों के लिए यह भी एक नए तरीके का स्वाद था। नयनाभिराम प्राकृतिक नज़ारे के साथ चाय का आनंद लेते हुए हम मीवा के चाय के इंतज़ाम की तारीफ करते जा रहे थे। करीब सवा दस के आसपास हमारी गाड़ी ओसाका पहुँची। तोक्यो की भाँति बहुमंज़िली भव्य इमारतों वाला यह नगर तोक्यो की अपेक्षा ज्यादा सघन है। मध्यकाल से ही व्यापारिक केंद्र होने के कारण ओसाका तोक्यो की अपेक्षा भीड़भाड़ वाला नगर दिखाई दे रहा था। कुछ ही मिनटों में गाड़ी रवाना हुई और हमारे सामने फिर से जापान के लाल शरद का नज़ारा था। पहाड़ों के बीच छोटी-छोटी नदियों के पुलों से गुज़रते हुए हम ग्यारह बजे क्योतो पहुँचे। गाड़ी से उतरते ही तीखी ठंडी हवा कोट-ओवरकोट सबको चीरते हुए थपेड़े मारती थी। पहाड़ी इलाका होने के कारण क्योतो तोक्यो से ज्यादा ठंडा था। मीवा ने टैक्सी बुलाई और करीब आधा घंटा चलकर हम मियाको होटल पहुँच गए। निर्मल जी और गगन जी के साथ तनाका जी वहाँ पहले से मौजूद थे। निर्मल जी का भाषण अगले दिन शाम को छह बजे था। उस दिन क्योतो के बौद्ध मंदिर 'कियो मिजू देरा' की यात्रा

का कार्यक्रम था। करीब एक घंटे विश्राम के पश्चात हम सभी लोग जापान फाउंडेशन की गाड़ी में चल पड़े। निर्मल जी की सुविधा के लिए जापान फाउंडेशन ने एक इंटरप्रेटर की व्यवस्था भी कर रखी थी। नारा और क्योतो प्राचीन जापान की राजधानियाँ और सांस्कृतिक केंद्र रहे हैं। तोक्यो तो सामंतीय जमाने में जापान की राजधानी बना था। 'कियो मिजु देरा' नामक यह मंदिर जापन के प्राचीन संस्कृति एवं कला के प्रतीकों में से एक है। इसका गर्भगृह हर तैंतीस वर्ष बाद एक बार दर्शन के लिए खोला जाता है। बाकी समय लोग प्रकृति, स्थापत्य और बाहरी मूर्तियों के दर्शन करके वापस चले जाते हैं। पहाड़ी पर स्थित मंदिर से काफी पहले पार्किंग में गाड़ी रोक दी गई और हम लोग मंदिर की ओर बढ़े। करीब बीस मिनट का पहाड़ी रास्ता बाज़ार का था। मुझे काशी विश्वनाथ का गदौलिया इलाका और तोक्यो में असाकुसा मंदिर का इलाका याद आ रहा था। कलात्मक सौवेनियरों की अनेक-अनेक दुकानें इतना ज्यादा लुभा रही थीं कि मैंने एक जगह रुक कर जापानी मुड़वाँ पंखा खरीदा। सबसे सस्ता ढूँढ़ने पर भी तीन हज़ार येन का मिला था। दुकानदार महिला ने पंखा खोल कर दिखाया और उसे टिकाने के स्टैंड सहित एक डिबिया में रखकर पैक किया। जापानियों द्वारा की जाने वाली पैकिंग भी एक विशिष्ट कला है। कागज़ को बहुत करीने से सुंदर ढंग से मोड़ते हैं, हर मोड़ की एक निश्चित रीति होती है। तीन हज़ार येन देकर मैंने पैकेट उठाया तो महिला ने धन्यवाद ज्ञापन करते हुए कहा 'अरिहतो गोजाइ मास'। 'दो इताशि मास्ता' कहते हुए मैं चल पड़ी। आगे चलने पर कियो मिज़ु देरा दिखाई देने लगा। पहाड़ के बीच लकड़ी का भव्य शिल्प। चारों ओर मोमिजी से घिरी पहाड़ियाँ। मुख्य द्वार पर दोनों स्तंभों के पास 'फुदो, मियो' (इंद्र और वरुण देवताओं के जापानी रूप) अपने हाथ में दंड और मोटा रस्सा लिए सख्त मुद्रा में विराजमान थे, दुष्टजनों को बाँधकर दंड देने के लिए। मंदिर के प्रांगण में घुसते ही मैंने अपना वीडियो कैमरा सँभाला। लकड़ी के विराट खंभों पर बने कियो मिजु देरा मंदिर के गर्भ गृह के पट खुले हुए थे। जापानी इंटरप्रेटर ने कहा आप लोग सही वक्त पर आए हैं, मंदिर के पट 15 नवंबर से 15 दिसंबर तक ही खुले रहेंगे। तनाका जी ने टिकट खरीदे (जापान में मंदिर दर्शन के लिए टिकट होते हैं) हम सबको अपने जूते उतार कर रखने के लिए एक-एक पोलीथिन बैग दिया गया और फिर हम बाहरी मंदिर में होते हुए गर्भगृह की सीढ़ियों पर उतरे। जापानी मंदिरों में भगवान बुद्ध विभिन्न अवतारों में उपस्थित हैं, कोई स्वास्थ्य की रक्षा के लिए, कोई धन की रक्षा के लिए और कोई शत्रुओं से रक्षा के लिए तो कोई ज्ञान के लिए, कोई प्रेम के लिए। अनेक देवी-देवताओं से परिचित भारतीय इस भावना को आसानी से ग्रहण कर लेता है। काष्ठमूर्ति शिल्प के उत्कृष्ट नमूने विविध श्रृंगार-सज्जा से सजे थे। इष्टदेव को प्रणाम

करते जापानियों की कतार में आगे बढ़ते हुए जब हम मंदिर से बाहर दालान में निकले तो हमारे सामने घाटी में मोमिजी ही मोमिजी थे, हमारे बहुत निकट! रंगों को बिखेरते हुए। दस मिनट तक हम सब घाटी को निहारते रहे, मोमिजी को कैमरों में कैद करते हुए। आगे बढ़े तो मोमिजी की लाल पत्तियों को चीरती हुई जल की धारा दिखाई दी। पहाड़ी से झरना गिर रहा था लाल वातावरण को उज्ज्वल बनाता हुआ। सीढ़ियों से नीचे उतार कर सब लोग इस झरने से काठ के पात्र भर-भरकर पानी पी रहे थे। जापानी इंटरप्रेटर ने इस झरने से जुड़ी कथा बताई कि एक बार एक राजकुमार अपनी पत्नी के साथ यात्रा पर निकला था। वन में चलते हुए राजकुमारी थकान और प्यास से इतनी अस्वस्थ हो गई कि मरणासन्न हालत में पहुँची। राजकुमार विकल होकर उसके लिए जल ढूँढ़ता हुआ यहाँ पहुँचा। इस जल को ले जाकर राजकुमारी को पिलाया तो वह स्वस्थ होने लगी, उसे पुनः जीवन मिला। अतः यह जल पवित्र जीवनदायी जल के रूप में विख्यात है। 'कियो मिज़ु' का अर्थ ही है जीवनदायी जल। देर तक हम कियो मिज़ु धारा को निहारते रहे और शरद की लाली से अपना चित्त बाग-बाग क़रते हुए वापस चल पड़े। मियाको होटल वापस आकर मैंने वीडियो कैमरा की रील रिवाइंड की तो छोटा-सा स्क्रीन मोमिजी से भर गया। उमंग के साथ मैंने रील को अगले दिन के लिए सही स्थान पर सेट किया और बैटरी चार्ज होने रख दी।

रात्रि के भोजन के लिए मीवा ने सुझाया कि मियाको होटल में वेजीटेबल सूप, टोस्ट, एपल पाई आदि लिया जा सकता है। भोज्न के दौरान उन्होंने बताया कि अगले दिन हम क्योतो के प्रसिद्ध किलों, मंदिरों और बागों को देखेंगे और शाम छह बजे भाषण के कार्यक्रम में शरीक होंगे। अगले दिन सुबह नाश्ता करके हम लोग नौ बजे रवाना हुए। मध्यकालीन किला देखा। स्कूली बच्चों के कई झुंड शरद का नज़ारा लेने क्योतो आए हुए थे। उनसे नज़र मिलाते हुए 'ओहाइयो गोजाइमास' कहती तो वे उत्साह से मुस्कुरा कर जवाब देते। मीवा उन्हें बताती कि ये 'गाइको जिन' (विदेशी) पर्यटक नहीं हैं, ये तो पढ़ाने-पढ़ने के लिए जापान में रह रहे हैं। किला देखने के बाद सब वे ट्रेन लेकर हम क्योतो के प्रसिद्ध नानज़ेन जी मंदिर पहुँचे। इस मंदिर के विषय में काबुकी नाटकों में पढ़ चुकी थी तथा शरद की प्रकृति का आनंद उठाते जापानियों की तस्वीर 'जापान टाइम्स' में देख चुकी थी। नानज़ेन जी का तोरण द्वार और प्रांगण हमारे अब तक देखे मंदिरों से कहीं ज्यादा विशाल और भव्य थे। प्रांगण से गुज़रते हुए हमने देखा कि पगडंडी के दोनों तरफ पेड़ों के नीचे अनेक लोग अपने वीडियो कैमरे स्टैंडों पर टिकाए बैठे हैं। मैंने सोचा कि हो सकता है कोई शूटिंग कार्यक्रम चल रहा हो। थोड़ी देर रुककर उन लोगों को देखने लगी तो समझ आया

कि वे कोगाराशी (सर्द हवा) के झोंकों से झरते हुए लाल पत्तों को अपने वीडियो कैमरों में दर्ज कर रहे थे। धैर्य से बैठे रहते और जैसे ही एक-दो पत्ते झरते तो उनकी डाली से ज़मीन तक की यात्रा की गति और लय को कैमरे में अंकित कर लेते। जापानी प्रकृति प्रेम और तकनीकी प्रगति का अद्‌भुत मिलन हमने यहाँ महसूस किया। साथ ही महसूस किया जापानी व्यक्ति का अपार धैर्य जो घंटों पेड़ के नीचे चौकन्ने बैठकर एक-एक पत्ती के गिरने को तवज्जो के साथ जीवंत बनाता है। सभ्यता और प्रौद्योगिकी के विकास की चरम स्थिति में भी मनुष्य अपने को किस तरह प्रकृति के साथ तदाकार करके जी सकता है। मोमिजी वृक्षों के बीच लगातार गुज़रते हुए हम मंदिर के मुख्य भवन की ओर बढ़ रहे थे। प्रकृति की लय को जीवन में सँजोए हुए मनुष्य को देखते हुए। मंदिर के भवनों को आपस में जोड़ती लकड़ी की लंबी-लंबी चबूतरानुमा खंभेदार गैलरियाँ थीं आगंतुकों को वर्षा-बर्फ से बचाती हुई दाएँ-बाएँ दोनों ओर पहाड़ी प्रकृति की छटा दिखाती हुई। लगता था शिल्प और प्रकृति की संगम इन गैलरियों में चलते जाओ, चलते जाओ। मूर्ति, स्थापत्य और चित्रकला का प्रकृति की गोद में अनुभव हमारे लिए एकदम नया और आह्लादकारी था। बाहर आने पर मीवा ने कहा कि इस मंदिर की तोफू रसोई है। आप लोग चाहें तो शाकाहारी भोजन यहीं कर सकते हैं, ठेठ जापानी शैली में। हमने तुरंत हाँ की और मंदिर की रसोई की ओर चल पड़े। मुझे याद आ रहा था भुवनेश्वर और पुरी के लिंगराज और जगन्नाथ मंदिरों का महाप्रसाद। हम लोग आतिथ्यगृह के ततामी कक्ष में पहुँचे और चौकी के समक्ष जापानी ढंग से घुटनों के बल बैठ गए। चौकी पर छोटी-छोटी तश्तरियाँ और 'हाशी' (चॉपस्टिक) और 'ओवांग' (प्याले) पहले से रखे थे। किमोनो धारण किए जापानी महिला हमारे आतिथ्य के लिए आई। झुककर अभिवादन करने के बाद हमारे सामने रखे स्टैंड पर तोफू का पात्र रखा और आग जला दी ताकि तोफू गर्म रहे। हरी चाय की केतली लाई और तोफू से बने भाँति-भाँति के व्यंजन परोसे। साथ में हरी पत्ती सलाद, आलू, शकरकंद भी परोसे और परोसे जापानी चावल। चॉपस्टिक से खाना काफी श्रमसाध्य था लेकिन वही एक रास्ता था। भोजन करते हुए सामने शीशे के पार दिखाई दे रहा था—लाल मोमिजी के बीच सिर ऊँचा किए पंछी की तरह पंख फैलाए नानज़ेन जी का विराट शिखर। खाना रोककर कुछ देर मैं उस दुर्लभ दृश्य पर निगाह टिकाए रही तभी मीवा ने कहा कि भोजन के बाद हमें ज़ेन संप्रदाय के एक अन्य मंदिर ज़ेनरिन जी जाना है। मैंने अपनी चॉपस्टिक सँभाली और तोफू उठाने की कोशिश करने लगी।

नानज़ेन जी क्षेत्र के बाहर आकर हमने टैक्सी ली और पंद्रह मिनट में ज़ेनरिन जी पहुँचे। ज़ेनरिन जी ज़ेन बौद्ध मत साधना, कलाओं और प्रकृति प्रेम का अद्‌भुत

संगम था। यहाँ स्थापत्य, चित्र, मूर्ति शिल्प के साथ-साथ जल, वनस्पति, सौंदर्य और श्रम की बेजोड़ साझीदारी थी। चित्रकला संग्रह, बगीचे, झीलें, भवन, मूर्तियाँ और उन सबके बीच ज़ेन साधना का कंकड़ पाथर का बगीचा छोटे-छोटे पत्थरों को बिछाकर बनाया गया था यह 'कंकड़ों का बगीचा' (Pebble garden) जिसके बीच कुछ बड़े पत्थर विराजमान थे कंकड़ों से निर्मित धारा के बीच टापुओं की तरह। बाँस और लकड़ी की नुकीली पंजेदार कूची से भिक्षु रोज़ इन कंकड़ों को काढ़ते हैं तो इनमें ये रेखाएँ उभरती हैं, जल के बीच लहर की तरह। दर्शक एक दालाननुमा दीर्घा में शांत ध्यान की मुद्रा में बैठकर इस कांकर-पाथर के बने ज़ेन बगीचे को निहारते हैं अपनी कल्पना के अनुरूप संसार को इसमें महसूस करते हुए! हम भी औरों की तरह ज़ेन बगीचा निहारने लगे। चुप बैठे इन पत्थरों को निहारना बौद्ध शून्यवाद में उतरने का साकार-जीवंत प्रयास है। यह अनुभव ज़ेन बगीचे में मौन बैठकर निहारते हुए ही हो सकता है। वहाँ से उठकर हम ज़ेनरिन जी की सीढ़ीदार दीर्घाओं से गुज़रे जिनमें शिल्प के साथ-साथ सजावट विशिष्ट थी। प्रकृति का कोना भी अनोखा था, पहाड़ी, झील, झरना और शांति। वहीं चट्टान पर अंकित एक शिलालेख में देवनागरी के कई अक्षरों का प्रयोग था—'क' 'म' 'र' आदि बिल्कुल स्पष्ट पकड़ में आते थे। यहाँ हम मोमिजी से रंगे लाल शरद के बहुत निकट थे। झीलों पर बिखरी बेशुमार लाल पत्तियाँ जल का अभिषेक करती प्रतीत होती थीं। पगडंडियों पर चलते हुए पत्तियों ने रेडकार्पेट बिछा दिया था, दर्शक उन पर प्रफुल्ल भाव से चलते हुए उन्हें कैमरों में दर्ज कर रहे थे। तभी देखा कि सामने दूर की पगडंडी पर बिखरी पत्तियों को एक भिक्षु झाड़ रहा है। उन्हें इकट्ठी करके एक डिब्बे में भर रहा है। दैनिक जीवन की दिनचर्या में मनोयोगपूर्वक श्रम ज़ेन साधना का अनिवार्य अंग है। झाड़ू लगाना, सफाई करना, पानी भरना, भोजन बनाना ज़ेन धर्मसाधना के प्रमुख महत्त्वपूर्ण कार्य हैं। इन्हें पूरा करने के बाद ही आगे की साधना और ध्यान की बारी आती है। यह बात पढ़ी और सुनी थी, इस भिक्षु में साक्षात् दिखाई दी।

ज़ेनरिन जी से लौटते हुए देखा कि शांत वन प्रदेश में वसंती रंग की पत्तियों से लदा एक लंबा वृक्ष सामने था। उसकी पत्तियाँ लगातार झर रही थीं और वहाँ भी बहुत से लोग उन्हें वीडियो कैमरों में रिकॉर्ड करते जा रहे थे। उस वृक्ष का नाम पूछने पर मीवा ने बताया कि 'इचो' नाम का यह वृक्ष जापान में चीन से आया है।

बहुत से नए-नए अनुभवों के साथ हम वापस लौटे, निर्मल वर्मा का भाषण सुनने के लिए। अगले दिन हमें नारा जाना था। नौ बजे सुबह ट्रेन से नारा चल दिए। करीब पौना घंटे में धान के खेतों से गुज़रते हुए हम जापान की प्राचीन राजधानी नारा पहुँचे। भारत-जापान बौद्ध संबंधों का इतिहास नारा में संचित है। वहाँ के मंदिरों के निर्माण

के लिए भारतीय वास्तुशिल्पी बुलाए गए थे। वहाँ के स्तूपों और मंदिरों में भारतीय शैली की झलक स्पष्ट दिखाई देती है। किंतु भारत के स्मारकों और मंदिरों की तुलना में जापान में जो विशिष्ट और अनोखा दिखाई देता है वह है—वनस्पति जगत और जीव-जंतु जगत से सीधा संबंध। मंदिर का भवन इस तरह बनाते हैं कि वह पहाड़ और वृक्षों का एक हिस्सा प्रतीत होता है। मंदिर परिसर में मोमिजी और साकुरा की चर्चा तो हम निरंतर करते ही रहे हैं। नारा में इसके साथ हिरन भी जुड़ गए हैं। मंदिर परिसर में सैकड़ों की तादाद में डोलते हिरन हैं, जो मनुष्य से इतने ज्यादा हिले हुए हैं कि पास आ जाते हैं मानो सहचर बनने का इंतज़ार कर रहे हों। इन जंतुओं का शिकार वर्जित है अतः ये मनुष्य के निकट आने में डरते नहीं हैं।

तलहटी के वन प्रदेश में थे मोमिजी वृक्ष और अमिदा जी (अमिताभ भगवान बुद्ध) मंदिर के भवन। विशाल प्रांगण पार करके गर्भगृह में अमिदा जी की विराट मूर्ति। कामकुरा में वन प्रदेश में विराजमान 'दाइबुत्सु' (विराट बुद्ध) की प्रतिमा से भी ज्यादा भव्य विशाल अमिदा जी। इतने विशाल कि एक बार में नज़र में न भर सकें, कभी हम दाएँ से देखें, तो कभी बाएँ से। गर्भगृह के सामने ही एक बहुत बड़ा पात्र रखा है, अगरबत्ती लगाने के लिए। जापान के मंदिरों में धूप-दीप बाहर प्रांगण में किया जाता है क्योंकि काठ के बने मंदिरों के भीतर आग का खतरा रहता है। बाहर रखे पात्र में लोग एक-दो अगरबत्ती न जलाकर पूरा पैकेट जलाते हैं। इससे वहाँ अगर-धूप की ज्योति जल उठती है। परिसर के विभिन्न भवनों में अनेक बौद्ध देवता विद्यमान हैं। साथ ही विद्यमान हैं—बौद्ध विहार और स्तूप। स्थापत्य, शिल्प और प्रकृति की दृश्यावली के वैभव के। बेजोड़ नमूने अमिदा जी मंदिर परिसर में मौजूद है दुनिया का सबसे बड़ा घंटा—वनस्थली के रंगों के बीच झूलता हुआ। अमिदा जी जापान के प्रमुख सांस्कृतिक प्रतीकों में से एक है। इसकी चर्चा वहाँ के साहित्य में अक्सर देखने को मिलती है। वैसे तो नारा शहर ही प्राचीन जापानी संस्कृति का प्रतीक है, पर विशाल वनस्थली में मोमिजी और साकुरा के नीचे डोलते हिरनों के बीच अमिदा जी में शरद में आए जवान-बूढ़े लोगों और स्कूली बच्चों की टोलियाँ पुरानी संस्कृति के वर्तमान में संचरण को, प्रकृति और मनुष्य के तादात्म्य को रूपायत करती हैं।

अमिदा जी के बाहर छोटा-सा बाज़ार और कई छोटे-छोटे रेस्तराँ हैं। उनसे खरीददारी करते खाते-पीते लोगों के पास जाकर हिरन अपने मूक हाव-भाव से खाने की चीज़ें माँगते प्रतीत होते हैं। किंतु लोग सामने लगे बोर्ड की इस हिदायत का पूरी तरह पालन करते हैं—कृपया हिरनों को खाने की वस्तुएँ न दें। 'मनुष्य का भोजन हिरन के लिए हानिकर हो सकता है।' हम भारतीय अपने शिल्प सौंदर्य की गर्वपूर्वक

चर्चा करते नहीं अघाते किंतु अमिदा जी को देखकर लगता कि बहुत कुछ है जो हमें जानना-देखना चाहिए।

प्रकृति हमारे पास भी कम सुंदर और अनोखी नहीं है। हम उसे अपने जीवन में महत्त्व भी खूब देते हैं। भाँति-भाँति से उसका उपयोग भी करते हैं, उससे अपने घरों और भवनों की शोभा भी बढ़ाते हैं लेकिन क्या रोज़मर्रा के जीवन में उसके साथ तदाकार होते हैं या होना जानते हैं? हम सुंदर उद्यान भी लगाते हैं लेकिन क्या उद्यान को हम अपने द्वारा रचे संसार के रूप में महसूस करते हैं।

'जनसत्ता', 7 जनवरी 2007

'चानोयू' : जापानी चायोत्सव का सौंदर्यशास्त्र

'चाय' शब्द सुनते ही हमारे मन में प्याले से उठते हुए धुएँ का बिंब बनता है और इस प्याले से चुस्की लेने की इच्छा हो उठती है। चाय आज भारतीय सामाजिकता का अनिवार्य अंग है और आम आदमी की बुनियादी जरूरत। दैनिक जीवन के काम-काज, शिष्टाचार, आतिथ्य, उत्सव-समारोह सभी में यह जरूरत से ज्यादा जरूरी बन चुकी है। लेकिन चाय-पान अपने आप में कोई कला या दर्शन, कोई प्रशिक्षण की चीज़ या प्रस्तुतिपरक कलारूप भी हो सकता है–यह जापानी जीवन और समाज के निकट संपर्क में आकर ही जान सकी हूँ। 'चानोयू' यानी चायोत्सव जापानी संस्कृति का प्रतीक है जिसने जापानी जीवन और सोच को दिशा दी है और उसकी विशिष्ट तथा निजी पहचान बनाई है। 'चानोयू' के विधिवत प्रशिक्षण के विद्यालय सदियों से चले आ रहे हैं जिनकी अपनी-अपनी शैलियाँ विकसित हुई हैं। जापानी कलाएँ, साहित्य, वास्तु-शिल्प, आचार-व्यवहार, शिष्टाचार–सभी कुछ इससे इतना प्रभावित है कि जापानी जीवन और समाज का कोई भी अध्ययन 'चानोयू' के जाने बिना पूरा नहीं हो सकता। चानोयू संस्कृति को समझकर, उसके आंतरिक भावबोध को पहचान कर ही जापानी मन को समझा जा सकता है।

यों हमारी चाय की तुलना में जापानी चाय महज कसैला गरम पानी महसूस होता है। कोई भी भारतीय इसे देखकर आसानी से मुँह बिचका सकता है। हरी पत्ती का चूरा छननी में डालकर उसमें से छाना हुआ उबला पानी–बस हो गई चाय। लेकिन जापानी इस कसैले गरम पानी को न केवल चाव से पीते हैं बल्कि इसमें स्वाद के अनेक रंग उन्होंने पैदा किए हैं। नाश्ता, भोजन, अल्पाहार, शिष्टाचार–सभी कुछ तो इसके साथ होता है। 'ओचा' (हरी चाय) के बिना उनका भोजन पूरा नहीं होता। भोजन के बीच-बीच में 'ओचा' के घूँट भरते हैं, बर्फीले जाड़े के मौसम में गर्म-गर्म 'ओचा' की चुस्की लेते हैं तो गर्मी-बरसात में ठंडे पेय के रूप में 'आइस्ड टी' पीते हैं। शीतल पेय की कतार में हरी चाय के केन और बोतलें पूर्वी एशिया में हर जगह मौजूद दिखाई देंगी। गला तर करने के लिए जापानी फौरन बोतल खोल कर हरी चाय के दो घूँट भरेगा। चावल, सब्ज़ी आदि खाते समय उसमें हरी चाय मिलाकर स्वाद बढ़ाएगा। और तो और, आइसक्रीम के विभिन्न फ्लेवरों के बीच ग्रीन टी फ्लेवर की आइसक्रीम

गर्व से सिर उचकाए खड़ी दिखाई देगी। चाय जापान के लिए महज शौक या आदत की वस्तु नहीं है, एक सम्माननीय परंपरा होने के साथ इसका एक अलग कलापरक सौंदर्य है। इसके पीछे निहित सांस्कृतिक संवेदना में गहन जीवन-दृष्टि और परंपरा की निरंतरता का सौंदर्य बोध दिखाई देता है।

चीनी बूटी चाय का प्रवेश जापान में आठवीं शताब्दी में हुआ था। प्रारंभ में ज़ेन बौद्ध भिक्षुओं के बीच औषधि के रूप में प्रचलित रहने के बाद यह अभिजात वर्ग के मनोविनोद का साधन बनी। बेहद कीमती होने के कारण लंबे समय तक आम जनता के लिए दूर की वस्तु रही किंतु धीरे-धीरे इसने जन-सामान्य के जीवन में प्रवेश किया और मनोविनोद के बजाय रुचि-संस्कार और आत्मोन्नयन का माध्यम बनती गई। इसने जापानी मन को ऐसा रिझाया कि 'चानोयू' (चायोत्सव) की एक विशिष्ट संस्कृति बनी जो आज भी दुनिया भर में जापान की न केवल विशिष्ट पहचान बनाती है बल्कि जापान में आए दुनिया के विभिन्न देशों के लोग इसका प्रशिक्षण पाते हैं। क्योतो के चाय-गुरु सेशित्सु सान ने चायोत्सव परंपरा का विदेशों में परिचय और प्रसार कराने के लिए करीब 32 वर्ष पूर्व 'चा-एई-काई' नामक संस्था स्थापित की और माचिको कोबायाशी को इसका प्रथम सदस्य बनाया। धीरे-धीरे इस संस्था का विस्तार होता गया। कुछ समय बाद कोबायाशी ने अपने सहयोगियों के साथ विभिन्न देशों के दौरे किए और 'चानोयू' आयोजनों के दौरान 'चाय-दर्शन' पर व्याख्यान दिए। आज ऐसी कई संस्थाएँ जापान में सक्रिय हैं—उदाहरण के लिए, तोक्यो स्थित 'चानोयू इंटरनेशनल'। 'चानोयू' के सौम्य, शांत किंतु सादगीपूर्ण रुचि-परिष्कार ने कई विदेशियों को ऐसा मोहित किया है कि उन्होंने बाकायदा इसका प्रशिक्षण प्राप्त किया और वे अपने देश में जाकर इसके प्रशिक्षण केंद्र खोलकर इसका प्रसार करते हैं। कैथरीन लियोन्स और ऑस्टिन बैबकॉक वाशिंगटन डी.सी. में पिछले लगभग एक दशक से नियमित रूप से अपना चायोत्सव विद्यालय चला रहे हैं। सीखने वालों की संख्या कभी-कभी पचास-साठ तक हो जाती है। आशा ग्रीर का चाय-कक्ष वाशिंगटन डी.सी. से कोसों दूर ब्लू रिज माउंटेन की पहाड़ी बस्ती में है।

'चानोयू' जापान का अपने ढंग का अनूठा सौंदर्यबोधी मनोविनोद है जिसकी विशिष्टता पिसी हुई हरी चाय—मोत्चा परोसने और पीने में है। यद्यपि चाय का प्रयोग जापान में आठवीं शताब्दी से ही मिलता है किंतु मोत्चा पीने का रिवाज़ बारहवीं सदी के अंत में त्सुंग शासनकालीन चीन से आया। ज़ेन बौद्ध पुरोहित ए ईसाई इसे चीन से लाए और ज़ेन मंदिरों के पथ्यापथ्य-नियमों में इसे औषधि के रूप में शामिल कर लिया—ध्यान करते समय निद्रा-तंद्रा को पास न फटकने देने की औषधि के रूप में। धीरे-धीरे चाय एक संस्कृति का रूप ग्रहण करने लगी और इसमें ज़ेन संप्रदाय की

आत्म-परिष्कार और आत्मोन्नयन की भावना का समावेश हुआ।

बौद्ध मंदिरों के अलावा चाय अभिजात वर्ग के मनोविनोद का माध्यम बनी। बहुत महँगी होने के कारण कुलीन वर्ग ही इसका आनंद उठाते–अपने अलंकृत भवनों के बरामदों में आराम से बैठे हुए, अपने निजी तालाबों में मछलियाँ पकड़ते हुए, तांगकालीन चीन की शैली में कोतो संगीत सुनते हुए वे चाय का लुत्फ उठाते थे। इस तरह औषधि और एक कीमती मादक पेय के रूप में चाय की प्रसिद्धि हुई। तेरहवीं-चौदहवीं शती के जापान में चाय सम्पन्न सैन्य और कृषि समाज में सुरुचिपूर्ण मनोविनोद के रूप में लोकप्रिय हो गई। चौदहवीं शताब्दी में मात्चा का प्रयोग 'तोचा' नामक एक खेल के। रूप में होने लगा। यह आमोद एक दावत के रूप में होता जिसमें अतिथियों को विभिन्न क्षेत्रों में उगाई जाने वाली चाय के कप एक-एक करके प्रस्तुत किए जाते। उनसे पूछा जाता कि किस कप में उन्होंने सर्वोत्तम चाय उत्पादक क्षेत्र में उत्पादित चाय पीयी थी। सही अनुमान लगाने वालों को पुरस्कृत किया जाता था। तोचा खेल के लोकप्रिय होने के साथ-साथ चाय बागानों में भी समृद्धि आई, विशेष रूप से क्योतो के निकट ऊजी ज़िले में जहाँ आज भी सर्वोत्तम चाय उगाई जाती है। ध्यान देने की बात है कि ये अभिजातवर्गीय 'चाय-पार्टियाँ' चाय पान से भी ज्यादा मिलने-जुलने और गपशप के अवसर थे भले ही इनमें श्रेष्ठतम चाय पहचानने की प्रतियोगिताएँ हुआ करती हों।

धीरे-धीरे तोचा पुरस्कार प्रतियोगिता और खेल न रह कर उच्च वर्ग की अपेक्षाकृत गंभीर और सौम्य सभाओं में बदल गई। अब इसने गपशप की बजाय सुरुचिपूर्ण और गंभीर वातावरण में आनंदानुभव का रूप ले लिया जिसमें भाग लेने वाले लोग चाय का स्वाद चखते हुए 'शोइन' (अध्ययन कक्ष) में सजे चित्रों, चीनी मिट्टी के बर्तनों की कला और शिल्प को निहारते, समझते सराहते एप्रिशिएट करते। इसी समय तोचा में मध्ययुगीन जापान के प्रभुत्वशाली सामंतवर्ग–समुराई (योद्धा) समाज के दैनिक जीवन से जुड़े शिष्टाचार और तौर-तरीकों से प्रभावित कुछेक दस्तूर और प्रक्रियाएँ विकसित हुईं जिनका पालन चायोत्सव में भाग लेने वालों के लिए जरूरी था। आशिकागा के योद्धा सामंत आठवें शॉगुन (समुराई सरदार) योशिमासा के संरक्षण में चायोत्सव को अपना निजी स्वरूप प्राप्त हो गया। योशिमासा के भवन–'हिगाशियामा विला'–में नारा के पुरोहित मुराता शिको के नेतृत्व में चायपान की अत्यंत आभिजात्य शैली विकसित हुई जो चीन से लाए गए चाय पात्रों, प्यालों, फूलदानों और चित्रकला को देखने, समझने-सराहने का माध्यम बनी। चायपान-आयोजनों के तौर-तरीकों और सुपरिष्कृत हिगाशियामा चाय बैठकों का मिला-जुला रूप विकसित हुआ जिसके लिए 'चादो' या 'सादो' (यानी चाय पीने का तरीका) जैसे शब्द प्रचलन

में आए। अब तक चायपान आयोजन ज़ेन बौद्ध मंदिरों से बाहर धर्मेतर और स्वतंत्र कार्यकलाप के रूप में स्थापित हो चुका था, यद्यपि ज़ेन मत का प्रभाव इस पर विद्यमान था। बहुत महँगी होने के। कारण 'बहुत अच्छी' चाय केवल धनाढ्य वर्ग को ही सुलभ थी किंतु इसके महँगेपन का चाय की उत्सवधर्मिता और समाज के सभी वर्गों के बीच धीरे-धीरे इसके प्रसार पर कोई प्रतिकूल अथवा हानिकर प्रभाव नहीं पड़ा।

पंद्रहवीं शताब्दी के अंत तक आते-आते चाय उच्च वर्ग की संस्कृति न रह कर लोक जीवन में प्रवेश करने लगी। चायोत्सव कला में दक्षता प्राप्त **मुराता शुको (ज़ुको)** नामक पुरोहित ने जो कला की सराहना पर आधृत अलग ढंग का चायोत्सव समारोह सुझाया था वह 'वाबीचा' नाम से लोकप्रिय हुआ। वाबीचा का आधार उन्होंने ज़ेन बौद्ध भावबोध द्वारा पोषित जापानी सूक्ष्मग्राहिता को बनाया था। यह वाबीचा ही आगे चलकर "चानोयू" (चायोत्सव—टी सेरेमनी) की प्रथा के रूप में विकसित हुई और आज तक चली आ रही है। इसे इस रूप में स्थापित करने का श्रेय तोकेनो-जो-ओ (1502-55) और उनके शिष्य सेन-नो-रिक्यू (1522-91) को है। रिक्यू चायोत्सव परंपरा के प्रधान गुरु माने जाते हैं। उन्होंने सोलहवीं शताब्दी में चानोयू कला के बाकायदा प्रशिक्षण की शुरुआत की जिसे बाद में उनकी शिष्य-परंपरा के रूप में आगे बढ़ाया गया।

सेन-नो-रिक्यू ने चायोत्सव का शास्त्र ही नहीं गढ़ा बल्कि उसे लोक जीवन में उतारा। उन्होंने 'सादगीपूर्ण, शांत, चिंतन-मननपरक चाय-दर्शन' का विकास किया। साधारण घासफूस के बने झोंपड़ीनुमा चाय गृह में परोसी जाने वाली चाय की चानोयू परंपरा में प्राकृतिक सौंदर्य, सादगी और आत्म-परिष्कार पर बल था। इससे यह आम लोगों के हृदय के निकट पहुँची और उनके बीच सम्माननीय स्थान पाती गई। यह सम्मान आज भी विद्यमान है और रिक्यू आज भी चाय गुरु के रूप में सादर स्मरणीय हैं। अभी कुछ समय पूर्व सेन-नो-रिक्यू के जन्म-स्थान—जापान के ह्योगो प्रिफेक्चर के सकाई नगर में 'विश्व प्रस्तुतिपरक कला उत्सव 2000' (वर्ल्ड परफोर्मिंग आर्ट्स फेस्टिवल 2000) आयोजित किया गया जिसके अंतर्गत 3-4 अगस्त, 2000 को 'चानोयू' आयोजित किए गए और 5 अगस्त को सिम्पोज़ियम हुआ। चानोयू उत्सवों के आयोजन सकाई के नांशूजी बौद्ध मंदिर में रखे गए थे और सिम्पोज़ियम 'सकाई शिमिन काइकान' में।

रिक्यू के चाय प्रसंग का एक बहुत ही मार्मिक एवं हृदय विदारक पक्ष भी है। रिक्यू की मित्रता समुराई सामंत तोयोतामी हिदेयोशी से थी। चाय-गुरु का योद्धा सामंत बहुत आदर करते। रिक्यू भी ऊजी इलाके के चाय उगाने वाले किसानों से

व्यक्तिगत दोस्ती करके अपने स्वामी के लिए श्रेष्ठतम चाय स्वयं जाकर लाते। हिदेयोशी को चायोत्सव का बेहद शौक था। हालाँकि रिक्यू और हिदेयोशी के चायोत्सवों में बुनियादी अंतर था। हिदेयोशी के चायोत्सव में अलंकरण और वैभव की पराकाष्ठा थी। स्वणलिंकृत भवन के जगमगाते वातावरण में ठोस सोने की बनी केतली में तैयार होने वाली और सोने के प्यालों में परोसी जाने वाली चाय के अतिथि भी सम्राट, उच्च कुलीन दरबारीगण और सामंत ही होते थे। वे चाय के स्वाद से भी ज्यादा भवनों और साज-सामान के स्वर्ण वैभव की जगमगाहट से प्रभावित हुआ करते होंगे। इस तरह चायोत्सव की दोनों परंपराएँ साथ-साथ चलती रहीं—हिदेयोशी की सामंतीय शाही परंपरा और रिक्यू की लोक परंपरा। लेकिन सत्ता से जुड़ी निरंकुशता और आत्म-भीरुता का परिष्कार-संस्कार चानोयू न कर सका। षड्यंत्र, कुचक्र, अविश्वास और विश्वासघात से परिपूर्ण सामंत युग में रिक्यू की निष्ठा और स्वामिभक्ति धोखे का शिकार हुई। सुदीर्घ मित्रता और उच्च श्रद्धा के बावजूद स्वामी का विश्वास और आस्था टिकी न रह सकी। निरंकुश शक्तिशाली शासक से मित्रता भी तो एक तरह का खतरनाक खेल ही है। रिक्यू से शत्रुता रखने वाले कुछ लोगों ने सामंत के कान भर दिए कि गुरुवर रिक्यू उनकी जान लेने का षड्यंत्र रच रहे हैं, हरी चाय की प्याली में घातक विष देने वाले हैं। हिदेयोशी स्वामी था, सामंत था। शक्ति उसके पास थी। दंड देना उसका अधिकार था। अधिकार बोध मित्रता की परवाह नहीं करता विशेष रूप से सत्तापक्ष का अधिकार। आचार्च चाणक्य ने कहा है कि राजपुत्र भेड़िये होते हैं। स्वामी को संदेह मात्र होना दंड के लिए पर्याप्त था। सामंत ने रिक्यू के लिए दंड का आदेश दिया। आदेश था मृत्यु दंड! हिदेयोशी की क्रोध से जलती आत्मा ने उसे अपने आदेश पर पुनर्विचार के लिए भी प्रेरित नहीं किया। दोषी मित्र था उसे केवल एक विशेषाधिकार मिला—स्वयं अपने हाथों मृत्यु का वरण!

अपने आत्म-बलिदान के लिए निर्धारित दिन रिक्यू ने अपने प्रमुख शिष्यों को अपने अंतिम चानोयू में निमंत्रित किया....। नियत समय पर वे प्रतीक्षा-कक्ष में इकट्ठे हुए। सबके चेहरे दुख से कातर थे। बगीचे पर निगाह डालने पर उन्हें लगा कि जैसे पेड़ काँप रहे हों, पत्तियों की सरसराहट मानो गृह-विहीन प्रेतों की फुसफुसाहट हो। एक-एक करके वे चाय कक्ष में घुसे और अपना स्थान ग्रहण किया। 'तोकोनोमा' (चित्र टाँगने और फूल रखने का आला) में एक 'काकेमोनो' (चित्रांकित कथ्य) टँगा था—एक प्राचीन भिक्षु की अद्भुत पंक्तियाँ जो सांसारिक वस्तुओं की क्षण-भंगुरता बता रही थीं। जल्दी ही मेज़बान रिक्यू आए, सबको बारी-बारी से चाय परोसी। हर एक ने चुपचाप अपना प्याला खाली कर दिया। अंत में मेज़बान ने चाय पी। मेज़बान से अनुमति लेकर मुख्य अतिथि ने साज-सामान और तोकोनोमा का निरीक्षण और

सराहना की। जब सब अपनी-अपनी बात कह चुके तो रिक्यू ने चानोयू में इस्तेमाल होने वाले पात्रों/उपकरणों में से एक-एक चीज़ हर एक अतिथि को स्मृति-चिह्न के रूप में भेंट कर दी। केवल प्याला अपने पास रखा और कहा–"दुर्भाग्य के ओठों के स्पर्श से दूषित यह प्याला दोबारा किसी व्यक्ति के ओठों से न लगे" इतना कहकर उन्होंने प्याले के टुकड़े-टुकड़े कर दिए...!

उत्सव पूरा हो चुका था। अतिथि बहुत मुश्किल से अपनी आँखों के। आँसू रोके हुए एक-एक करके अंतिम विदा लेते हुए कक्ष से बाहर चले गए। एक, केवल एक सबसे प्रिय, सबसे निकट ने अनुरोध किया कि उसे कक्ष में ही रहने दिया जाए–रिक्यू के जीवन नाटक का अंत देखने के लिए! रिक्यू ने अपने चायोत्सव के वस्त्रों को उतार कर चटाई पर रख दिया और अस्त्र निकाला। फिर भगवान बुद्ध और सद्धर्म का स्मरण करके मुस्कुराते हुए शस्त्र का वरण कर वे अनंत में खो गए...।

रिक्यू के समर्पण और निष्ठा का प्रतिदान बहुत ही कठोर था, एकदम असहनीय। लोकमानस ने सत्ता के मद में चूर शक्ति और वैभव के प्रदर्शन का अपने ढंग से बहिष्कार किया। उसने हिदेयोशी के आत्म-केंद्रित स्वार्थपूर्ण आचरण के लिए उसकी कोई निंदा नहीं की, कोई बदला नहीं लिया। लेकिन उसे याद भी न रखा। जनता ने रिक्यू के 'चाय-दर्शन' को स्वीकार कर, रिक्यू की परंपरा को आत्मसात कर, उसे अपने जीवन में उतार कर सत्ता के अनाचार की मौन उपेक्षा की । सेन-नो-रिक्यू की मृत्यु के बाद उनके शिष्यों ने और फिर उनके वंशजों ने चाय-दर्शन के प्रशिक्षण की विरासत को निरंतर आगे बढ़ाया। फुरुता ओरिबे ने चाय-दर्शन की विनम्र शैली चलाई। उन्होंने यद्यपि सामंतीय परिवेश में हिदेयोशी के। प्रभाव में अपनी शैली विकसित की थी किंतु इसमें तड़क-भड़क से हट कर मानव-निर्मित सौंदर्य और विनम्रता पर बल था। ओरिबे ने प्राचीन काल से चले आते महँगे आयातित चीनी के बर्तनों के स्थान पर जापानी मृत्तिका शिल्प को बढ़ावा दिया। रिक्यू के प्रपौत्र सौतान ने उनकी कला की विरासत को पुनरुज्जीवित किया। रिक्यू के प्रपौत्रों के समय में ही इस कला के तीन भिन्न-भिन्न संप्रदाय स्थापित हो गए जो अब तक सक्रिय हैं। इनके नाम हैं–(1) ओमोतो सेंके संप्रदाय (2) उरासेंके संप्रदाय (3) मुशाकोजी सेंके संप्रदाय। इनमें उरासेंके संप्रदाय सर्वाधिक सक्रिय है। इसका विस्तार काफी है। विदेशियों के प्रशिक्षण की भी उरासेंके संप्रदाय में व्यवस्था है। आजकल इसके प्रधान सेशित्सु सान हैं जो चानोयू के प्रतिष्ठापक सेन-नो-रिक्यू की परंपरा में पंद्रहवें वंशज हैं।

रिक्यू और ओरिबे के शिष्यों द्वारा स्थापित कुछ प्रमुख संप्रदाय हैं–कोबोरी एंशू द्वारा स्थापित एंशू सम्प्रदाय, कातागारी सेकिशू द्वारा स्थापित सेकिशू सम्प्रदाय, यमादा

सोहेन द्वारा स्थापित सोहेन संप्रदाय। ये संप्रदाय अथवा प्रशिक्षण विद्यालय यद्यपि नियमों की दृष्टि से परस्पर भिन्न हैं किंतु अपने गुरु द्वारा स्थापित चायोत्सव के मूल भाव को कायम रखे हैं। चानोयू दर्शन का मूल भाव–शांत, सौम्य सामंजस्य–आज तक पीढ़ी-दर-पीढ़ी निर्विवाद रूप से विद्यमान चला है। प्रतिष्ठापक के प्रति सम्मान की भावना सभी संप्रदायों की साझी पूँजी है।

चायपान में परंपरा, शैली, सौंदर्यशास्त्र, प्रशिक्षण आदि जैसे शब्दों को सुन कर कभी ऐसा भी लग सकता है कि छोटे से चाय के प्याले को बहुत ज्यादा तूल दिया गया है। लेकिन किसी जापानी से बात करेंगे तो कहेगा कि चानोयू अल्पाहार ग्रहण करने की सुरुचिपूर्ण पद्धति के अलावा भी बहुत कुछ है जिसे केवल शब्दों में व्यक्त कर पाना संभव नहीं है। वास्तव में पंद्रहवीं शताब्दी के जापान ने चाय का उदात्तीकरण कर लिया–एक तरह के सौंदर्यबोध और सौंदर्योपासना के रूप में जिसे **चाय संवेदना का सौंदर्यशास्त्र** कहा जा सकता है। इस चायशास्त्र अथवा चायवाद को दैनंदिन जीवन के अतिसामान्य–कहना चाहिए तुच्छ, अधम तथ्यों के बीच निहित सौंदर्य की आराधना पर स्थापित पंथ कहा जा सकता है। यह पारस्परिक सद्‌भाव के रहस्य–शुद्धता और सामंजस्य की भावना–का विस्तार करता है जो जीवन का स्वच्छंद प्रेमपरक आधार है। यह वास्तव में अनगढ़ और अधूरे की उपासना है क्योंकि यह जीवन की असंभव स्थितियों के बीच कुछ संभव बनाने का छोटा-सा प्रयास है। यह मानकर चलता है कि अनगढ़ और अधूरा ही यथार्थ है, सुगढ़ और पूर्ण तो आकांक्षा है जिसके पाने का प्रयास निरंतर जारी रहता है।

किंतु यह चाय दर्शन महज सौंदर्यशास्त्र ही नहीं है क्योंकि अपने सामान्य अर्थ में यह नीतिशास्त्र और धर्म के साथ संपृक्त होकर प्रकृति तथा मनुष्य के प्रति समग्र जापानी दृष्टिकोण को अभिव्यक्ति करता है। स्वच्छता पर ज़ोर देने के कारण यह स्वास्थ्य विज्ञान है। यह अर्थशास्त्र भी है क्योंकि जटिल और महँगे के। स्थान पर सादगी में सुख-चैन को दर्शाता है। यह नैतिक ज्यामिति भी है क्योंकि यह विश्व के सादृश्य और अनुपात में व्यक्ति के बोध को परिभाषित करता है। चायोत्सव में भाग लेने वाले सभी व्यक्तियों को स्वाद और सम्मान का वैभव प्रदान कर यह लोकतंत्र की सच्ची भावना को प्रस्तुत करता है।

ज़ेन बौद्ध संप्रदाय के प्रभाव में विकसित होने के कारण जापानी चायोत्सव में आदर्शपरक मूल्यों का चरमोत्कर्ष हुआ है। ज़ेन बौद्ध मत का उद्देश्य रहा है प्रकृति से तादात्म्य स्थापित करके आत्मा का पवित्रीकरण। चायोत्सव एक पवित्र कार्य के रूप में देखा जाता है जिसमें मेज़बान और मेहमान मिलकर ऐहिक परमानंद की सृष्टि करते हैं। यह जापान के लोगों की सादगी और सरलता में सच्चा सौंदर्य पहचानने की

आकांक्षा का प्रतीक है। चानोयू में निहित भावना को परिभाषित करने में शांति, अनगढ़पन, चारुता जैसे शब्द सहायक हो सकते हैं या फिर इसे "आडंबरहीन सादगी और सुरुचिपूर्ण निर्धनता का सौंदर्य-बोध" कहा जा सकता है। चानोयू शिष्टाचार नियम किसी नए व्यक्ति को पहली बार में बोझिल और अति-सावधानीपूर्ण प्रतीत हो सकते हैं। किंतु वास्तव में ये नियम यथासंभव अधिकतम प्रयत्न लाघव में सफल होने की दृष्टि से सूक्ष्मतापूर्वक विचार करके बनाए गए हैं। चानोयू कला में दीक्षित जन अनुभवी लोगों द्वारा इनकी प्रस्तुति देखकर विशेष आनंद पाते हैं।

प्रश्न उठता है कि **क्या चानोयू एक कला है?**

जापानी लोग मानते हैं कि आयोजित उत्सव के। रूप में चानोयू एक समग्र कला है जो कई दृष्टियों से रंगमंचीय प्रस्तुति के समान है। यह आशु नाटक होता है चाय, पुष्प-सज्जा और चित्रकला मिलकर जिसका कथानक बुनती हैं। मेज़बान इस नाट्य-कर्म का मुख्य प्रस्तोता होता है और चाय कक्ष उसका रंगमंच। उसके अतिथि नाटक के दर्शक होते हैं। जिस तरह दर्शक नाट्य-प्रस्तुति का अनिवार्य अंग है वैसे ही अतिथि चानोयू का अनिवार्य अंग होते हैं। चायोत्सव आयोजन की समस्त शिष्टाचार नियमावली यानी 'चाकाई-की' उसकी नाट्य-स्क्रिप्ट है। इन चारों के बीच सामंजस्य ही चानोयू का उद्देश्य होता है। कोई रंग, कोई ध्वनि, कोई कृत्य अथवा संकेत सामंजस्य की लय और अन्विति को भंग नहीं करता। मेज़बान और अतिथि चाय कक्ष में सामंजस्य के भाव से प्रवेश करते हैं। अतिथियों से अपेक्षित होता है कि वे मेज़बान की भावनाओं, कक्ष में टँगे चित्रों और पुष्प-सज्जा के आशय को समझ और सराह सकें। अतिथियों द्वारा आशंसा में प्रकट शब्दों के रूप में गहन और उदात्त वार्तालाप के साथ आयोजन के आगे बढ़ने की अपेक्षा की जाती है। अतिथियों से यह अपेक्षा लगभग वैसी ही है जैसे प्रेक्षक या सामाजिक से रुचि-परिष्कार और रंग-संस्कार की अपेक्षा ताकि वह नाटक देखते हुए नाट्यकार की अनुभूति से साक्षात्कार कर सके।

चायोत्सव में परोसी जाने वाली चाय की गुणवत्ता का भी विशेष ध्यान रखा जाता है। यह यथासंभव सर्वोत्तम चाय होनी चाहिए। चानोयू के प्रतिष्ठापक रिक्यू ने इस पक्ष पर विशेष रूप से ज़ोर दिया था। उन्होंने ऊजी के। चायोत्पादकों को व्यक्तिगत मित्रता करके। अपने स्वामी हिदेयोशी के। लिए सर्वोत्तम चाय प्राप्त की थी और प्रचुर प्रयासों से चानोयू की हर बारीकी को अनिंद्य कला का स्वरूप प्रदान किया था। मेज़बान के। श्रेष्ठतम प्रयासों और अतिथियों की श्रेष्ठतम गुणग्राह्यता से चानोयू विशुद्ध सामंजस्य का एक सम्पन्न अनुभव बन जाता है और यह सामंजस्य की कला का मूलाधार है। मेज़बान का चानोयू को उत्कृष्ट बनाने का भरसक प्रयास चानोयू को

एक समृद्ध अनुभव बना देता है जिसकी परिणति अतिथि और आतिथेय के बीच तादात्म्य में होती है। यह तादात्म्य, अतिथि और आतिथेय के बीच हृदय-संवाद का सामंजस्य ही सृजन अथवा नाट्य-सृजन है। इस तरह 'चानोयू' एक प्रस्तुतिपरक कला है और जापानी परफॉर्मिंग आर्ट्स की संकल्पना चानोयू के बिना पूरी नहीं मानी जा सकती।

इतना ही नहीं जापानी समाज की कलाभिरुचियों के निर्माण में चानोयू की महत्त्वपूर्ण भूमिका रही है। चानोयू के सौंदर्यबोधीय लक्ष्य में चाय बनाने और पिलाने के साथ-साथ चाय कक्ष, उससे लगे बगीचे, चाय बनाने और परोसने के चीनी के बर्तन, कमरे का विन्यास सजावट, चानोयू के लिए की गई पुष्प-सज्जा (चाबाना), चाय कक्ष में टँगे हुए चित्र के। सौंदर्य को देखना, सराहना, मूल्यांकित करना भी शामिल है। परिणामस्वरूप जापानी घर और स्वभाव, वेशभूषा और रसोई, मृत्तिका शिल्प और रंगाई, चित्रकला और पुष्प-सज्जा, वास्तुकला और प्राकृतिक उद्यान कर्म आदि सभी कुछ, यहाँ तक कि साहित्य भी चानोयू के बहुत कुछ ऋणी रहे हैं। चाय बोध का सौंदर्यशास्त्र भव्य भवनों की निजी बैठकों के लालित्यपूर्ण वातावरण में व्याप्त हुआ और दीनविनीत जनों के निवास में इसने प्रवेश पाया। किसानों ने इससे फूल उगाना सीखा और श्रमिकों ने चट्टानों और जलधाराओं को नमन करना। जनजीवन से इसने झुककर सम्मान व्यक्त करने का शिष्टाचार सीखा और जापानी भाषा को इसने मुहावरा दिया। जापानी में 'अति चाययुक्त व्यक्ति' और 'चाय-विहीन व्यक्ति' जैसे प्रयोग मिलते हैं जिनके मायने हैं क्रमशः भावातिरेकपूर्ण और असंवेदनशील व्यक्ति। इस तरह सुविचारित सादगी और प्रकृति का साथ सामंजस्य के सौंदर्य का प्रतिनिधित्व करने वाली चानोयू ने जापानी संस्कृति के पारंपरिक रूपों को गढ़ा है, ओकाकुरा काकुज़ो जैसे विद्वानों को 'चाय-दर्शन' निर्मित करने को प्रेरित किया है। विदेशों में 'चाय-दर्शन' को प्रसारित करने वाली चाय-शिक्षिका माचिको कोबायाशी का कहना है कि वह स्वयं अपने ही देश जापान के बारे में बहुत कुछ न जान पातीं यदि उन्होंने अपनी माता (जोकि उनकी चाय-गुरु भी थीं) से चायोत्सव की कला का प्रशिक्षण न लिया होता। 'चानोयू' सीखने की प्रक्रिया में उन्होंने फूलों, फूलदानों और जापानी फूलों की सजावट (इकेबाना) के बारे में जाना। इसी दौरान उन्होंने जापानी चित्रलिपि की खुशनवीसी (कैलिग्राफी) भी सीखी, तरह-तरह के फूलों की गंध के बारीक अंतर को पहचाना, लकड़ी और बाँस की गुणवत्ता और उपयोगिता के बारे में बहुत कुछ जाना, चाय-कक्ष के सरल, शांत और सूक्ष्म सौंदर्य को समझा, कक्ष के बाहर के बगीचे की प्रकृति के स्पंदन और लय को सुनना सीखा। चानोयू के पात्रों और उपकरणों के रख-रखाव और उपयोग की प्रक्रिया ने उन्हें विभिन्न वस्तुओं की आशंसा

(एप्रिशिएशन) का बोध प्रदान किया। चायोत्सव की विशिष्ट वेशभूषा ने उन्हें 'किमोनो' और 'ताबी' के ठेठ जापानी सौंदर्य को सराहने और उठने-बैठने-चलने की ठवन को परिष्कृत करने का अवसर प्रदान किया।

चानोयू में अपनाए जाने वाले औपचारिक तौर-तरीके और रीतियों की अधिकांश जापानियों के दैनिक व्यवहार पर इतनी गहरी छाप है कि युवा लड़कियाँ विवाह से पहले चानोयू का विधिवत् प्रशिक्षण पाती हैं ताकि चानोयू शिष्टाचार से जन्मे ठवन और संतुलन को, सुरुचि और परिष्कार को भली-भाँति सीख कर पारिवारिक जीवन में उनका समावेश कर सकें।

चायोत्सव का स्वरूप

विभिन्न चायोत्सव संप्रदायों की चानोयू प्रस्तुति की अपनी-अपनी शैलियाँ हैं। अवसर और ऋतु के आधार पर चानोयू में विविधता है किंतु चानोयू के बुनियादी तत्त्व और मूल भावना समान हैं। इसकी प्रक्रिया के आवश्यक अंग हैं–

1. **सुकिया (चायोत्सव गृह)**–जापानी भवनों में चानोयू के लिए अलग से चाय-कक्ष (एक छोटा-सा भवन) बनवाने की परंपरा आरंभ काल से ही चली आ रही है। शॉगुन राजाओं और सामंतों के महलों में अलग से चाय-कक्ष होते थे। पारंपरिक जापानी भवनों में अलग सुकिया होता है, मंदिरों और शिंतो उपासनागृहों के अहाते में सुकिया होता है। आज के ज़माने में सामूहिक आयोजनों के लिए बने आधुनिक ढंग के भवनों–शिमिन काइकान–में भी अलग से चाय कक्ष होता है। 'सुकिया' में चार स्थल होते हैं–(1) चाय कक्ष 'चा-सित्सु' (2) चाय की तैयारी का कक्ष–'मिज़ुया' (3) प्रतीक्षा कक्ष–'योरित्सुकी' (4) चाय कक्ष और प्रतीक्षा कक्ष को जोड़ने वाला उद्यान-पथ–'रोजी'। यह उद्यान-पथ बगीचे के बीच चलने के लिए छोटे-छोटे पत्थरों से बना होता है। चायोत्सव गृह बगीचे के भीतर लकड़ी का बना होता है और घास-फूस की झोंपड़ी इसका आदर्श होती है। यह अपनी शक्ल में प्रभावशाली या भव्य नहीं होता। वास्तव में सुकिया को बनाने में इस्तेमाल होने वाला साज-समान 'सुरुचिपूर्ण निर्धनता' का संकेत करता है। लेकिन ध्यान देने की बात है कि सुकिया नामक इस कुटिया का स्वरूप गहन कलात्मक अभिरुचि का परिणाम है और इसकी एक-एक चीज़ बड़ी सुविचारित योजना को प्रकट करती है। पारंपरिक चाय कक्ष का आकार साढ़े चार 'ततामी' (चटाई) यानी 10 वर्ग फुट से अधिक नहीं होता। इसका द्वार तीन फुट से अधिक ऊँचा नहीं होता ताकि प्रवेश करने वाला झुक कर प्रवेश करे। झुककर प्रवेश करने के पीछे निहित भावना यह है कि चानोयू के लिए जाने वाला व्यक्ति दर्प से तन कर नहीं अहं का विसर्जन करके चाय-गृह में प्रवेश करे। चाहे

कितना ही बड़ा व्यक्ति क्यों न हो चाय कक्ष में जाते समय अपने बड़प्पन को भूलकर ही अंदर जाए। माना जाता है कि सामंत युग में जब कोई समुराई (योद्धा) चायोत्सव कक्ष में जाता तो अपनी तलवार द्वार पर ओलती के नीचे टाँड़ पर छोड़ देता, क्योंकि वह शांति स्थल पर जा रहा होता था। सुकिया के अंदर पुष्प-सज्जा या चित्र सजाने के लिए विशेष स्थान होता है जिसे 'तोकोनोमा' कहते हैं। आम जापानी घरों में भी मुख्य कक्ष में 'तोकोनोमा' बना होता है। तोकोनोमा कक्ष का सम्माननीय स्थान होता है जिस पर अतिथियों के आत्मोन्नयन के लिए चित्र या पुष्प सजाए जाते हैं। तोकोनोमा का आदि-रूप बौद्ध विहार के प्रार्थनालयों की वेदी है जिसके पीछे आले में भगवान बुद्ध की मूर्ति होती थी। ज़ेन मत परंपरा के प्रभावस्वरूप इसका समावेश चायोत्सव में हुआ है।

2. उपकरण—चायोत्सव के प्रमुख उपकरण हैं—चाय की केतली *'चा-उरे'*, चाय के प्याले– *'चावांग'*, चाय फेंटने की बाँस की कूची *'चा-सें'* और चाय हिलाने की कलछी (चमची)– *'चा-शाकु'*। ये सभी चानोयू कला की मूल्यवान और सम्माननीय वस्तुएँ मानी जाती हैं। चाय के प्याले आधुनिक कप की शक्ल के न होकर कटोरेनुमा प्याले की शक्ल के होते हैं।

3. वेशभूषा तथा सज्जा—चानोयू में शांत रंगों के वस्त्र पहनना बेहतर समझा जाता है। असली औपचारिक अवसरों पर, पुरुष लोग एकरंगे सिल्क के 'किमोनो' पहनते हैं जिन पर तीन या पाँच पारिवारिक कलगियाँ लगी होती हैं। पैरों में वे सफेद 'ताबी' (पारंपरिक जापानी मोजे) पहनते हैं। महिलाएँ ऐसे अवसरों पर पारंपरिक कलगीदार किमोनो और सफेद ताबी पहनती हैं। अतिथियों को अपने साथ छोटा मुड़वाँ पंखा और छोटे आकार के कागज़ को रूमालों (काइशी) का एक पैड लाना होता है।

चानोयू का आयोजन

नियमित चायोत्सव में चार सत्र होते हैं—(1) पहले सत्र में हल्का खाद्य पदार्थ (अल्पाहार) परोसा जाता है जो *'काइसेकी'* कहलाता है। (2) उसके बाद *'नाकादाची'* यानी एक छोटा अंतराल होता है। (3) तीसरे सत्र *'गोजा-इरी'* चायोत्सव का मुख्य सत्र है। इसमें *'कोइचा'* अथवा गाढ़ी चाय परोसी जाती है, और (4) चौथे सत्र में पतली चाय परोसी जाती है। संपूर्ण आयोजन में लगभग चार घंटे लगते हैं। आजकल बहुधा एक ही सत्र आयोजित कर लिया जाता है जिसमें *'उसुचा'* ही परोसी जाती है। इसमें एक घंटा लगता है।

1. पहला सत्र

पहले सत्र में अतिथि प्रतीक्षा कक्ष में इकट्ठे हो जाते हैं। इनकी संख्या पाँच से अधिक नहीं होती। मेज़बान वहाँ आता है और उन्हें बगीचे के बीच बने पथ से चाय कक्ष में ले जाता है। रास्ते में एक जगह पत्थर की बनी कुंडी में ताज़ा पानी भरा रहता है। यहाँ अतिथि हाथ धोते हैं और कुल्ला करके मुँह साफ करते हैं। जैसा कि पहले बताया जा चुका है, कक्ष का द्वार बहुत छोटा होता है ताकि अतिथि झुक कर लगभग खिसकते हुए निकल पाएँ और यह झुकना 'स्व' का गर्व-त्यागते हुए विनम्र होने का प्रतीक है। कक्ष में एक स्थायी चूल्हा अथवा अँगीठी होती है जिस पर पानी की केतली रखी होती है। कक्ष में घुसने पर हर अतिथि *तोकोनोमा* अथवा आले के समक्ष घुटने के बल बैठता है और सम्मानपूर्वक प्रणाम करता है। फिर अपना मुड़वाँ पंखा अपने सामने रखकर वह *तोकोनोमा* की दीवार पर टँगे चित्र की बारी-बारी से प्रशंसा करते हैं। उसके बाद वह उसी ढंग से चूल्हे अथवा अँगीठी के प्रति सम्मान व्यक्त करते हैं। जब सभी अतिथि इन वस्तुओं को देख चुकते हैं तब वे अपना स्थान ग्रहण करते हैं। मुख्य अतिथि मेज़बान के निकटतम स्थान ग्रहण करता है। अतिथि और मेज़बान के परस्पर अभिवादन कर लेने के बाद *काइसेकी* (अल्पाहार) परोसा जाता है। अल्पाहार के अंत में मिठाई परोसी जाती है।

2. नाकादाची यानी दूसरा सत्र

मेज़बान के सुझाव पर, अतिथि कक्ष के बाहर बगीचे में लगी बेंच पर जाकर बैठते हैं और अगले सत्र की प्रतीक्षा करते हैं। इस तरह बगीचे के प्राकृतिक सौंदर्य को निहारते हैं।

3. गोज़ा-इरी यानी मुख्य सत्र

प्रधान आयोजन के आरंभ की सूचना के संकेत के रूप में मेज़बान कक्ष के पास लगा धातु का घंटा बजाता है। सामान्यतः पाँच या सात बार घंटा बजाने की प्रथा है। अतिथि उठकर खड़े हो जाते हैं और घंटे की ध्वनि को ध्यानपूर्वक सुनते हैं। पत्थर की कुंडी पर जाकर हाथ-मुँह साफ करके वे पुनः कक्ष में घुसते हैं। इस बीच, मेज़बान का एक सहायक खिड़कियों के बाहर टँगी सरकंडे की चिकों को हटा देता है ताकि कमरे में प्रकाश आ सके। अब कमरे में टँगे चित्र हटा दिए होते हैं और तोकोनोमा पर एक फूलदान में फूल सजाकर रखे जाते हैं। ताज़े पानी का पात्र और मिट्टी का चाय-पात्र अपने स्थान पर रख दिए जाते हैं। उसके बाद मेज़बान चाय का प्याला लेकर घुसता है जिसमें बाँस की बनी चाय फेंटने की कूची और चाय हिलाने की चमची रखी होती

है। अतिथि फूलों और केतली का उसी ढंग से निरीक्षण और सराहना करते हैं जैसे उन्होंने आरंभिक सत्र में टँगे हुए चित्र और अँगीठी की की थी। मेज़बान चाय बनाने के कक्ष में जाकर बेकार पानी का पात्र लाता है। कलछी और के। तली तथा कलछी रखने के। लिए तस्तरी लाता है। फिर वह चाय पात्र और कलछी को *'फुकुसा'* नामक विशिष्ट कपड़े से पोंछता है तथा चाय के प्याले में केतली से गरम पानी डालकर उसमें कूची को धोकर साफ करता है। फिर उस पानी को बेकार पानी के बर्तन में डाल देता है और प्याले को लिनन के कपड़े के टुकड़े (*चाकिन*) से पोंछता है।

मेज़बान, चाय-पात्र और चमची उठाता है और उसमें से मात्वा प्याले में डालता है। हर अतिथि के लिए तीन चमची भरकर मात्वा डाली जाती है। उसके बाद केतली से कलछी भरकर गरम पानी निकालकर एक-तिहाई पानी प्याले में डालता है, शेष वापस केतली में रख देता है। फिर कूची से फेंटकर मिलाया जाता है। उसे तब तक फेंटा जाता है जब तक उसका रंग और गाढ़ापन हरी मटर के सूप जैसा न दिखने लगे। इस तरह तैयार चाय को 'कोइचा' कहते हैं। यहाँ इस्तेमाल होने वाली मात्वा बीस से सत्तर वर्ष पुराने चाय के पौधे की नई कोंपलों से तैयार की जाती है। मेज़बान प्याले को चूल्हे अथवा अँगीठी के पास समुचित स्थान पर रख देता है और प्रमुख अतिथि प्याले को उठाने के लिए घुटनों के बल खिसकता है। मुख्य अतिथि अन्य अतिथियों को झुककर अभिवादन करता है और प्याले को दायें हाथ से पकड़े हुए उसे अपने बायें हाथ की हथेली पर थामता है। एक घूँट लेने के बाद वह इसके स्वाद की प्रशंसा में 'ओइशी देस ने' (स्वादिष्ट है) कहता। उसके बाद दो या अधिक घूँट लेता है। फिर प्याले के उस भाग को *काइशी* कागज़ से पोंछ देता है जिधर से उसने चाय के घूँट लिए थे। फिर वह प्याले को दूसरे अतिथि को थमा देता है। दूसरा अतिथि चाय उसी ढंग से चखकर उसकी प्रशंसा करता है, फिर दो-तीन घूँट भर कर उस भाग को काइशी कागज़ से पोंछने के। बाद जिससे चाय के। घूँट भरते प्याला तीसरे अतिथि को थमा देता है। इस तरह प्याला तीसरे, चौथे, पाँचवें अतिथि तक पहुँचता है। आखिरी अतिथि के चाय पी लेने के बाद प्याला प्रमुख अतिथि को पकड़ा देता है जो उसे मेज़बान को वापस कर देता है।

4. उसुचा सत्र

उसुचा और कोइचा में यह अंतर होता है कि उसुचा में प्रयुक्त होने वाला चाय का चूर्ण (मात्वा) केवल 3 से 15 वर्ष पुराने पौधों की कोंपल से बनता है। इसे गरम पानी में मिलाने पर झागदार हरा मिश्रण तैयार हो जाता है। इस सत्र में चाय परोसने और पीने

की पद्धति कोइचा के समान है केवल अंतर यह है–

(क) इसमें हरएक अतिथि के लिए अलग-अलग चाय दो या ढाई चम्मच मात्वा मिलाकर बनाई जाती है और हर अतिथि को अपनी पूरी चाय पीनी होती है, कोइचा की भाँति महज चखनी नहीं होती।

(ख) अतिथि प्याले के उस भाग को जिससे चाय पीने के लिए उसने ओठों से छुआ है दायें हाथ की उँगलियों से साफ करता है और अपनी उँगलियाँ काइशी कागज़ से पोंछ कर साफ करता है।

जब मेज़बान अपने बर्तन तथा साज-ओ-सामान कमरे से बाहर हटा देता है तो वह चुपचाप अतिथियों को झुककर नमन करता है जो इस बात का प्रतीक होता है कि चानोयू का आयोजन पूरा हो गया है, प्रस्तुतिपरक कला सृजित होकर सम्पन्न हो चुकी है।

एक-एक करके अतिथि सुकिया से बाहर चले जाते हैं। मेज़बान उन्हें जाते हुए देखता है। नाट्य-प्रस्तुति सम्पन्न हो चुकने पर जैसे दर्शक अपने अनुभव में कुछ नया कुछ विशेष जोड़ते हुए समृद्ध होकर नाट्य-गृह के बाहर निकलता है–नाटक से आह्लादित, भाव-परिष्कृत उसी तरह चानोयू के अतिथि भाव-समृद्ध होकर बाहर आते हैं। मेज़बान उनकी भागीदारी के प्रति आभारी होता है नाट्य-प्रस्तोता की भाँति जिसकी प्रस्तुति को दर्शकों ने पूर्ण और जीवंत बनाया।

['अक्षर पर्व', नवंबर 2005]

काबुकी : एक नया रंगानुभव

तोक्यो आए अभी एक-डेढ़ महीना बीता था। अखबार, टेलीविज़न पर सांस्कृतिक कार्यक्रमों को लगातार पढ़ते-देखते जिज्ञासाओं का पिटारा मन में पैदा हो गया था। प्रोफेसर तोषियो तनाका जब भी हमारे यहाँ आते उनसे सवालों की झड़ी लगा देती। एक दिन मैंने उनसे कहा कि टेलीविज़न देखते हुए मुझे लगता है कि काबुकी अभिनेत्रियाँ बहुत ही खूबसूरत होती हैं। मेरी बात सुनकर उन्होंने मुस्कुराते हुए कहा मगर वे तो अभिनेत्रियाँ हैं ही नहीं। वे तो महिला भूमिकाओं में अभिनेता हैं, काबुकी रंगमंच पर अभिनेत्रियाँ तो होती ही नहीं, क्योंकि वहाँ महिलाओं का प्रवेश वर्जित है। अब तो मेरे कौतूहल और जिज्ञासा की सीमाएँ ही नहीं थीं। मैंने कहा कि मैं आपकी बात कैसे मानूँ जब वे वास्तव में महिलाएँ ही दिख रही हैं। तनाका जी ने कहा यही तो काबुकी अभिनय की खूबी है—वास्तविक नहीं, बिल्कुल वास्तविक जैसा दिखाई दो। काफी विस्मय से उनकी बात सुनती रही। फिर उन्होंने कहा कि जल्दी ही आप लोगों को काबुकी दिखाने ले चलूँगा। अगले सप्ताह ही उन्होंने काबुकी-ज़ा थिएटर चलने का कार्यक्रम बना लिया। हम लोग किचिजोजी स्टेशन से चियो लाइन नामक ट्रेन लेकर तोक्यो स्टेशन पहुँचे। वहाँ से यामानोते लाइन नामक ट्रेन से गिंजा गए। गिंजा स्टेशन से करीब मील भर पैदल चलकर हमें काबुकी-ज़ा रंगशाला पहुँचना था। गिंजा तोक्यो का पुराना, बहुत ही फैशनेबल और समृद्ध इलाका है। पैदल चलते हुए दोनों तरफ परंपरा और आधुनिकता का अद्भुत मेल दिखाई दे रहा था। नए ढंग की भव्य इमारतों और शानदार दुकानों के बीच लकड़ी के बने पारंपरिक भवन दिखाई दे जाते। पश्चिमी ढंग की आधुनिक वेशभूषा वाले लोगों के बीच यदा-कदा पारंपरिक जापानी किमोनो अथवा युकाता धारण किए लोग दिखाई देते।

काबुकी-ज़ा पहुँचने पर जिस चीज़ ने सबसे पहले ध्यान आकृष्ट किया वह थे—पचासों की संख्या में लगे यागुरा (कंदील)। पंक्तिबद्ध रीति में टँगे इन लाल रंग के कंदीलों पर काले रंग की कांजी (चीनी चित्रलिपि) अंकित थी। उन दिनों चल रहे नाटकों के प्रमुख अभिनेताओं के नामों की कांजी अंकित ये यागुरा उत्सवधर्मिता के साथ-साथ अभिनेताओं की लोकप्रियता के भी प्रतीक थे। अंदर पहुँचने पर तीन-चार सीढ़ियाँ चढ़कर रिसेप्शन था जहाँ प्रस्तुतियों के बारे में सूचनापरक पैम्फ्लेट आदि

मिलते थे। बाईं ओर टिकट बिक्री की खिड़की थी। अगले सप्ताह के लिए टिकट उपलब्ध थी। कीमत थी—चौदह हज़ार येन, दस हज़ार येन और सात हज़ार येन। हम भारतीयों के लिए इतनी महँगी टिकट काफी आश्चर्यजनक झटका था। मगर काबुकी तो देखना ही था सो हर कीमत पर टिकट खरीद लिया। प्रो. तनाका जी का कहना था कि काबुकी-ज़ा का रास्ता तो उन्होंने दिखा दिया, आगे नाट्य प्रस्तुति का आस्वाद हमें स्वयं ही लेना होगा। अपनी व्यस्तताओं के कारण वे नाटक देखने में हमारा साथ न दे सकेंगे। उन्होंने यह भी बताया कि काबुकी-ज़ा में नाट्य-प्रस्तुतियों के समय उनका अंग्रेजी अनुवाद भी ईयरफोन के माध्यम से उपलब्ध होता है। ईयरफोन किराए पर उपलब्ध हैं। हमें लगा कि टेक्नोलॉजी की यह सुविधा नए आए विदेशी दर्शकों के लिए काफी अच्छी है। नाटक देखते हुए वे उसका भरपूर आस्वाद ले सकते हैं।

नियत दिन को हम नाटक देखने के लिए सुबह नौ बजे घर से रवाना हुए। नाट्य-प्रस्तुति ग्यारह बजे शुरू होनी थी। हम घर से पूरी-कद्दू टिफिन में बाँधकर चले थे। वेजीटेरियन व्यक्ति की दिक्कत होती है कि उसे आसानी से अपने खाने-पीने की चीज़ें सब जगह नहीं मिल पातीं। साढ़े दस बजे तक हम गिंजा स्टेशन पहुँचे और काबुकी-ज़ा के लिए चल पड़े। काबुकी-ज़ा पहुँचकर ईयरफोन किराए पर लिए। जापानी प्रस्तुतियों का आस्वादन नए आए विदेशियों को कराने के लिए यह सुविधा प्रदान की गई है। सामने प्रस्तुत हो रहे नाटक की घटनाओं एवं संवादों को अंग्रेजी में अनूदित करके इन ईयरफोनों के माध्यम से दर्शकों को सुनवा दिया जाता है। तब दर्शक रंग प्रस्तुति में अपनी सहज भागीदारी महसूस करने लगता है। ईयरफोन लेकर हमने रंगशाला के भीतर प्रवेश किया। हमारी सीटें ऊपर मंजिल पर बालकनी में थीं जहाँ से लगभग पूरी रंगशाला दिखाई देती थी। काबुकी ज़ा का भव्य हाल दर्शकों से भरा था। सामने विराट आकार का मंच था जिस पर लाल-हरे-काले रंग की सीधी पट्टियोंदार पर्दा टँगा था रंगशाला में दर्शक दीर्घा दो भागों में बँटी थी। यह विभाजन लकड़ी के मार्ग द्वारा किया गया था। जिसे 'हानामिची' कहा जाता है। हानामिची हाल के बीचोंबीच न होकर बाईं ओर थी। हाल का दो-तिहाई भाग हानामिची के दाईं ओर था और एक-तिहाई भाग बाईं ओर था, दोनों ओर दर्शकों के बैठने की सीटें थीं। हानामिची नामक यह लकड़ी का लगभग चार फुट चौड़ा मार्ग प्रस्तुति मंच और हाल के आखिर में बने उस द्वार को जोड़ता था जिससे मुख्य अभिनेता प्रवेश और प्रस्थान करते थे। इस तरह यह प्रस्तुति मंच का ही एक हिस्सा माना जा सकता था।

थोड़ी देर बाद लकड़ी की खड़ताल से नाटक के आरंभ की घोषणा के साथ पर्दा हटा और एक सुसज्जित भव्य मंच हमारे सामने था। दो बार फिर खड़ताल की ध्वनि

सुनाई दी और मुख्य अभिनेता हानामिची से होकर मुख्य मंच की ओर जाते दिखाई दिए। उनके प्रवेश के साथ ही दर्शकों ने बड़े उत्साह से उनका स्वागत किया। रंगशाला का यह स्वरूप हमारे लिए थोड़ा अचरज-भरा था। अभिनेताओं को अभी तक हमने मंच के पार्श्व से ही आते देखा था। अतः पूरी दर्शक दीर्घा पार करते हुए अभिनेताओं के आने की बात भी हमें विचित्र ही लग रही थी। हालाँकि प्रस्तुति के दौरान मुझे महसूस हुआ कि अभिनेता जब हानामिची से गुजर कर प्रस्तुति मंच पर पहुँचते हैं तो दर्शकों और अभिनेता को आपस में काफी निकट होने की विशेष अनुभूति होती है।

प्रस्तुति ग्यारह बजे शुरू होकर शाम को चार बजे तक चलनी थी। पूरे दिन के कार्यक्रम में कुल तीन प्रस्तुतियाँ होनी थीं–दो नाटक और एक नृत्य नाटिका। पहली प्रस्तुति 'जिदाइमोनो' (ऐतिहासिक नाटक) की थी, दूसरी नृत्य नाटिका और तीसरी प्रस्तुति 'सेवामोनो' (यथार्थपरक नाटक) की थी। 'बेंकेई जोशी' (बेंकेई गुप्तचर) नामक जिदाइमोनो (ऐतिहासिक नाटक) काबुकी नाटकों के सुप्रसिद्ध नायक बारहवीं सदी के राजकुमार योशित्सुने और उनके सेनापति-पुरोहित बेंकेई से जुड़ी एक कथा पर आधारित एक दुखांत नाटक था। इसमें योशित्सुने की पत्नी क्यो-नो-किमि को आत्महत्या के लिए प्रेरित करने की आज्ञा बेंकेई को दी गई है योशित्सुने के बड़े भाई कामाकुरा के शॉगुन योरीतोमो द्वारा शॉगुन का दूत होने के बावजूद बेंकेई की वफादारी योशित्सुने के प्रति है। सामंतीय ज़माने में शॉगुन की अवज्ञा के परिणाम भयंकर हो सकते हैं, यह समझते हुए बेंकेई और क्यो के पिता जिजू तारो क्यो की परिचारिका शिनोबू के। बलिदान का निर्णय लेते हैं। शिनोबू की माँ राजमहल की दर्जिन ओवासा कहती है कि शिनोबू ने अभी तक अपने पिता को नहीं देखा और जब तक शिनोबू अपने पिता से न मिल ले तब तक उसके जीवन को बख्शा जाए। किंतु बेंकेई शिनोबू की हत्या कर देता है। तभी राज़ खुलता है कि शिनोबू का पिता स्वयं बेंकेई ही है। अब बेंकेई का हृदय विदीर्ण हो जाता है। ओवासा अपनी संतान को खोकर टूट उठती है वहीं अपने प्रेमी से मिलकर संतोष भी पाती है।

अठारहवीं सदी में रचित इस नाटक में बेंकेई की भूमिका की थी 83 वर्षीय इचिमुरा उज़ाइमोन ने और ओवासा की भूमिका में थे–सुप्रसिद्ध ओन्नागाता (महिला भूमिका करने वाले) 71 वर्षीय अभिनेता नकामुरा शिकन। जीवित राष्ट्रीय धरोहर के रूप में सम्मानित शिकन नकामुरा ने वर्षों से ओवासा की भूमिका करते हुए इसमें अपनी विशिष्ट पहचान बना ली है। उन्हें अब ओवासा की भूमिका का अभिनय करने वाले श्रेष्ठतम अभिनेता के रूप में जाना जाता है। नकामुरा शिकन के। 17 वर्षीय पौत्र कांतारो ने राजकुमारी क्यो तथा शिनोबू दोनों का अभिनय किया तथा इचिमुरा

उज़ाइमोन के दोनों पुत्रों 56 वर्षीय हिकोसाबुरो तथा 49 वर्षीय मंजीरो महाराज जिजूतारो और उनकी पत्नी हानानोई की भूमिका में उतरे।

शीर्षस्थ अभिनेताओं की प्रस्तुति का दर्शक भरपूर आनंद ले रहे थे। बीच-बीच में उठते स्वर में 'निप्पोन इचि' (जापान में अपने ढंग का एक अकेला) की ध्वनि से हाल बार-बार गूँजता। जैसे ही अभिनेता की कोई अदा दर्शकों को भा जाती वे ऊँचे स्वर में 'निप्पोन इचि' कहकर उसे दाद देते। तब प्रस्तोता और दर्शक के बीच हृदय-संवाद अपने चरम शिखर पर दिखाई देता है। मंच पर अभिनय करते अभिनेताओं के अलावा कुछ लोग काले नकाबपोश रूप में मंच पर आते-जाते दिखाई दिए। काफी देर बाद समझ आया कि वे अभिनेताओं की सहायता करने, उनकी जरूरत की चीज़ें देने, स्टेज प्रॉपर्टी रखने-उठाने के लिए मंच पर आ-जा रहे औपचारिक लोग हैं जिन्हें 'कोकेन' कहा जाता है।

जिदाइमोनो की समाप्ति लगभग सवा बारह बजे हुई। दूसरी प्रस्तुति पौने एक बजे होनी थी। बारह बजे के आसपास जापानियों के भोजन का समय होने के कारण इस इंटरवल के दौरान दर्शकों ने अपने-अपने भोजन के पैके। ट खोलकर थिएटर के भीतर ही भोजन किया। हमने भी अपना टिफिन खोला और नरम-नरम पूड़ियाँ चाव से खाते रहे। हालाँकि थिएटर के भीतर इस तरह लंच ब्रेक में भोजन करना हमारे लिए काफी ताज्जुब की बात थी। खाना खाने के बाद जब लोगों ने अपने खाली पैके। ट, कागज आदि सब उठाकर अपने बैग में रख लिए तो हमें समझ आया कि कैसे ये लोग अपने देश को इतना स्वच्छ और सुंदर रख पाते हैं। उसके बाद तो जब भी थिएटर जाते हम भोजन और चाय का थर्मस साथ ही रखते क्योंकि हरी चाय के देश में भारतीय ढंग की दूध-चीनी वाली चाय भी दुर्लभ ही थी।

पहली प्रस्तुति के बाद अंतराल के पश्चात दूसरी प्रस्तुति 'मुसुमे दोजोजी' नामक नृत्य नाट्य की थी। जीवित राष्ट्रीय धरोहर के रूप में सम्मान-प्राप्त 79 वर्षीय अभिनेता जेकुएमोन नाकामुरा इस नृत्य नाटिका की भूमिका की उत्कृष्टता के लिए विख्यात रहे हैं। स्त्री भूमिकाओं में 'दोजोजी' उनकी सर्वाधिक प्रिय भूमिका है। इसे वे अपने 43 वर्षीय पुत्र शिबाजाकु के साथ मिलकर करते हैं। नृत्य नाट्य प्रस्तुति में पिता-पुत्र दोनों युवती की भूमिका कर रहे थे और दर्शक को उनकी आयु का रत्ती भर अहसास नहीं था। सौंदर्य और नृत्य कला में पिता-पुत्र एक-दूसरे से बाजी मारते प्रतीत होते थे। इस नृत्य नाटिका में वस्तुतः दोनों एक ही पात्र—बौद्ध भिक्षुणी के दो रूपों का प्रतिनिधित्व करते हैं। लोककथा के अनुसार कियोहिगे नामक स्त्री अनचिन नामक ब्रह्मचारी भिक्षु से प्रेम करने लगी थी। किंतु उसका प्रेम असफल रहा और नाटक में उसकी प्रेतात्मा एक पुरोहित भिक्षुणी के रूप में इस भिक्षु का पीछा करती है। और

अंत में एक विराट सर्प का रूप धारण कर भिक्षु को सताते हुए 'दोजोजी' मंदिर तक ले आती है। अपार क्रोधाग्नि में जलती हुई वह मंदिर के विशाल सुनहरी घंटे से कुंडली मारकर लिपट जाती है। उसके क्रोध की ज्वाला से जल कर भिक्षु की जीवन-लीला समाप्त हो जाती है।

इस प्रतीकात्मक नृत्य नाट्य की प्रस्तुति बहुत सुंदर बन पड़ी थी। अपनी आनुष्ठानिक सुनहरी टोपी उतारते हुए पुरोहित भिक्षुणी ने एक मनोहारी कुमारी का रूप धारण कर लिया। जेकुएमोन और शिवाजाकु ने प्रेमासक्त स्त्री के विविध अनुभवों को भाँति-भाँति की नृत्य मुद्राओं में प्रस्तुत किया। प्रस्तुति देखते हुए मुझे अपने यहाँ के भरतनाट्यम् अथवा ओडिसी में प्रस्तुत अभिसारिका और विरहिणी नायिका का स्मरण बार-बार हो आता था। काबुकी अभिनय कला भी भारतीय अभिनय की भाँति भाव-प्रधान और प्रतीकात्मक है, यह अहसास अनायास ही भारतीय दर्शक को होने लगता है। जापानी नृत्य के सौंदर्य विधान में 'हिकीनुकी' (नाट्य प्रस्तुति के दौरान मंच पर नई-नई वेशभूषा परिवर्तन की कला) अद्भुत और नए आयाम जोड़ती है। नायिका की बदलती मनःस्थिति भावाभिनय के साथ-साथ वेशभूषा के रंगों द्वारा भी प्रस्तुत की जाती है। नृत्य नाटिका की समाप्ति पर घंटा ढीला छोड़ दिया गया है और मंच पर टिका दिया गया। दोनों अभिनेता इस पर चढ़कर 'मिए' मुद्रा (स्थिर मुद्रा) में खड़े हो गए। दर्शक पुनः-पुनः 'निप्पोन इचि' के नारे लगाते रहे।

नृत्य नाटिका के बाद हुए छोटे अंतराल में लोग चाय अथवा ठंडे पेय के लिए कुछ देर को बाहर आए। फिर प्रोग्राम की तीसरी प्रस्तुति 'मेइगेत्सु हाचीमन मात्सुरी' (शरद पूर्णिमा की रात में हाचीमन उत्सव) आरंभ हुई। 'सेवामोनो' का अर्थ होता है समकालीन नाटक। मगर समकालीन के। मायने यहाँ हमारा अपना समय न होकर नाटक के। लिखे जाने का समय होता है। शहरी आम आदमी के। जीवन यथार्थ पर आधारित 'सेवामोनो' काबुकी रंगमंच पर अत्यंत लोकप्रिय रहे हैं। यह काबुकी नाटक प्रसिद्ध नाटककार कावाताके मोकुआमी के उन्नीसवीं सदी में लिखित नाटक का दाइगोइ केदा द्वारा काबुकी रूपांतरण है और आधुनिक 'सेवामोनो' की उत्कृष्ट उपलब्धियों में से एक है। काबुकी-ज़ा में इसकी प्रस्तुति 1918 में पहली बार हुई और तब से ही यह यहाँ के पसंदीदा नाटकों में रहा है। इसकी कथा का केंद्र निगाता का एक परिश्रमी और सीधा-सादा युवक शिनसुके है जो फुकागावा में मियोकिचि नामक एक खूबसूरत गेइशा से छोटे से परिचय के परिणामस्वरूप बरबाद हो गया। गर्मी के मौसम के लिए किमोनो बनाने में इस्तेमाल होने वाले कपड़े 'चिजिमी' का यह व्यापारी मियोकिचि को 'चिजिमी' बेचने आता है तो उसके रूप पर मोहित हो जाता है। चपल

चित्त और घमंडी मियोकिचि इस स्थिति का लाभ उठाकर उसे ठगने की योजना बना लेती है। वह शिनसुके को घर-ज़मीन बेचकर 100 स्वर्ण मुद्राएँ लाने के लिए राजी कर लेती है। वह कहती है कि यदि 100 मुद्राएँ उसे मिल जाएँगी तो वह अपने प्रेमी युवा नाविक सांजी को छोड़ देगी और शिनसुके से ब्याह कर लेगी। एक शाम जब शिनसुके घर-बार बेचकर मुद्राएँ लेकर वापस आता है तो पाता है कि उसे धोखा दिया गया है। मियोकिचि का अपने हट्टे-कट्टे प्रेमी को छोड़ने का कोई इरादा नहीं है। यह बोध कि उसने भ्रमवश अपने आपको बरबाद कर लिया है, उसे तबाह कर देता है। नाटक का अंत चमत्कारपूर्ण हत्या के दृश्य में होता है। तेज वर्षा और आँधी से पुल टूटकर नदी में गिरने के कारण उत्सव मना रहे लोग नदी में डूबे लोगों को बचाने दौड़ते हैं। विक्षिप्तावस्था को पहुँचा शिनसुके किसी की तलवार चुराए घूम रहा है तभी मियोकिचि दिखाई देती है। वह उस पर प्रहार करता है। मियोकिचि की मृत्यु के कारण गुस्साए लोग शिनसुके को पकड़कर ले जा रहे हैं और वह ज़ोर से अट्टहास कर रहा है। नाटक का अंतिम दृश्य हत्या के बाद खाली पड़े मंच पर गर्म रक्त से सने कक्ष के द्वार पर पड़ती पूर्णिमा की चाँदनी का दृश्य है।

शिनसुके की भूमिका में 55 वर्षीय नकायुरा किचिएमोन थे। वे 1977 से यह भूमिका करते आ रहे हैं। मियोकिचि की भूमिका 38 वर्षीय फुकुसुके ने की थी। दर्शकों में सेवामोनो भी वैसा ही लोकप्रिय रहा था जैसा जिदाइमोनो। पुरानी पीढ़ी के बहुत से दर्शकों को तो इन नाटकों के संवाद जुबानी याद थे। भार्मिक क्षणों में पात्रों के साथ कभी-कभी वे भी अपना स्वर मिला उठते और काबुकी रंगमंच की चार सदी की जीवंत परंपरा की पुष्टि करते। कुछ विदेशी दर्शक अपने साथ बाइनोकुलर भी लिए थे, रंगमंच और अभिनेताओं से नज़दीकी महसूस करने के लिए।

चार बजे प्रस्तुति समाप्त होने पर हम गिंजा स्टेशन की ओर वापस चल पड़े। दिन-भर की नाट्य-प्रस्तुतियाँ और एक-साथ तीन नाटक देखने का यह हमारा पहला-पहला अनुभव था। इतना युक्तियुक्त रंगमंच और नयनाभिराम दृश्यावली भी पहली बार ही रंगमंच पर देखी थी। वैसे भाँति-भाँति के भारतीय और विदेशी थिएटर और नृत्य हमने देखे थे किंतु काबुकी एक अद्‌भुत और संपन्न कलानुभव था जिससे बार-बार रू-ब-रू होने की इच्छा जागी और आगे चलकर कार्यान्वित भी होती रही। चक्रिल मंच पर झटपट नए दृश्य का उपस्थित हो जाना, मंच के भीतर मंच, मंच पर तैरती नौका, बार-बार वेश बदलती नर्तकी—सभी कुछ कल्पना का संसार प्रतीत हो रहा था जो यथार्थ रूप से सामने था।

['जनसत्ता', 14 मई 2006]

यों सीखी जापानी भाषा

जापानी दुनिया की कठिनतम भाषाओं में से एक मानी जाती है। इसकी दुरूहता की चर्चा काफी समय से सुन रखी थी। इस जानकारी के साथ जब जापान जा रही थी तो मन में बहुत-सी जिज्ञासाओं और प्रश्नों के बावजूद भाषा को लेकर कोई खास जिज्ञासा अथवा रुझान नहीं था। वैसे भी हम भारतीय भाषा सीखने के मामले में आलसी होते हैं। एक विदेशी भाषा अंग्रेजी क्या सीख लेते हैं, यह मानकर चलते हैं कि अब तो हमने सब कुछ सीख लिया। अपने देश की बीस प्रमुख भाषाओं में से अपनी मातृभाषा के अलावा दो भाषाएँ भी मुश्किल से सीखते हैं, जब तक कि रोज़गार या व्यापार के सिलसिले में सीखने की ही मजबूरी न हो। सो, जापानी को लेकर भी उदासीन रवैया था। वहाँ पहुँचने पर समझ आया कि अंग्रेजी ही सब कुछ नहीं है, जापान में अंग्रेजी से दस कदम आगे बढ़ाना भी संभव नहीं है क्योंकि सब कुछ जापानी में ही लिखा है। हर कोई जापानी ही बोलता और समझता है। यों तो कुछ हिंदी या अंग्रेजी जानने वाले मित्र सदैव सहायता को मौजूद थे, पर उनका साथ हर वक्त तो नहीं मिला रहता था। ऐसी स्थिति में हम अकेले कहीं नई जगह जा भी नहीं सकते थे। दुकानों के नाम जापानी में, वस्तुओं के नाम जापानी में, जगहों के। नाम जापानी में, जगहों के। नक्शे जापानी में, ट्रेनों के। नाम जापानी में, बसों के। बोर्ड जापानी में, स्टेशन पर कहीं एक जगह रोमन अक्षरों में नाम लिखा होता। अक्सर जो व्यक्ति मिलते वे भी जापानी ही जानते। दो-चार दिन में ही हमारी समझ में आ गया कि जापानी भाषा से दूरी रखकर काम नहीं चल सकता। तब सोचा कि थोड़े-बहुत शब्द सीखकर संवादहीनता की स्थिति तो तोड़ी जाए। हमारे घर के टेलीविजन पर प्रोग्राम जापानी में ही आते थे। बताया गया कि केबल लेकर कुछ अंग्रेजी प्रोग्रामों के चैनल मिल सकते हैं। किंतु मैंने सोचा कि जापानी भाषा से निकटता पाने के लिए यह टेलीविजन एक अच्छा ज़रिया सिद्ध होगा। अतः दृश्य और स्वर के बीच तालमेल बैठाने का प्रयास करते हुए हम जापानी टेलीविजन 'एन.एच.के.' के प्रोग्राम देखा करते। मुख्य-मुख्य चीज़ों के नाम भी सीखे और जापानी शिष्टाचार के प्रमुख शब्द भी। पर इतना काफी नहीं था, क्योंकि जब कभी हमें टैक्सी की जरूरत पड़ती तो अपने किसी मित्र का सहारा लेना पड़ता ताकि वह टैक्सी स्टैंड फोन करके बता दें कि

टैक्सी किस तारीख को कितने बजे और कहाँ के लिए भेजनी है। हमारे पड़ोस की एक जापानी महिला योको हमारी मित्र बन गई थीं। वह अंग्रेजी जानती थीं क्योंकि उनके पति प्रोफेसर डेवनपोर्ट अंग्रेज थे। एक दिन वे कहने लगीं, "ह्वाई डोंट यू लर्न ए लिटिल जैपनीज़"। मैंने कहा हाँ कोशिश करूँगी और फिर अपने काम में लग गई। मगर योको ने अपना सुझाव छोड़ नहीं दिया। वह मुझसे ज्यादा लगन वाली और धैर्यवान थीं। हम अक्सर मिलते और वह कहतीं मैं तुम्हें जापानी पढ़ाऊँगी।

एक दिन हमारे घर कुछ भारतीय मेहमान आए, जिनके जाने के लिए टैक्सी बुलानी थी। मैं योको के घर गई और टैक्सी बुलवाने का अनुरोध किया। योको ने टैक्सी स्टैंड को फोन करने के बाद एक कागज पर चार जापानी वाक्य मुझे रोमन में लिखकर दिए और कहा कि इन्हें याद कर लो और अगली बार टैक्सी खुद ही बुलाना। मुझे अपने आलस्य पर वाकई झिझक महसूस हुई और सोचने लगी कि ये वाक्य तो मैं याद कर लूँगी, लेकिन जब टैक्सी के लिए फोन करूँगी तो दूसरी ओर से जो उत्तर आएगा उसके बारे में कैसे आश्वस्त होऊँगी कि उन्होंने भली-भाँति समझ लिया है और टैक्सी सही समय पर आ जाएगी। उत्तर में कही जाने वाली बात मुझे कैसे समझ आएगी। फिर सोचा कि यदि योको मुझे संभावित उत्तर लिख भी देंगी तो भी यह आवश्यक तो नहीं कि फोन पर बोलने वाला व्यक्ति वही वाक्य और वे ही शब्द इस्तेमाल करे। वह तो अपनी भाषा में सहज जवाब देगा और हो सकता है उसके द्वारा प्रयुक्त पद अथवा वाक्य उन वाक्यों से अलग हों जो मैंने सीखे हों। यह भी हो सकता है कि उधर से बोलने वाला व्यक्ति कुछ पूछना ही चाहे या समय पर टैक्सी भेजने की असमर्थता ही व्यक्त करे। जब तक मैं उसकी बात नहीं समझ पाऊँगी मेरा उससे जापानी बोल पाना भर पर्याप्त न होगा। अगले दिन मैंने योको से कहा कि मैं तुम्हारी शिष्या बनने को तैयार हूँ। योको ने बड़े उत्साह से हामी भरी और कहा कि सप्ताह में तीन दिन सोमवार, बुधवार और बृहस्पतिवार वह मेरे घर आएँगी और दो घंटे मेरे साथ बिताएँगी। अगले दिन सही एक बजे उन्होंने घंटी बजाई और एक पुस्तक, कुछ फोटोकॉपी किए कागज साथ लेकर आईं। उन्होंने कहा कि पहले बोलना सीखो। मैंने कहा कि मैं पढ़ना और बोलना दोनों सीखना चाहती हूँ। उन्होंने कहा, 'ठीक है, दोनों सीख लेना मगर पहले बोलना सीखो। इसके लिए कुछ चीज़ों के नाम, कुछ संज्ञाएँ-सर्वनाम, कुछ क्रियाएँ सीखने की जरूरत है। जब बोलने लगो तो पढ़ना-लिखना भी सीख लेना।' इस तरह मैंने जापानी भाषा सीखना शुरू कर दिया। शब्दों के साथ ही छोटे सीधे अंग्रेजी वाक्यों का अनुवाद भी योको बताती, मैं डायरी में नोट करती और अगले दिन तक होमवर्क पूरा करने का वायदा करती।

होमवर्क था आज जो पढ़ा है उसे अच्छी तरह सीखकर अगले दिन योको को सुनाना, उनके साथ जापानी में संवाद करना। एक से ढाई बजे तक मैं अनुवाद-व्याकरण पद्धति से जापानी सीखती और ढाई से तीन तक हम लोग गपशप करते। मैं योको से कहती "ओ चा नो जिकन देस" (अच्छी गरमा-गरम चाय का समय हो गया है), "नान ओ चा ओ नॉमी मास का–निहोन नो ओ चा तॉ इंदो नो ओचा?" (कौन-सी चाय पियोगी–जापानी अथवा भारतीय?) वह हमेशा भारतीय चाय पीने की इच्छा ज़ाहिर करती। मैं जानती थी कि बात यह नहीं है कि भारतीय चाय उन्हें बहुत पसंद है, बात यह है कि जापानी लोग दूसरे व्यक्ति का मान रखना जानते हैं। अतः भारतीय घर में आकर भारतीय भोजन अथवा चाय पीकर हमारा उत्साह बढ़ाते हैं। ठीक तीन बजे योको उठ लेती और हम 'सायोनारा' के साथ विदा लेते। थोड़े दिनों तक यह सिलसिला चलता रहा और मैं जापानी में कुछ-कुछ संवाद करने लगी। फिर मन में आया क्यों न इस शुरुआत को आगे बढ़ाया जाए। मुसासि सकाई में विदेशियों के लिए जापानी शिक्षण केंद्र था। हमारे निवास स्थान किचिजोजी से करीब 15 मिनट के ट्रेन के रास्ते मुसासि सकाई पहुँचा जा सकता था। कुछ ही दिनों में वहाँ दाखिला लेकर विधिवत पढ़ाई शुरू की तो पता चला कि क्यों योको ने बोलना सीखने पर जोर देते हुए पढ़ना लिखना आगे के लिए टाला था। जापानी भाषा का सबसे कठिन पहलू है लिपि। जापानी भाषा में तीन लिपियाँ हैं–हिरागाना, काताकाना, और कांजी। विशेष बात यह है कि ये तीनों लगभग साथ-साथ ही प्रयुक्त होती हैं यानी एक वाक्य में तीनों का इस्तेमाल हो जाता है। हिरागाना लिपि का इस्तेमाल मूलतः जापानी मूल के शब्दों यानी देशज शब्दों के लिए होता है। काताकाना लिपि विदेशी शब्दों को व्यक्त करने के लिए विकसित की गई है। विज्ञान एवं अंतर्राष्ट्रीय संबंधों के चलते बड़ी तादाद में जो विदेशी शब्दावली आई है उसे काताकाना में लिखा जाता है जैसे 'टैक्सी' शब्द को जापानी में लिखते समय काताकाना का इस्तेमाल होगा हिरागाना का नहीं। हालाँकि इसका उच्चारण जापानी ढंग से 'ताकुसी' होगा। कांजी चीनी चित्रलिपि के अक्षर हैं जो चीनी से आए शब्दों के अलावा वस्तु, संकल्पना, स्थान और व्यक्ति नामों के लिए भी इस्तेमाल होते हैं। इन पर संधि-नियम भी चीनी ढंग से ही इस्तेमाल होते हैं। यद्यपि ये चीनी के जापानीकृत रूप हैं। कांजी में लिखे पाठ को हिरागाना में भी लिखा जा सकता है। कांजी जानना-लिखना पढ़े-लिखे और संस्कारवान होने का प्रमाण है। इसकी लेखन (कैलिग्राफी) प्रतियोगिताएँ भी होती हैं। सांस्कृतिक प्रयोजनों के लिए भी इसी का इस्तेमाल होता है। विदेशी व्यक्ति के लिए तीन लिपियों को सीखना थोड़ा जटिल तो होता ही है और फिर अक्षर पहचानना ही पर्याप्त नहीं है, लेखन के समय रीति का पालन निहायत ज़रूरी माना जाता है। कौन सी रेखा पहले खींची जाए,

फिर कौन सी—इसका नियम है। ब्रश से कैलिग्राफी करते हुए जो परंपरा विकसित की गई थी जापानी उसे पूरी तरह पालन करने में विश्वास रखता है भले ही पेन या पेंसिल से लिख रहा हो। हिंदी में यदि हमें 'अ' लिखना है तो हम चाहें तो शिरोरेखा से शुरू करें, चाहे पहले '3' बना कर फिर उसे आड़ी और सीधी रेखा से जोड़ें, चाहे पहले सीधी रेखा और आड़ी रेखा बनाएँ, फिर '3', चाहे बिना कलम उठाए एक ही बार में सभी रेखाएँ खींच दें, हम 'अ' बना लेंगे और वह सही होगा। किंतु जापानी लिखते समय कौन-सी रेखा पहले खींचनी है और कौन-सी उसके बाद यह नियम सख्ती से पालन किया जाता है। यानी कि हमें ज्यादा अनुशासन में रहना होता है। यह बात गैर-जापानियों को ज़रा भारी लगती है। दिलचस्प बात यह है कि गैर-जापानी नाम यानी विदेशी लोगों, स्थानों, वस्तुओं के नाम काताकाना में लिखे जाते हैं, हिरागाना अथवा कांजी में नहीं। पढ़ने वाला तुरंत समझ लेता है कि शब्द देशी है या विदेशी मूल का।

मेरे साथ बहुत से देशों के लोग जापानी सीख रहे थे। कहना चाहिए कि यह ग्लोबल कक्षा थी जिसमें इंगलैंड, अमरीका, ऑस्ट्रेलिया, थाईलैंड, मंगोलिया, तुर्की, ईरान आदि देशों के लोग थे और आयु वर्ग भी तीस से पचास-पचपन तक का था। जापानी वर्णमाला सीखते हुए मुझे पश्चिमी लोगों की तुलना में थोड़ी सुविधा थी क्योंकि जापानी की मूल ध्वनियाँ भारतीय भाषाओं की ध्वनियाँ ही हैं—अ, ई, ऊ, ए, ओ। व्यंजन ध्वनियाँ भी कमोबेश संस्कृत ध्वनियों के करीब ही हैं, केवल 'ल' ध्वनि नहीं है। जापानी 'क्लाउड' को 'क्राउड' कहते हैं और 'क्राउड' को भी 'क्राउड'। हिंदी-अंग्रेजी आदि सीखने वाले जापानी काफी कठिनाई से 'ल' ध्वनि सीख लेते हैं, फिर भी 'पर' को 'पल' और 'पल' को 'पर' अक्सर कहते हैं। जापानी और हिंदी की उच्चारण व्यवस्था मिलती-जुलती है क्योंकि जापानी वर्णमाला संस्कृत वर्णमाला के अनुकरण पर बनी है। जापानी वर्णमाला में अ, इ, उ, ए, और ओ स्वरों के अलावा कवर्ग, सवर्ग, तवर्ग आदि पाँच-पाँच अक्षरों के दस वर्ग हैं। इसके अलावा, गा, जा, दा, बा सघोष ध्वनियाँ भी हैं। अतः जापानी भाषा की ध्वनियाँ याद तो सहज हो गईं, पर उनके हिरागाना और काताकाना वर्णों को जानने में समय लगा।

भारतीय भाषाओं की भाँति जापानी में व्यंजन ध्वनि का उच्चारण स्वर के सहयोग से होता है। अतः मात्राओं से जुड़े उच्चारण को भारतीय आसानी से पकड़ लेता है, चाहे वह किसी भी भाषा को बोलने वाला हो। हिंदी भाषी लोग जापानी बोल भी सहजता से लेते हैं। पश्चिमी लोगों को इसमें थोड़ी असुविधा होती है। अंग्रेजी भाषी लोगों को लिखने और बोलने दोनों में ही व्यंजनों के साथ स्वर के प्रयोग की विशेष रूप से आदत डालनी पड़ती है। लिखने में मात्राओं का प्रयोग नहीं होता।

व्यंजन से संपृक्त स्वर ध्वनि के। लिए व्यंजन के। साथ स्वर वर्णों को छोटे आकार में लिखा जाता है। इस तरह व्यंजन वर्ण का आकार सामान्य होता है और उससे जुड़े स्वर का वर्ण छोटा। जापानी में 'न' के कई उच्चारण हैं।

कभी-कभी शब्दों के स्तर पर भी कुछ साम्य भारतीय भाषाओं से दिखाई देता है। शिंतो जिंजा देवालय का बाहरी द्वार खंभों का होता है। लकड़ी के बने खंभों का यह द्वार 'तोरी' कहलाता है। 'तोरी' शब्द 'तोरण द्वार' के काफी निकट महसूस होता है, विशेष रूप से जब हम यह गौर करते हैं कि उसकी बनावट साँची स्तूप के द्वार–दो स्तंभों के ऊपर दो पड़ी पट्टियों–से काफी मिलती-जुलती है। साँची के तोरण द्वार के स्तंभ पत्थर के हैं और उन पर बहुत श्रेष्ठ खुदाई की गई है, 'तोरी' सादा खंभों का होता है जिन पर लाल रंग पुता होता है। किंतु शिल्प का स्वरूप दोनों का समान है।

'नारकू' काबुकी थिएटर का भूतल है जहाँ से मंच वैविध्य प्रस्तुत करने वाली मशीनों का संचालन होता है और जहाँ फालतू का सामान रखा होता है। यह 'नारकू' भारतीय शब्द 'नरक' का स्मरण कराता है और अर्थ की दृष्टि से भी दोनों में बहुत अंतर नहीं है। रंगशाला के मुख्य भवन की सज्जा एवं सौंदर्य की तुलना में भूतल यहाँ नरक ही है क्योंकि वहाँ न तो सौंदर्य है और न ही मशीनों को चलाने वाले लोगों के श्रम को वैसी पहचान मिलती है जैसी मंच पर सक्रिय लोगों के श्रम को।

'ओंकार' या 'ओम्' और 'नमः' शब्द भी जापानी में मौजूद हैं। मंदिरों में 'ॐ' नाम की काँजी अंकित होती है। लोग इसकी कैलिग्राफी करते हैं और अपने घरों में, देवस्थान में सजाते हैं। जापानी में लिखे ओंकार का स्वरूप थोड़ा-सा भिन्न होता है, लेकिन देवनागरी जानने वाला व्यक्ति गौर से देखने पर उसे पहचान लेता है। मंदिरों में पुराने शिलालेखों पर कई बार 'क', 'म', 'र' आदि वर्ण देवनागरी ढंग से लिखे मिल जाते हैं।

संस्कृत का 'कर्म' शब्द भी जापानी में मौजूद है और उसी अर्थ में है जो हमारे यहाँ प्रचलित है। कारण, वहाँ भी कर्मफल की चर्चा पारंपरिक जीवन में मौजूद है।

और भी कई जापानी शब्द हमें परिचित से लगते हैं जैसे 'बीवा'–वीणा, 'यागि' (बकरा), छाग 'गो' (भाषा) वैदिक भाषा में भी 'जो' शब्द वाणी या भाषा के। लिए प्रयुक्त हुए। जापानी की एक प्रसिद्ध कहानी है–'मिमि-नाशी-होइची'। 'मिमि' का अर्थ है कान और 'नाशी' का अर्थ बिल्कुल वैसा ही जैसा हमारे यहाँ 'नाश' या 'नष्ट' हो चुके का होता है। अतः 'मिमि-नाशी-होइची' का अनुवाद होगा–'बिना कानों का होइची' या 'नष्ट हुए कानों का होइची'।

हिंदी में नाम के बाद प्रयुक्त होने वाले आदरसूचक 'जी' की तरह जापानी में 'सान' प्रयुक्त होता है तनाका सान, योको सान, मोरी सान। बच्चों को बुलाते समय

यह 'सान' प्यार से 'चान' हो जाता है—अका चान, नोरी चान।

जापानी में एक पद है—'मदा-मदा' इसका अर्थ होता है धीरे-धीरे या शनैः-शनैः। गौर करें तो यह मदा-मदा 'मंद-मंद' का जापानी रूप बना प्रतीत होता है। हिंदी की तरह जापानी में भी पुनरुक्ति का खूब प्रचलन है। हिंदी के 'बार-बार', 'धीरे-धीरे', 'आओ-आओ' की तरह वहाँ भी 'मदा-मदा', 'होई-होई' है।

'होई-होई' का मतलब होता है—'आओ-आओ'।

इसी तरह 'नहीं' के लिए शब्द प्रचलित हैं—'अरिमासेन' और 'नाई'। 'अरिमासेन' तो ठेठ जापानी है किंतु 'नाई' हिंदी की बोलियों में प्रयुक्त 'नई' और 'नाई' की तरह लगता है। 'वकारे नाई देस' अर्थात् 'समझ नहीं आया'—में 'नाई' शब्द हमें बहुत अपना जैसा लगता है।

जापानी शब्द 'नामाए' अपनी ध्वनि और अर्थ में दोनों में संस्कृत और हिंदी के 'नाम' के काफी निकट है। जापानी 'का' का वही अर्थ है जो हिंदी के 'क्या' का। ध्यान देने की बात है कि हिंदी की बोलियों में 'का' ही प्रचलित है। जैसे—'का बरसा जब कृषी सुखाने। समय चूँकि पुनि का पछताने।' सप्ताह में दिनों के नाम, सूर्य, चंद्र, अवनि, जल, पवन, काष्ठ आदि से संबद्ध हैं सूर्य, चंद्र, मंगल, बुध आदि की तरह।

जापानी भाषा के ये शब्द इस बात का प्रमाण हैं कि बौद्ध धर्म के साथ-साथ उससे जुड़ी संकल्पनाएँ और उसकी शब्दावली भी सुदूर एशिया में गई थी और लंबे समयांतराल के बाद भी अपने मूल रूप में अथवा तद्भव रूप में वहाँ की भाषाओं में मौजूद है। दक्षिण-पूर्व एशियाई देशों—थाईलैंड, मलेशिया, कंबोडिया, इंडोनेशिया आदि में यह मूल रूप में विद्यमान है। जबकि चीन-जापान में इसका काफी हद तक देशीकरण हो जाने के बावजूद गौर करने पर भी यह मिल ही जाती है।

जापानी भाषा का वाक्य-विन्यास भी भारतीय भाषाओं से मिलता-जुलता है। यहाँ हिंदी की तरह कर्ता, कर्म और क्रिया का क्रम होता है, अंग्रेजी की तरह कर्ता, क्रिया और कर्म का नहीं। यह अतिशयोक्ति नहीं होगी कि यदि कहा जाए कि हिंदी वाक्य के एक-एक शब्द का जापानी रूपांतर करते जाइए तो जापानी वाक्य बन जाएगा :

	कर्त्ता	**क्रिया**	**कर्म**	
अंग्रेजी	I	am	Yoko.	
	कर्त्ता	**विभक्ति**	**कर्म**	**क्रिया**
जापानी	वाताशि	वा	योको	देसु,
हिंदी	मैं		योको	हूँ।
जापानी	कोरे	वा	नान	देस का?

हिंदी	यह		क्या	है?		
जापानी	कोरे	वा	किरेइना	हाना	देसु	ने,
हिंदी	यह		सुंदर	फूल	है	न।

यहाँ जापानी वाक्य के अंत में 'ने' और हिंदी वाक्य के अंत में 'न' समानार्थी हैं। ये परिप्रश्नवाचक (जिसका उत्तर हाँ में हो) अथवा निश्चयवाचक हैं।

ऐसी बहुत-सी समानताएँ जापानी पढ़ने के दौरान महसूस हुईं। लेकिन समानताएँ और सहजताएँ तो बहुत थोड़ी थीं, कठिनाइयाँ बेशुमार। शब्दावली बिल्कुल नई और संधि होते ही ध्वनि परिवर्तन के साथ शब्द का नया रूप। 'साकुरा' शब्द अच्छी तरह पता है, मगर बॉन के साथ आते ही 'सा' का 'ज़ा' हो गया–'बॉन ज़ाकुरा' और लगा कि नया शब्द है 'ज़ाकुरा'। इस तरह की बहुत-सी दुविधाएँ जापानी सीखने वाले विदेशी के सामने अक्सर रहती हैं।

इसके अतिरिक्त सबसे बड़ी कठिनाई हुई क्रिया-रूपों को लेकर। पहले तो 'देस', 'मासु', 'देशिता', 'माशिता' बहुत सहज लगे, किंतु जब जापानी क्रिया रूप-परिवर्तन की जटिलता का सामना करना पड़ता तो बड़ी टेढ़ी खीर दिखाई देती–'ताबेरु' क्रिया है जिसका अर्थ है खाना। इसकी मूल धातु है–'ताबे'। इसी तरह 'किरु' का मतलब है–पहन। इसकी मूल धातु है–"कि"।

अब क्रिया रूप 'ताबे' और 'कि' से बनेंगे :

क्रिया-रूप	**वर्तमान काल**	**भूत काल**
ताबे (खाना)	ताबे मासु (खाता हूँ/है)	ताबे माशिता (खाया)
किरु (पहनना)	किमासु (पहनता हूँ/है)	किमाशिता (पहना)
	ताबेते इमासु (खा रहा हूँ/है)	ताबेते इमाशिता (खा रहा था)
	किरु किते इमासु (पहन रहा हूँ/है)	किते इमाशिता (पहन रहा था)

इन दोनों के और क्रिया रूप इस प्रकार हैं :

ताबे	**कि**
ताबे नागारा (खाते हुए)	कि नागारा (पहनते हुए)
ताबेनाइदे (खाए बिना)	किनाइदे (न पहन कर)
ताबेताइ (खाना चाहता)	किताइ (पहनना चाहता)
ताबे माशोओ (खाओ/खाएँ)	कि माशोओ (पहनो/पहनें)
ताबेते मो इइ देसु (खा सकते हो)	किते मो इइ देसु (पहन सकते हो)

ताबेते वा इकेमासेन　　　　किते वा इकेमासेन
(मत खाओ)　　　　　　　(मत पहनो)

कर्मवाच्य रूप हैं :

ताबेरारेरु (खाया जाना)　　किरारेस (पहना जाना)

और प्रेरणार्थक रूप हैं :

ताबेसासेरु　　　　　　　किसासेरु

इतने क्रिया रूप याद रखना बहुत कठिन है और फिर यहाँ तो काफी सीधे रूप परिवर्तन के उदाहरण लिए हैं। इसके अलावा, जब लंबे अथवा जटिल वाक्यों में कई क्रिया शब्दों का रूप परिवर्तन करना होता है तथा संबंधबोधकों अथवा विभक्ति चिह्न का सही इस्तेमाल करना होता है तो काफी कठिनाई आती है। फिर बात कहने के कई ढंग और लहजे होते हैं, उनका सही प्रयोग वाकई कई तरह की चुनौती पैदा करता है। इन सबसे ज्यादा कठिन होता है व्यंजनाश्रित प्रयोगों को समझना जिनकी जापानी में भरमार होती है। राजसत्ता और सामंतीय शक्ति के चलते भाषा का बहुत सजग प्रयोग होता था। जितना शब्दों में कहा जाता उससे अधिक ध्वनित और व्यंजित किया जाता। कहीं-कहीं एकाध शब्दों को ही छोड़ दिया जाता और पाठक/श्रोता संदर्भ से अर्थ ग्रहण करता, तो कहीं बिंबों और प्रतीकों से अर्थ ग्रहण कराया जाता। काबुकी नाटक में पात्र एक पंक्ति बोलता है–'जो कोई साकुरा की डाल काटेगा, उसे जीवित नहीं रहने दिया जाएगा।' तो सेनानायक समझ जाता है कि उसे हर हालत में राजकुमार के जीवन की रक्षा करनी है। ऐसी भाषिक युक्तियों के चलते जापानी साहित्य के पाठक को भाषा के। अलावा बहुत कुछ और सीखना-जानना पड़ता है।

जापानी भाषा लेखन की पद्धति विशिष्ट है। यह उर्दू की तरह दाईं से बाईं ओर लिखी जाती है। किंतु शब्द/वाक्य दाईं से बाईं रेखा में न लिखकर ऊपर से नीचे की ओर रेखा में लिखा जाता हैं उदाहरण के लिए यदि व्यक्ति का नाम लिखना है 'मुसासिमारु' तो अक्षरक्रम इस प्रकार होगा :

मु
सा
सि
मा
रु

यदि पता भी लिखना है तो

मु
सा

सि
मा
रु

2
0
3
कि
चि
जो
जी

तो
क्यो

जा
पा
न

यानी सीधी-सीधी रेखाएँ दाईं से बाईं ओर लिखी जाती हैं।

साहित्य, संस्कृति, पत्र-व्यवहार, इतिहास, मनोरंजन आदि सभी में संबद्ध लेखन में यह पद्धति अपनाई जाती है। किंतु यदि आधुनिक विज्ञान संबंधी विषय हो या विदेश कार्य संबंधी विषय हो तो उसे सीधी पंक्ति में और बाईं से दाईं ओर लिखा जाता है जैसे कि हम हिंदी-अंग्रेज़ी लिखते हैं।

फिर भी जापानी सीखना और जानना एक सुखद अनुभव है। हम भारतीयों के लिए विशेष रूप से यह ध्यान देने की बात है कि भाषा में आस्था और आत्मविश्वास कैसे किसी देश और समाज को सबल बनाते हैं। कैसे विज्ञान, तकनीकी, चिकित्सा, इंजीनियरी आदि विविध क्षेत्रों में अपनी भाषा में आगे बढ़ा जा सकता है और दुनिया के आगे मिसाल कायम की जा सकती है। यह देखना हो तो जापान और जापानी भाषा को देखें। हम भाषा को लेकर जिस तरह की हीनग्रंथियों के शिकार हुए हैं उन्होंने हमें कहीं का नहीं रहने दिया है। कभी हमें अपनी भाषा में तकनीकी शब्दावली की कमी दिखाई देती है तो कहीं सही मुहावरे का अभाव। हमारी शक्ति विदेशी शब्दों के विदेशियों जैसे उच्चारण को सीख पाने और उसका जैसा वाक्य विन्यास करने के प्रयास में ही अपव्यय होती रहती है और जब हम विदेशी शब्दों के देशीकृत रूप अथवा उच्चारण अपनी भाषा में देखते हैं तो शर्मिंदगी महसूस कर उठते हैं। इस तरह सदा के लिए आत्मविश्वासहीन बन उठते हैं।

'अक्षर पर्व', मई, 2007

जापान में बच्चों के साथ

बीसवीं सदी का आखिरी वर्ष। हम तोक्यो के नारिता हवाई अडड्े पर सुबह साढ़े सात बजे उतरे। तयशुदा कार्यक्रम के अनुसार लिमोज़िन बस लेकर तोक्यो टर्मिनस पहुँचे जहाँ तोक्यो गाइकोकु दाइगाकु (तोक्यो विदेशी अध्ययन विश्वविद्यालय) में हिंदी विभाग के अध्यक्ष प्रोफेसर तोषियो तनाका स्वयं हमें लेने आए थे। तनाका जी ने टैक्सी बुलाई और ड्राइवर से किचिजोजी चलने को कहा जहाँ विश्वविद्यालय की ओर से हमारे आवास की व्यवस्था थी। लगभग एक घंटे के रास्ते में हम शहर को काफी अचरज भरी आँखों से देखते जा रहे थे। हमारी टैक्सी गगनचुंबी इमारतों के बीच से जा रही थी; कभी पुलों को पार करती, कभी टनलों से गुजरती। रास्ते में लाल बत्तियों के पास कई जगह बुजुर्ग लोग और स्कूल का बैग लिए छोटे बच्चे दिखाई दिए। तनाका जी ने बताया कि ये लोग स्कूल जाते बच्चों को सड़क पार करा रहे हैं। ये रोज सुबह लाल बत्तियों के। पास आकर खड़े हो जाते हैं और ट्रैफिक की भीड़-भरी सड़कों को पार करने में बच्चों की सहायता करते हैं। हमारे लिए यह काफी नई और दिलचस्प बात थी। वृद्ध लोगों का नई पीढ़ी से जुड़ाव और संवाद का प्रयास, अपनी सामाजिक सार्थकता महसूस करने की कोशिश, बचपन की साज-सँभाल और उसे संस्कारित करने की आकांक्षा जैसी कई-कई बातें उस दृश्य को देखकर हमारे मन में उमड़ती रहीं। साथ ही मन ने यह भी महसूस किया कि विकास और संपन्नता के बावजूद ये लोग अपने-पराये के भेद से मुक्त होकर यहाँ खड़े हैं। कितना अंतर है इनके और हमारे यहाँ के सोच में जो बाल-मजदूरों के श्रम पर विकास, मुनाफा और आरामतलबी की मौज करने से नहीं चूकता।

कुछ दिनों बाद तनाका जी हमें असकुसा ले गए—सुप्रसिद्ध मंदिर में रथयात्रा महोत्सव दिखाने और मारूज़ेन नामक पुस्तकों की दुकान पर जहाँ हमें जापानी के अलावा अंग्रेजी की पुस्तकें भी उपलब्ध हो सकती थीं। बाजार में हमने एक भव्य बिल्डिंग के आगे बड़ी संख्या में लोगों को लाइन में लगे देखा। पूछने पर तनाका जी ने बताया कि वे बच्चों के लिए खिलौना खरीदने की लाइन में लगे हैं। हम सोचने लगे भला खिलौने के पीछे ऐसी क्या दीवानगी? अगले दिन हमने अखबार में पढ़ा कि एक

नामी-गिरामी इलैक्ट्रॉनिक कंपनी ने अपना नया प्रोडक्ट बाजार में उतारा है जिसकी कीमत दो लाख येन से ऊपर है। लोगों ने लंबी लाइनें लगाकर इसे खरीदा है। थोड़ी देर के लिए हमें लगा कि हम सपनों की दुनिया में हैं। हम मध्यवर्गीय भारतीय व्यक्ति काफी भौचक्केपन से दुनिया के सर्वाधिक महँगे शहर को देख रहे थे—करीब-करीब वैसे ही जैसे दिल्ली में पहुँचा देहाती लड़का! धीरे-धीरे हम जी-8 के देश की जीवन पद्धति से सहज होने लगे। सुपर स्टोरों और खिलौनों की दुकानों पर छोटे-बड़े बच्चों से हमारी भेंट हो जाया करती। कुछ दुकानें ऐसी भी थीं जिनमें शिशुओं के आ कर खेलने की व्यवस्था भी थी। जैसे बच्चे पार्क में जाते हैं वैसे ही दुकान के खेल घर में जाकर भाँति-भाँति के खिलौनों के बीच जो खिलौना पसंद आता उससे मुक्त ढंग से खेलते।

तीन वर्ष के जापान प्रवास के दौरान जापानी बच्चों के अनेक-अनेक चित्र हमारे मन में बस गए। अपनी इन अनुभूतियों में हिंदी पाठकों को साझीदार बनाते हुए मुझे बहुत अच्छा लग रहा है।

सड़क पर, बाज़ार में, गलियों में कई बार हम देखते कोई शिशु खड़ा ज़ोर-ज़ोर से रो उठा है या बाल हठ में धरती पर लेट गया है। हम सोचते इतना संपन्न देश है अभी माँ बच्चे के मान-मनव्वल में लग जाएगी—"जो माँगौ सो देहुँ मनोहर" कहती हुई। लेकिन ऐसा होता नहीं था। अक्सर माता गंभीर मुद्रा में लेक्चर देती। थोड़ी देर में हम देखते कि बच्चा माँ के काबू में है। 'अका चान' (छोटे बच्चे) और 'उका सान' (माँ) के बीच इस निजी संवाद में पैंपरिंग नहीं है साधन-संपन्नता के बावजूद। ज़ाहिर है सख्ती लालन-पालन का एक अनिवार्य अंग है, नहीं तो जापानी रहन-सहन का अनोखा अनुशासन कैसे कायम रह सकेगा। वक्त की अचूक पाबंदी, हर चीज़ को व्यवस्थित रखना, हर काम को निर्धारित रीति से करना और अपने ही ढंग से करना, नियम-कायदा मानना अनुशासित प्रशिक्षण के अभाव में संभव नहीं है। कोई चाहे तो इसे सामंतीय जीवन पद्धति की विरासत भी कह सकता है लेकिन फिर भी यह एनर्की तो नहीं है। किसी चीज़ की प्रतीक्षा में दो आदमी भी खड़े हैं तो लाइन बनाकर खड़े होंगे। शुरू-शुरू में कई बार ऐसा हुआ कि हम प्लेटफॉर्म पर लाइन में खड़े ट्रेन की प्रतीक्षा कर रहे होते और ट्रेन आते ही चढ़ने के लिए झपट कर आगे बढ़ते—आदत जो पड़ी थी अपनी गाड़ियों और डी.टी.सी. की बसों में झपट कर चढ़ने की। लेकिन जल्दी ही हमें महसूस होता कि हमारे सिवाय सभी तो धैर्यपूर्वक अपनी बारी की प्रतीक्षा कर रहे हैं।

मुझे ध्यान आती हैं साइकिल के हैंडल पर लगी बच्चों की टोकरी में शिशु/शिशुओं को बैठाए साइकिल चलाती माताएँ, उनके पीछे छोटी साइकिल पर चलते बालक/बालिका

माताओं से बतियाते हुए, लाल बत्ती का सिगनल समझते हुए, ट्रैफिक के बीच साइकिल चलाना सीखते हुए। नवंबर के महीने में पारंपरिक जापानी वेशभूषा 'किमोनो' पहन कर शिंतो मंदिरों में जाते तीन, पाँच और सात वर्ष के बच्चे, "सिचि, गो, सान" (सातवें, पाँचवें, तीसरे वर्ष में देवता का आशीर्वाद लेने) के लिए आए बच्चों से गूँजता मंदिर का प्रांगण, शर्माते-इठलाते बच्चे, फोटे खींचते माता-पिता, क्योतो, नारा, हिरोशिमा में मंदिरों, देवालयों, संग्रहालयों, किलों को देखने आईं स्कूली बच्चों की टोलियाँ, समुद्र तट पर डोलते, फूजी पर्वत पर चढ़ते स्कूली बच्चे, किचिजोजी में हमारे घर की बगल में बच्चों के पार्क, वहाँ शिक्षिका के साथ आए किंडरगार्टन विद्यालयों के बच्चे, झूलों पर झूलते बच्चों का कोलाहल।

जी-आठ (ग्रुप-8 यानी दुनिया के आठ संपन्न देशों के समूह) में जापान एशिया का पहला और अकेला देश है—आधुनिकीकरण टेक्नोलॉजी का अग्रिम पंक्ति का देश। लेकिन आधुनिकता को परंपरा से जोड़कर देशी जीवन का हिस्सा बना लेने की जापानियों में अद्भुत क्षमता है। वेशभूषा नितांत पश्चिमी ढंग की है किंतु रहन-सहन ठेठ जापानी—ज़मीन पर बैठना, ज़मीन पर सोना, ज़मीन पर 'ज़बोतोन' (गद्दी) बिछाकर घुटनों के। बल बैठ कर आतिथ्य, अध्ययन लेखन आदि करना, ज़मीन पर बैठकर जापानी भोजन—जापानी ढंग के छोटे बर्तनों में और चॉपस्टिक से करना। बचपन से ही बच्चा चॉपस्टिक को कायदे से पकड़ना सीखता है ताकि उससे चम्मच और चिमटी दोनों का काम ले सके, साथ ही कलात्मक ढंग से दोनों सींकों को थामे दिखाई दे, बेढंगेपन से नहीं। रोज़मर्रा की ज़िंदगी में बच्चे को अपने 'निहोन जिन' (जापानी व्यक्ति) होने का बोध बहुत-सी गतिविधियों के बीच अनायास ही होता रहता है जो उसे अपनी जापानियत में आस्था जगाता है और आत्म-विश्वास भी।

कुछेक छोटे-छोटे संस्मरण हैं। किचिजोजी से विश्वविद्यालय जब कभी दोपहर में जाते तो कुछ बच्चे स्कूल से लौटते हुए मिलते। शिमोकिता जावा स्टेशन से उनके चढ़ते ही ट्रेन का पूरा कोच चिल्ड्रंस पार्क में बदल जाता—उछल-कूद, धींगा-मस्ती, खाना-पीना, गाना, ऊँचे सुर में बातचीत से परिवेश गूँज उठता। थोड़ी देर बाद उनका स्टेशन कोमाबा तोदाइ आने को होता तो वे बच्चे अपने द्वारा फैलाए गए कागज़, खाने-पीने के खाली पैके। ट, थैलियाँ, डिब्बे एक-एक करके उठा कर अपने बैगों में रखते और अपने स्टेशन पर उतर जाते। उन्हें देखकर हमारी समझ में आ जाता कि क्यों हमारी ट्रेनों, प्लेटफार्मों, बस अड्डों, सड़कों पर मूँगफली के छिलके, कागज़ के टुकड़े, बुझी हुई सिगरेटें और न जाने क्या-क्या हमेशा बिखरे ही रहते हैं।

एक दिन हम अकीहाबारा इलैक्ट्रॉनिक सिटी जा रहे थे। रास्ते में एक महिला डेढ़-दो साल के बच्चे को लेकर ट्रेन में चढ़ी और हमारे बगल वाली सीट पर आकर

बैठ गई। बच्चा बार-बार ज़िद कर रहा था सीट पर खड़े होकर खिड़की से बाहर देखने की। माँ ने बच्चे के जूतों को उतारा फिर अपना रूमाल निकाला, बच्चे के पैर के तलवों को अच्छी तरह साफ किया तब उसे सीट पर खड़ा होने दिया। सार्वजनिक संपत्ति को उतनी ही स्वच्छ और सुंदर बनाए रखना जितनी अपनी व्यक्तिगत चीजों को रखते हैं अपने देश और अपने समाज से व्यक्ति के लगाव को प्रकट करता है। मुझे महसूस हुआ कि भारतीय मानसिकता में इस तरह की भावना का नितांत अभाव है। घरों को भीतर से सजाने-सँवारने के बाद हम अक्सर अपना कूड़ा गली में आराम से फेंक देते हैं, सार्वजनिक संपत्ति को पराया मानकर उसका दुरुपयोग तो करते ही हैं, तोड़-फोड़ करने में भी नहीं झिझकते। और इतने पर भी 'मेरा भारत महान' कहते हैं। आजादी के बाद की हमारी पीढ़ी ने न तो खुद अपने बचपन में अपने परिवेश के प्रति जिम्मेदारी का ऐसा कोई पाठ माँ-बाप से सीखा है और न ही अपने बच्चों को सिखाया है।

भारत और जापान का नवनिर्माण लगभग साथ-साथ शुरू हुआ था—पचास के दशक से। हमें लंबी गुलामी के बाद नए रास्ते खोजने थे—स्वतंत्र भारत में। जापान को विश्वयुद्ध में ध्वस्त होने और पराजय का अपमान झेलने के बाद नवनिर्माण करना था। हमने आजादी के बाद आधुनिकता के चक्कर में अपनी भारतीय पहचान को लगातार चकनाचूर किया। शिक्षा और विकास के जो रास्ते अपनाए उनमें बच्चे निरंतर अपने परिवेश और सामाजिक-सांस्कृतिक विरासत से कटते गए। पढ़ाई के विषय और भाषा दोनों ही उन्हें उस समाज की संवेदना से नहीं जोड़ पाए जिस समाज में वह रह रहे थे। यह सच है कि हमारे साधन सीमित थे और लोग ज्यादा। किंतु जो साधन मिले थे उनसे भी बच्चों की मौलिक प्रतिभा को विकसित करने का समुचित तरीका हम नहीं अपना पाए और एक पश्चिम की नकलची पीढ़ी तैयार कर अपने को गौरवान्वित घोषित किए रहे। अपने इतिहास, भूगोल, प्राकृतिक परिवेश, साहित्य, संस्कृति, कला, उत्सव, लोक जीवन का मर्म समझने की क्षमता जो सहजात रूप से व्यक्ति में विकसित होनी चाहिए थी वह भाषा और मनोभाव की गुलामी के चलते हमारे भीतर विकसित न हो सकी।

जापानी स्कूलों का परिवेश काफी अनुशासन पूर्ण है। बच्चों के मनोविज्ञान और सहज विकास पर पर्याप्त ध्यान दिए जाने के बावजूद उद्दंडता का मनमाना व्यवहार स्वीकार्य नहीं है। 'सेनसेइ' (अध्यापक) और 'गाकुसेइ' (विद्यार्थी) के बीच एक स्नेहपूर्ण मर्यादा मौजूद रहती है। सीखने की प्रक्रिया में निरंतरता और अभ्यास को पर्याप्त महत्त्व दिया जाता है। इस बात का भी निरंतर ध्यान रखा जाता है कि बच्चा जापान के विषय में जाने। जापानी इतिहास, भूगोल, कला, संस्कृति, साहित्य के विषय

में अध्ययन के साथ-साथ जापानी जीवन के उठने-बैठने, अभिवादन, सुख-दुख को व्यक्त करने के तौर-तरीके, सोचने के ढंग और विचार की पद्धति से परिचित हो और उसे अपने जीवन और व्यवहार में व्यक्त करे। भाषा का सामान्य माध्यम जापानी है। बच्चे बड़े होकर अंग्रेजी सीखते हैं। आजकल पश्चिमी प्रभाव और कंप्यूटर की भूमंडलीय जरूरतों के चलते अंग्रेजी की माँग बढ़ी है किंतु बुनियादी रूप से जीवन जापानी में चलता है।

जापानी जीवन की सामूहिकता की भावना कक्षा में ही बच्चों में संस्कारित की जाती है। कोई बच्चा अकेले, सबसे अलग किसी विशेष कार्य को करने या अध्यापक से बातचीत करने या किसी अन्य खास व्यक्ति से मिलने नहीं जाता। स्कूल में कोई भी काम अपने मित्रों-सहपाठियों के साथ ही करता है। यदि कुछ विद्यार्थियों को नाटक करना है तो दूसरे संगीत वाद्यों की व्यवस्था करेंगे, कुछ स्टेज की व्यवस्था करेंगे तो कुछ निमंत्रण-पत्र का डिजाइन बनाएँगे और कुछ निमंत्रण-पत्र बाँटने जाएँगे। इस तरह पूरी कक्षा—हर विद्यार्थी सबके साथ, सबके बीच अपनी जगह महसूस करेगा।

हर बच्चा बेस बॉल, तैराकी, नौकायन और जूडो सीखता है। जूडो विद्यालय अलग से भी चलते हैं। अन्य खेलों का भी प्रचलन है परंतु इनकी तुलना में कम। यात्रा जापानी शिक्षा का अनिवार्य अंग है। किंडरगार्टन स्कूलों से लेकर विश्वविद्यालय स्तर तक अपनी कक्षा के साथ यात्रा करके बच्चे न केवल सामूहिक सद्भाव का पाठ पढ़ते हैं बल्कि अपने देश और समाज को भीतर से पहचान पाते हैं, अपने बौद्धिक विकास की ओर उन्मुख होते हैं।

मैंने देखा कि प्राकृतिक स्थलों पर भ्रमण करते हुए बच्चों में से हरएक को 'हाइकू' (जापानी छोटी कविता) लिखनी होती—घूमते हुए प्रकृति को देखते हुए उनके मन में जो भाव जागा हो उसे शब्दों में प्रस्तुत करते हुए छंदबद्ध करना होता था। हर बच्चा अपने हाइकू को अपने सहपाठियों के समक्ष प्रस्तुत करता, अध्यापक उस पर अपनी टिप्पणी देते हुए उसमें अपेक्षित सुधार-सँवार करते। साहित्य, संस्कृति, प्रकृति और जीवन से तादात्म्य की यह शिक्षा पद्धति मुझे अपने आप में बेजोड़ महसूस हुई। इसमें शौकिया कवि बनने की प्रेरणा मात्र नहीं है परंपरा और परिवेश से अनायास ही जुड़ जाने की प्रक्रिया है। बच्चा हाइकू से परिचित होता है तो अपने आसपास की प्रकृति के अनगढ़, अकिंचन, सादगीपूर्ण सहजात सौंदर्य को तलाश पाना सीखता है। छोटी से छोटी प्राकृतिक इकाई की ओर ध्यान देना उसकी उपस्थिति को महसूस करना सीखता है। और फिर ज़ेन बौद्ध मत के मूल मंत्र—सादगी में निहित सौंदर्य को निहारने और सराहने में सक्षम हो पाता है। 'हाइकू' और ज़ेन साधना एक-दूसरे से अभिन्न हैं।

बौद्ध मंदिरों और शिंतो देवालयों की यात्रा के दौरान बच्चे 'चानोयू' (जापानी हरी चायपान का आयोजन) की अनुभव प्रक्रिया से गुजरते हैं।। चायोत्सव को समझ पाने का मायने है जापानी कला, संस्कृति, साहित्य और जीवन के सादगी के दर्शन को समझ पाना, नागार्जुन के शून्यवाद के जापानी संस्करण को समझ पाना। हरी चाय परोस कर आतिथ्य का आयोजन मध्यकालीन सामंतीय वैभव को संत भाव की, सत्ता को मनुष्यता की चुनौती थी जिसे जापानी समाज आज भी सँजोए है–दुनिया भर में स्वीकृति और सम्मान दिला कर।

अपनी इन्हीं विद्यार्थी जीवन की यात्राओं में जापानी बच्चा हिरोशिमा और नागासाकी से रू-ब-रू होता है। इतिहास की भीषण विनाशकारी स्मृतियों को 'हिरोशिमा अणुबम त्रासदी स्मारक संग्रहालय' चित्रों, मूर्तियों, ऑडियो-विजुअल तकनीकों, लेखों के माध्यम से मन में ताज़ी कर देता है–विनाश के भीतर से पुनर्निर्माण की उत्कंठा के साथ। विश्व-युद्ध के दौरान बड़े शहरों पर बमबारी होती रहती थी इसलिए बच्चों को शहरों से दूर गाँवों अथवा ज़ेन गुरुकुलों में भेज दिया गया था शिक्षा और सुरक्षा के लिए। उन बच्चों में से बहुत से आज जापानी साठ से ऊपर की पीढ़ी में मौजूद हैं। उन दिनों के बारे में पूछे जाने पर वे उदास हो जाते हैं, बहुत कम बोलते हैं– उनमें से अधिकांश ने अपने प्रियजन-परिजन गँवाए थे हिरोशिमा में!

विश्वयुद्धोत्तर जापान के पुनर्निर्माण की प्रक्रिया में बच्चों पर विशेष ध्यान दिया गया–इतिहास से सबक लेते हुए आत्म-मंथन करते हुए। जापानी राजपरिवार ने इस मामले में पहल की। सम्राज्ञी ने निर्णय लिया कि उनके बच्चे का लालन-पालन पारंपरिक राजशाही की परंपरा में नौकर-चाकरों द्वारा नहीं होगा। वह स्वयं आम औरत की तरह अपने बच्चे को पालेंगी। फलतः जापान के मौजूदा राजकुमार नारूहितो के पालन-पोषण के लिए जापानी शाही संविधान में परिवर्तन किया गया। नया संविधान राजकुमार के नाम पर 'नारू संविधान' कहलाया। हमारे जापान प्रवास के दौरान ही राजकुमार के यहाँ संतान पैदा हुई। वैसे आम जापानी जीवन में राजपरिवार का कोई दखल नहीं है और न ही लोगों में उनके। प्रति कोई खास रुचि है, लेकिन राजपरिवार में लंबे समय के बाद बच्चे के आगमन को लेकर लोगों में उत्साह था। मीडिया अक्सर लोगों से बातचीत प्रस्तुत करता रहता। बच्ची का नामकरण हो जाने की सूचना मिली तो राजकुमारी अकीको के नाम को लेकर कई जापानी महिलाओं ने कहा–"अकीको सामा नो नमए नो काँजी वा किरेई नाई देस"। जापानी नाम काँजी (चीनी चित्रलिपि) में लिखे जाते हैं, हस्ताक्षर काँजी में करते हैं, जिसमें अक्षरों को कई तरह से लिखा जा सकता है–बहुत कलात्मक तरीके से। इन महिलाओं का कहना था कि इस नाम को काँजी में बहुत सुंदर ढंग से प्रस्तुत नहीं किया जा सकता।

जापानी बच्चों की भाषा सीखने की प्रक्रिया में काँजी एक मंजिल की तरह है। एक साथ तीन लिपियों का प्रयोग एक ही वाक्य में करने वाली जापानी भाषा में काँजी सबसे कठिन और रोचक अंग है। इसकी हर रेखा, तूलिका का हर झुकाव रीतिबद्ध है। अपने में संपूर्ण संकल्पना को समेटे काँजी अक्षर भाषा, चित्रकला, ध्यान की एकाग्रता और सौंदर्यबोध के प्रतीक हैं। बौद्ध मंदिरों में बच्चों की काँजी प्रतियोगिताएँ आयोजित की जाती हैं। बच्चा अपनी भाषा में लिखना, आँकना, रंगना, गढ़ना, सोचना, विचारना, सिरजना सीखता है आत्म-विश्वास के साथ। अपनी भाषा में सीख कर, रच कर वह दुनिया में सबसे आगे बढ़ने की दौड़ में खड़ा होता है नवीनतम और श्रेष्ठतम प्रौद्योगिकी के साथ।

मैंने विदेशियों के लिए जापानी शिक्षण केंद्र में जापानी पढ़ना शुरू किया था। वहाँ कई देशों के और हर उम्र के लोग एक-साथ पढ़ते थे। जब हम लोग अपने अध्ययन में थोड़ा आगे बढ़ गए तो हमारी भेंट स्कूल के बच्चों से कराई गई। यह दुतरफा ओरिएंटेशन था। हम बच्चों से बातचीत कर अपने जापानी भाषा ज्ञान को सँवार रहे थे और बच्चों को विदेशियों से अनौपचारिक संवाद का अवसर मिला था। कुछ बातों में वे खास दिलचस्पी लेते। हम में से हर एक से उसका देश और भाषा जानने के बाद नक्शे पर उस देश को अच्छी तरह देखते, पहचानते, हमारी भाषाओं के बारे में सवाल करते। जब उन्हें पता चला कि भारत में इतनी सारी प्रमुख भाषाएँ और बोलियाँ हैं तो जूनियर स्कूल के। उन बच्चों के आश्चर्य का ठिकाना न रहा। भारत की आबादी के बारे में सुन कर तो वे और ज्यादा चौंके। हम सभी से वे हमारे राष्ट्रीय खेलों के बारे में पूछते रहे। एक और सवाल उन्होंने सबसे पूछा कि इस वक्त आपके देश में कितने बजे होंगे।

पीढ़ी-दर-पीढ़ी चले आते व्यवसाय का जापान में आज भी महत्त्व है। नामी-गिरामी बड़ी दुकानें अक्सर अपने नाम के आगे यह भी लिखती हैं कि वे कितनी पुरानी हैं। मारूज़ेन नामक जिस पुस्तकों की दुकान से हम अक्सर पुस्तकें खरीदते थे, उसके लिफाफों पर छपा होता कि 1868 से मारूज़ेन पाठकों को पुस्तकें उपलब्ध करा रही है। इसी तरह खाने-पीने की दुकानों, रेस्तराँ आदि में भी पारिवारिक परंपरा का जिक्र रहता है। कलाओं, रंगमंच आदि के। क्षेत्र में भी पिता की परंपरा पुत्र द्वारा ग्रहण किए जाने का रिवाज़ है। जापानी क्लासिकल रंगमंच नोह और काबुकी अभिनेताओं के बच्चे बचपन से ही अपने पिता से प्रशिक्षण पाना शुरू कर देते हैं और अपना जीवन विरासत को आगे बढ़ाने और नई पीढ़ी को सौंपने में लगाते हैं। इन रंग-शैलियों के भव्य अद्‌भुत स्वरूप निर्माण में इस पद्धति का बड़ा योगदान रहा है।

मिलेनियम वर्ष में हम जापान में ही थे। अतः नई सदी की शुरुआत का दिन सूरज के देश में ही बिताने का अवसर हमें मिला। जापान में नव वर्ष निहायत जापानी

ढंग से मनाया जाता है। ग्रीटिंग कार्ड भेजने, बधाई देने, नाच-गाना हो-हल्ला जैसा कुछ भी नहीं दिखाई देता। कुछ उत्साही लोग मध्य रात्रि को फुजी पर्वत पर पहुँचते हैं, वर्ष का पहला सूर्योदय देखने। बाकी सब लोग खड़े होते हैं शिंतो देवालयों और मंदिरों में दर्शन की कतार में—ठिठुरन भरी सर्दी और बर्फबारी में महीने, दो महीने, चार महीने के शिशुओं से लेकर बच्चों और बुजुर्गों को साथ लिए। पूरा देश—हर व्यक्ति अपने आसपास के देवालय में जाता अवश्य है।

ऐसा नहीं कि जापान में सब कुछ अच्छा-ही-अच्छा है। दुनिया-भर में हो रहे बदलाव वहाँ भी पहुँचे हैं। नई पीढ़ी का आक्रोश भी कहीं-कहीं बेकाबू रूप ग्रहण करने लगा है किंतु संयम अब भी राष्ट्रीय स्वभाव है क्योंकि सामूहिकता की भावना जापानी के सोच में बचपन से पनपती है। अपने साथ 'अन्य' की जगह को जापानी हर हालत में स्वीकार करता है क्योंकि मानता है कि उसके होने के लिए 'अन्य' का होना जरूरी है।

शिशु जन्म दर में भारी गिरावट आज जापान की राष्ट्रीय चिंता है। डाइट (जापानी संसद) में लगातार इस बात पर विचार-विमर्श होता रहता है कि इस समस्या का निदान किस तरह किया जाए, युवा पीढ़ी की मानसिकता में बदलाव किस तरह लाया जाए, उसे बच्चों के पालन-पोषण में क्या-क्या अतिरिक्त सुविधाएँ दी जाएँ। मीडिया में बच्चों की उपस्थिति खूब है उनके लिए विशेष कार्यक्रमों की तादाद काफी है, हमारे यहाँ की तुलना में तो बहुत ज्यादा है। हमारे टेलीविज़न से तो बच्चे और बूढ़े लगभग बाहर ही जा रहे हैं। जापानी वन्य जीवन पर बने कार्यक्रमों में भी नर-मादा पशु-पक्षी के साथ-साथ बच्चा भी जरूर दिखाया जाता है। मेरे पतिदेव के सहयोगी प्रो. मिज़नु की बेटियाँ अया और साला जब हमारे यहाँ आईं तो हमने उन्हें केरली लकड़ी के छोटे हाथियों की कतार भेंट की और एक अकेला हाथी। कतार को देखकर अया तुरंत बोली—"चिचि तॉ हाहा तॉ कोदोमो" (पिता, माता और बच्चा)। पर साला अपने अकेले हाथी को लेकर खुश होते हुए भी उतनी खुशी नहीं हो पाई। मैंने कहा कि अगली बार उसके लिए भी हाथियों का पूरा परिवार लाऊँगी। मित्सुओ मोरी जी का परिवार काफी समय तक भारत में रह चुका था। वह यहाँ हिताची कंपनी के डायरेक्टर रहे थे और अब रिटायर हो चुके थे। उनके दौहित्रों ने भारत के बारे में अपनी माँ से खूब सुना था। जब हम उनके घर गए तो बच्चे हम से घुल-मिल गए। उनकी सात-आठ साल की धेवती ने हमें भारतीय चाय परोसी और फिर साड़ी भी पहन कर दिखाई।

पश्चिमी लोगों द्वारा जापानी जीवन पर लिखी पुस्तकों में अक्सर जापानी माताओं की इस बात को लेकर भर्त्सना होती है कि वे बच्चों को अपने से बहुत लिपटाए-चिपटाए रहती हैं, उनको साथ सुलाती हैं। इससे उनके बच्चों के स्वतंत्र व्यक्तित्व का विकास नहीं हो पाता, जबकि पश्चिमी माँ बच्चे को अपने से अलग रख कर आत्म-निर्भर

बनाती है। हम भारतीयों को यह जापानी व्यवहार सहज लगता है क्योंकि हम भी तो बच्चों को गोद में उठाने, साथ सुलाने, कंधों पर घुमाने में विश्वास करते हैं। आखिर बच्चा माँ से नहीं लिपटेगा तो सुरक्षित कैसे महसूस करेगा? उसका भाव-संसार कैसे संपन्न होगा? वास्तव में यह पश्चिमी श्रेष्ठता बोध है जो उनके एशिया के बारे में लेखन में प्रकट होता है। एशिया में अब भी परिवार नाम की संस्था है—बेशक ध्वस्त होने के कगार पर हो। पश्चिमी व्यक्तित्व की स्वतंत्रता ने क्या दिया है? बच्चों की उद्दंडता, स्कूलों में चलती पिस्तौलें, अपने सहपाठियों-अध्यापकों का रक्तपात। क्या कारण है कि अमेरिकी स्कूलों में विदेशी अध्यापकों की माँग बढ़ी है? ज़ाहिर है कि वहाँ के लोग शिक्षक बनने से कतराने लगे हैं। समाज में बच्चों के प्रति शंका और भय का भाव पैदा हुआ है। इसका प्रमाण है लियोनेल श्रिवा की पुस्तक 'वी नीड टु टॉक एबाउट केविन' जो कुछ दिन पहले ही लंदन के ऑरेंज पुरस्कार से सम्मानित हुई है। यह पुस्तक भावी मातृत्व के प्रति आशंका, भय और घृणा के अनोखे बोध को चित्रित करती है जो अंततोगत्वा सच का रूप धारण कर लेता है। वह बच्चा शुरू से ही उद्दंड है और आगे चलकर केविन नामक वह बच्चा अपने सात सहपाठियों को गोली मार देता है।

आज भूमंडलीकरण के दौर में नई पीढ़ी में पश्चिम के प्रति ललक के बावजूद जापान अपनी अस्मिता और गुणवत्ता को सहेजे हुए है क्योंकि उसने अपने समाज, अपनी ज़मीन, अपनी सामूहिकता की प्रवृत्ति और अपनी भाषा में दृढ़ विश्वास को नहीं खोया है। जापानी बच्चा जापानी भाषा में बड़ा होता है, अपने परिवेश में बढ़ना सीखते हुए।

जापानी समाज और साहित्य में महिला लेखन

जापान की खास विशेषता है, जापानियत की चेतना और उसके प्रति निष्ठा। हर बाहरी विदेशी प्रभाव, दबाव और रुझान को ग्रहण करते हुए भी अपनी परंपरा की निरंतरता को बनाए रखने में आस्था जापानी साइके की विलक्षणता है। परिणामस्वरूप पश्चिमोन्मुख होते हुए भी यह देश अपनी पहचान से विमुख नहीं हुआ है। विश्वयुद्ध की विनाशलीला की हिरोशिमा जैसी भयानक त्रासदी और तत्पश्चात सात वर्ष के मित्र राष्ट्रों के आधिपत्य के अपमान को झेलने की पीड़ा से उत्पन्न जिस ऊर्जा से इस देश ने अपना पुनर्निर्माण किया उसमें यहाँ की महिलाओं ने हर क्षेत्र में मेहनत और निष्ठा के साथ योगदान दिया।

हमारा जापान प्रवास अभी आरंभ ही हुआ था। बीसवीं सदी का आखिरी वर्ष था। एशिया के एकमात्र विकसित देश और उसकी राजधानी तोक्यो जो, दुनिया के सबसे महँगे शहर के रूप में विख्यात है, में हर चीज़ को हम काफी कुछ कौतूहल और जिज्ञासा भरी निगाह से देखा करते थे। जापान के बारे में हम भारतीय अक्सर बहुत कम जानते हैं, और जो कुछ जानते हैं वह भी पश्चिमी नजरिये से। औपनिवेशिक विरासत के चलते हम न केवल अंग्रेजी चश्मे के पीछे से सब कुछ देखने को विवश हैं, बल्कि यूरो-सेंट्रिज्म और फिर विश्वयुद्धोत्तर काल के अमरीकी-सेंट्रिज्म ने हममें खुली आँखों से दुनिया देखने की तमन्ना को भी एक तरह से दबा दिया। फिर भी अपनी इस अधूरी जानकारी के प्रति बड़ी तादाद में भारतीय सचेत हैं, यह आशाजनक स्थिति है। जापान प्रवास के लिए हमारे पास चूँकि पर्याप्त समय था। अतः बीसवीं सदी के दौरान विभिन्न संदर्भों में बड़ी खबर बने रहने वाले इस देश को अपने असली रूप में निकटता से जानने-समझाने की इच्छा हमारे चित्त में भीतर ही भीतर सक्रिय अवश्य थी। जापानी जीवन, संस्कृति, साहित्य और इतिहास को यहाँ रह कर देखा और अध्ययन किया जा सकता है इस बात के उत्साह के चलते भाषा की दीवार काफी तिलस्मी मालूम होती थी। फिर भी यहाँ के लोगों से संपर्क, साहचर्य और मैत्री

बड़े सहारे के रूप में दिखाई देती। विश्व युद्धकालीन इतिहास में तो हमें जापान की फासिस्ट-मिलिटिरिस्ट छवि के रूप में ही पढ़ाया गया था, और इससे पहले के बारे में बताया गया था कि उन्नीसवीं सदी के उत्तरार्द्ध में पश्चिमी संसर्ग से पहले का जापानी समाज पिछड़ा हुआ सामंती मूल्यों का समाज था। पश्चिमी ज्ञान के प्रकाश में इसने कुछेक दशकों में ही अभूतपूर्व उन्नति कर ली और बीसवीं सदी में एक बड़ी शक्ति के रूप में उभर उठा।

पश्चिमी संस्कृति से साक्षात्कार से पहले की संपूर्ण एशियाई परंपरा को मध्ययुगीन अंधकारपूर्ण परंपरा मान लेने की विडंबना को भी हम भारतीय बहुत अच्छी तरह समझते हैं। अतः जापान के बारे में भी तथाकथित मंतव्यों की जाँच-पड़ताल हमारे लिए सार्थक और प्रासंगिक है। खासतौर से जब हमारे जापानी मित्र प्रोफेसर तोषियो तनाका बताते कि मेइजी पुनर्जागरण, यानी जापान के आधुनिकीकरण से पहले हमारे समाज में घरों में ताला बंद करने का न तो रिवाज था न ही जरूरत, तब हमारा मन और तरह-तरह की जिज्ञासाओं से भर उठता।

इन्हीं दिनों जापान में फैमिनिस्ट सवालों को लेकर यत्र-तत्र चर्चाएँ और विवाद अखबारों और मीडिया पर काफी जोर-शोर में थे। विश्वयुद्ध के दौरान जापानी सेना के लिए उपलब्ध कराई गई 'कंफर्ट वूमेन' के मुद्दे जापानी अदालतों और मीडिया पर चर्चे में थे। पचास-साठ वर्षों के बाद उनमें से जो जीवित बची थीं, उनकी प्रतिपूर्ति के प्रश्न मानवाधिकारवादियों तथा अदालतों में विचाराधीन थे। महिलाओं के प्रति जापानी दृष्टिकोण को लेकर भी पश्चिम में काफी कटु आलोचना होती रही है। यह माना जाता रहा है कि इस दिशा में जापान अब भी पूरी तरह आधुनिक नहीं है, किंतु महिलाओं की मानसिकता की बनावट और परिवार में उनकी स्थिति वस्तुतः आधुनिकता एवं मध्ययुगीनता के दायरे मात्र के भीतर न देखकर समग्र सामाजिक-सांस्कृतिक संदर्भों में देखी जानी चाहिए। जहाँ तक युद्ध काल में स्त्रियों पर हुए अत्याचारों और उनके अपमान का प्रश्न है, यह नितांत निंदनीय प्रसंग होते हुए भी ऐसा विश्वव्यापी तथ्य है, कि जिस पर आज भी दुनिया भर को आत्मालोचन करना चाहिए। द्रौपदी के अपमान से लेकर बांग्लादेश के मुक्ति संग्राम और सर्बिया क्रोएशिया तथा कोसावो तक सेना और विजयी पक्ष इस कलंक से अपना मुँह बचाने में असमर्थ रहा है। हाँ, जापान के संदर्भ में चूँकि इंटरनेशनल वार ट्रिब्यूनल आदि द्वारादोष सिद्धि हुई, अतः चीन, कोरिया या फिलिपीन देशों की महिलाओं को भी अपने आत्मसम्मान के लिए न्याय का द्वार खटकाने का अवसर तो मिला है, अन्य जगहों पर तो अक्सर यह व्यथा-कथा अनकही ही रह जाती है।

जापान में रहते हुए भाषा की दूरी के बावजूद लोगों के बातचीत के जेश्चर,

आचार-व्यवहार, अड़ोस-पड़ोस, गली-मोहल्ले, ओत्तेरा (बौद्ध मंदिर), जिंजा (शिंतो देवालय), किसातेन (अल्पाहार गृह) आदि सभी जगह कुछ-न-कुछ या तो बहुत अनूठा लगता या फिर मेरे जैसे ठेठ देहाती को भारतीय जीवन की याद दिलाता। विश्व के आधुनिकतम फैशनेबल शहरों में से एक है तोक्यो। पश्चिम में रहे और घूमे-फिरे व्यक्ति को काफी हद तक यह भी लग सकता है कि सब कुछ तो पश्चिमी ढंग का है, इसमें जापानी हैं ही क्या? और तो और युवा लड़के-लड़कियाँ अपने बाल सुनहले रंग कर पश्चिमी दिखाई देना चाहते हैं। लेकिन यह वास्तव में सुपर लेयर है। जापानी आज भी खास जापानियत की बात करता है, उस हालत में भी जब बड़ी तादाद में लड़कियाँ विदेशी लड़कों से विवाह किया करती हैं। या फिर यों कहें कि विदेशी लड़के। जापान में रह सकने के। लोभ वश जापानी लड़की से विवाह करने को उत्सुक रहते हैं। खैर, जो भी हो, जापानी महिलाओं की अपनी विशेष पहचान है, अन्य जगहों की महिलाओं से विशिष्ट। ऐसा मैंने कई दृष्टियों से महसूस किया।

अक्सर मैं तोक्यो विदेशी अध्ययन विश्वविद्यालय (टोक्यो गाइकोकु दाइगाकु) अथवा तोक्यो विश्वविद्यालय (कोमाबा तोदाइ) के पुस्तकालय चली जाया करती थी। मेरे पतिदेव के विजिटिंग प्रोफेसर होने के कारण वहाँ प्रवेश और अध्ययन की सुविधा मुझे सहजता से मिल जाती। उन्हीं दिनों पारंपरिक जापानी रहन-सहन के बारे में पढ़ते हुए जब मैंने जाना कि पारंपरिक जापानी परिवार संयुक्त परिवार तो थे ही, सास-बहू का रिश्ता भी कुछ-कुछ भारतीय परिवारों का सा ही था, तो मेरी दिलचस्पी और भी बढ़ गई। मैंने सभी परिचितों, मित्रों, अपने पतिदेव की छात्राओं से इस विषय में बातचीत की और भरसक अध्ययन का प्रयास किया तो रोचक तथ्य सामने आए कि यह रिश्ता लगभग वैसा ही खींचतान वाला है, जिससे हम भारतीय खूब परिचित हैं। लड़की के लिए ससुराल जाना एक परीक्षा की घड़ी से गुजरना होता है। यह हमने जब से होश सँभाला तब से देखा-सुना-जाना है लोक में भी और साहित्य में भी। विवाह की संपूर्ण उत्कंठा और हर्ष के बीच विदाई का क्षण समस्त कन्या परिवार के लिए कितना कठोर एवं निष्ठुर होता है, यह कालिदास, तुलसीदास और जायसी भी कहते हैं, और बेशुमार लोकगीत भी। आज की बौद्धिक-तार्किक आधुनिकता के बीच भी संवेदना की आर्द्रता आँखों से छलक ही पड़ती है। जायसी के 'पद्मावत' की पंक्तियाँ—"ए रानी मन देखु बिचारी। ऐ नैहर रहना दिन चारी।। सास ननद गारिन जिउ लेहीं। दारुन ससुर न निसरन देहीं।।" भारतीय समाजशास्त्र के यथार्थ की परतें खोल देता है। तुलसीदास इस सामाजिक यथार्थ के सुधार संस्कार की अपेक्षा करते हुए राम-विवाह के आनंद मंगल के बीच राजा दशरथ से रानियों को निर्देश दिलवाते हैं—"वधू लरिकिनी पर घर आई। राखहु नयन पलक की नाईं।।"

आधुनिक भारतीय समाज बदल रहा है। जापानी समाज भी पहले जैसा नहीं है। गाँवों और कस्बों में संयुक्त परिवार हैं, किंतु महानगरों में कम हैं। भारत की तरह लोग शिक्षा और रोजगार के लिए यहाँ आए हैं, और बुजुर्ग लोग अपने घरों में रह गए हैं। किंतु जापानी महिला का पारिवारिक दायित्व आज भी काफी हद तक परंपरागत है। घर की व्यवस्था और बच्चों की देख-रेख में उसकी अहम भूमिका है। कामकाजी महिलाओं की व्यापक संख्या है। नया पुरुष वर्ग भी महिलाओं की सहायता करता है। किंतु घर तो घरवाली का है, यह इस बात से पुष्ट होता है कि वेतनभोगी वर्ग का वेतन उसकी पत्नी के खाते में जाता है। वह ही घर चलाती है और पति को उसकी जरूरत का खर्च देती है। आदमी अतिरिक्त श्रम के माध्यम से जो कमाता है वह उसके अपने खाते की चीज़ होती है। काम करके लौटती महिलाएँ सामान के पैके। ट हाथ में लिए आती दिखाई देती हैं, तो दूसरी ओर माताएँ शिशुओं को साइकिल के बेबी केरियर में बाँधे या प्राम में बैठाए रोजमर्रा के कार्यों पर लगी दिखाई देती हैं। सबसे रोचक दृश्य तब होता है जब कभी बच्चा बाजार में जिद करके धरती पर लेट जाता है (कत हों और करत मेरे मोहन यों तुम आँगन लौटे, की मुद्रा में) और माता उसे सख्त आवाज में लंबे लेक्चर के रूप में डाँट लगाती सुनाई देती है। पता नहीं जापानी भाषा में यह लेक्चर कितना प्रभावपूर्ण होता है, कि पाँच-सात मिनट में बच्चा बिल्कुल सीधा-सामान्य व्यवहार करने लगता है। दूसरा रोचक दृश्य माँ की साइकिल पर बैठे बालक-बालिकाओं के। बतियाते हुए जाने का अथवा बच्चों को सड़क पर साइकिल निकालने की ट्रेनिंग देती माताओं का होता है, जब आगे माता साइकिल पर होती है पीछे छोटी साइकिल पर बच्चा लाल-हरी बत्ती पर रुकने, पैदल चलने वालों तथा वाहनों से बच कर चलने, सावधानी बरतने की हिदायत पाता हुआ। इस शिक्षा के संवादों का लहजा बड़ा ही मनोहर होता है, यों भी जापानी भाषा में विनम्रता के लहजे और शब्दावली की अत्यधिक प्रधानता है। वात्सल्य के विविध रंगों की इस नजदीकी को देखते हुए इस बात पर बड़ा ताज्जुब होता है, कि कैसे इस देश के बच्चे वयस्क होने पर माता-पिता से अलग अकेले रहने का निर्णय ले लेते हैं। मेरे भारतीय मन में अक्सर चिड़िया का ध्यान आता है, जिसके बच्चे पंख निकल आने पर अपना रास्ता स्वयं तय कर लेते हैं।

जापानी साहित्य का अध्ययन मैंने अंग्रेजी माध्यम से ही शुरू किया था, क्योंकि वह रास्ता ज्यादा सरल दिखाई दे रहा था। हालाँकि आगे चल कर जापानी भाषा सीखनी भी शुरू की, क्योंकि जापानी थिएटर के अध्ययन को मैंने अपने शोध का विषय बनाया था, और भाषा से नितांत अलग रहते हुए शोध कार्य अप्रामाणिक ही हो जाता। हालाँकि जापानी जैसी कठिन भाषा को आधी उम्र पार कर सीखना शुरू

करना कोई कम चुनौती नहीं थी। टूटी-फूटी जो कुछ सीख पा रही हूँ वह मेरे लिए एक अद्भुत और अमूल्य अनुभव है।

जापानी साहित्य के अध्ययन की प्रक्रिया में मैंने पाया कि आरंभ से ही महिलाओं ने साहित्य में व्यापक एवं महत्त्वपूर्ण योगदान दिया है। अपनी स्थितियों की सीमाओं के बावजूद न केवल मात्रा की दृष्टि से बल्कि विषय निर्वाह और संवेदनात्मक गहनता की दृष्टि से भी उन्होंने विश्व साहित्य में अनूठे कीर्तिमान स्थापित किए हैं। जापानी साहित्य का प्राचीनतम और बृहत्तम उलपब्ध ग्रंथ 'मन्योशु' गेय मुक्तक कविताओं का संग्रह है। आठवीं शताब्दी के उत्तरार्द्ध में संगृहीत इस संकलन में सातवीं सदी के और अंतिम बार आठवीं शताब्दी के पूर्वार्द्ध में रचित कविताओं को शामिल किया गया है। 'मन्योशु' की सबसे बड़ी विशेषता इसका सार्वजनिक स्वरूप है। इसका संग्रह किसी राजाज्ञा से नहीं हुआ। इसे तो साहित्य प्रेमियों द्वारा स्वयं संगृहीत किया गया था। इसके लोकतांत्रिक रूप की सबसे बड़ी पहचान यह है, कि इसमें संगृहीत कविताएँ समस्त जापानी समाज की कविताएँ हैं, किसी वर्ग विशेष की नहीं। सम्राट-सम्राज्ञी, राजकुमारों-राजकुमारियों से लेकर अभिजात वर्गीय स्त्री-पुरुषों, सैनिकों और आम ग्रामीण जनों, किसानों तक की कविताएँ 'मन्योशु' में शामिल की गई हैं। ये कविताएँ जापानी मुक्त छंद 'वाक्रा' में हैं।

'मन्योशु' की कविताओं में बड़ी संख्या महिलाओं द्वारा रचित 'वाका' की है। विद्वानों का मानना है कि पूर्व अथवा पश्चिम के इतिहास में संभवतया ऐसे बहुत कम युग विशेष रहे होंगे जिसमें स्त्रियों द्वारा इतनी बड़ी तादाद में काव्य-सृजन हुआ हो। कुछ कवयित्रियों की रचनाएँ तो अत्यंत उत्कृष्ट कोटि की हैं। स्त्री साहित्य का आरंभ से जापान में आकर्षण रहा है और 'मन्योशु' में संगृहीत कविताओं में सर्वाधिक कविताएँ प्रेम-संबंधी हैं। कवयित्रियों ने प्रेमाभिव्यक्ति के क्षेत्र में अपनी प्रतिभा का कम उपयोग नहीं किया। महिला मनोविज्ञान और उत्कट आवेग की सघन अभिव्यक्ति की दृष्टि से राजकुमारी (बाद में सम्राज्ञी) नुकाता और कई अभिजात वर्गीय नारियाँ ओतो योतो, सकानोए, कासा, सानुतो ओतो कामी द्वारा लिखित प्रेम कविताएँ विशेष रूप से उल्लेखनीय हैं। प्रेम की भाव-प्रवण अभिव्यक्ति सूक्ष्म सुकोमल मनोभावों की प्रखर सांकेतिक अर्थच्छवियों द्वारा हुई है, स्थूल दैहिक अथवा ऐंद्रिक अभिव्यक्तियों के द्वारा नहीं। यही कारण है कि प्रेमाभिव्यक्ति की प्रक्रिया में प्रकृति न केवल सदैव उपस्थित रही है बल्कि सुकोमल भावनाओं की प्रत्यक्ष ढंग से अभिव्यक्ति और प्रकृति बिंबों के माध्यम से अभिव्यक्ति के बीच एक तरह का संतुलन सा रहा है। अधिकतर बिंब साकुरा फूलों, चंद्रमा और पवन के हैं। दूसरी ओर उद्दाम प्रेम भावनाओं की प्रकट एवं प्रत्यक्ष अभिव्यक्ति है–

आह कितना गहन है मेरा यह अनुराग तुम्हारे प्रति
तुम जो मुझे सदा विस्मयाकुल किए रहते हो
उन गरजती लहरों की तरह
जो टकराया करती हैं निरंतर इस सागर तट से।

—'मन्योशु' खंड-4, वाका 600

नारा राजघराने की अभिजात महिला कासा की 'मन्योशु' में शामिल 29 कविताओं में से एक यह कविता ओतोयोतो याकामोचि को समर्पित है। वियोग शृंगार की बड़ी तादाद में कविताएँ ऐसी ही भावोद्दीप्त हैं।

जापानी साहित्य के आरंभिक काल से ही शुरू हुई स्त्रियों की यह महत्त्वपूर्ण भूमिका आगे भी कायम रही। दसवीं शताब्दी में राजाज्ञा से संकलित 'वाका' कविताओं का प्रथम संग्रह 'कोकिंशु' आया तो उसमें भी कवयित्रियों की भूमिका अपेक्षाकृत कम होते हुए भी नगण्य नहीं थी। राजघराने और अभिजात तंत्र या बौद्ध धर्माधिकारी वर्ग की कविताओं के इस संग्रह में भी प्रकृति और शृंगार को प्रधानता मिली। 'वाका'—जिसे 'तांका' भी कहा जाता है—अब तक प्रेमी-प्रेमिका के बीच संवाद का माध्यम बन चुकी थी और 'वाका' आदान-प्रदान ने सहज जीवन शैली का रूप ले लिया था। 'कोकिंशु' में भी प्रेम की अभिव्यक्ति दैहिक से अधिक भावनात्मक है। संयोग शृंगार की बजाय 'मोनो ओभोऊ' (विचारों में डूबे रहने की अवस्था) और स्वप्न में मिलन की अवस्था की अभिव्यक्ति अधिक है। ओनोनो कोमाची की निम्नलिखित कविता इसका उदाहरण है—

प्रिय के विरह में दुखी
मिलन की आकांक्षा लिए सो गई थी मैं
तभी मेरी उनसे भेंट हो गई—स्वप्न में
काश मैं जान पाती कि स्वप्न है यह
तो हरगिज न जागती मैं भोर के साथ।

—'कोकिंशु' खंड 12, वाका 552

जब हम 'कोकिंशु' काल के बाद की 'वाका' कविता पर नजर डालते हैं तो रोचक बात यह दिखाई देती है कि मौलिकता का समावेश पुरुषों द्वारा रचित कविताओं की अपेक्षा स्त्रियों द्वारा रचित 'वाका' में अधिक है, और इसका भी सर्वश्रेष्ठ उदाहरण इजुमि शिकिबु की 'वाका' है। हालाँकि हेनअन दरबार में मौलिकता

की बजाय परंपरा का अधिक महत्त्व था, क्योंकि श्रेष्ठ कविता की परख के मानदंड पुरुषों द्वारा निर्धारित हुए थे। आखिरकार कविता की श्रेष्ठता का निर्णायक और काव्य-मूल्यों का अधिष्ठाता पुरुष वर्ग ही था स्त्रियाँ नहीं। इस तथ्य की पुष्टि इस बात से होती है कि राजाज्ञा के अधीन तैयार हुए साहित्य संग्रहों में एक का भी संपादन महिला द्वारा नहीं हुआ। इसके अलावा बड़ी तादाद में महिला वाका रचनाकारों की मौजदूगी के बावजूद किसी कवयित्री ने 'वाका' साहित्य सिद्धांत संबंधी कृति की रचना नहीं की। यह स्थिति बहुत कुछ हिंदी साहित्य से मिलती-जुलती दिखाई देती है, जिसमें स्त्रियों के व्यापक योगदान (कम से कम आधुनिक युग में तो यह स्थिति है) के बावजूद साहित्यालोचन में उनकी भूमिका बहुत ही कम है।

हेइअन काल में ऐसा क्यों हुआ? इसका प्रमुख कारण यह था कि 'वाका' दरबारी संस्कृति का अभिन्न अंग थी, और राजदरबार में केंद्रीय स्थिति पुरुष वर्ग की थी। प्रशासन और प्रबंध उसी के हाथ में था और कविता कहने की क्षमता आभिजात्य वर्ग में प्रवेश और उत्थान की सीढ़ी थी। कलावंत और सुविज्ञ होना कुलीनता की निशानी थी। इस काल में साहित्य का एक तरह से संस्थानिकीकरण या दरबारीकरण हो जाने के बावजूद इजुमि शिकिबु जैसी उच्चकोटि की लेखिकाओं का उदय वास्तव में एक दुर्निवार स्थिति का परिणाम था। दिलचस्प बात यह है कि यह दुर्निवार स्थिति नारी वर्ग के दरबारी संस्कृति के केंद्र में न होकर हाशिए में होने के कारण ही उत्पन्न हुई थी। उस काल में जब पुरुष वर्ग अपने साहित्यिक कौशल के माध्यम से अभिजात तंत्र के भीतर अपनी प्रगति और पदोन्नति सुनिश्चित करने में सक्षम था, तब स्त्रियों ने साहित्य को—कविता को—आत्माभिव्यक्ति का माध्यम बनाने का प्रयास किया। स्वानुभूति की इस अभिव्यक्ति में भी 'स्व' को काफी हद तक पर्दे में रखने का प्रयास किया गया है।

स्वयं को पीछे रखते हुए अपनी अनुभूति को व्यक्त करने की इस प्रवृत्ति के परिणामस्वरूप दसवीं सदी के उत्तरार्द्ध तक पहुँचते-पहुँचते महिला साहित्य एक विशिष्ट उत्कृष्ट विधा के रूप में उभर कर सामने आया। जापानी महिला साहित्य में यह नवोन्मेष लेखिकाओं द्वारा 'निक्की' (डायरी) लेखन के रूप में हुआ। 'मन्योशु' और 'कोकिंशु' की 'वाका' कविताओं द्वारा काना वर्णमाला में रचित जापानी भाषा काव्य काफी सुपरिष्कृत हो चुका था। पुरुष लोग अब जापानी गद्य आख्यान लिखने लगे थे, तभी अभिजात वर्ग की महिलाओं ने डायरी लेखन शुरू कर जापानी गद्य साहित्य को एक नई दिशा में समृद्ध किया। इन डायरियों में 'कागेरो रोड निनिक' 'साकुरा नो सोडशि', 'मुरासाकि शिकिबु निक्कि' (तीनों दसवीं सदी के अंत से ग्यारहवीं सदी के आंरभ की हैं), 'जोजित आजारि नो हाहा-शुद्र' (ग्यारहवीं सदी के

आखिर में) और 'सानुकि नो सुके नो निक्कि' (बारहवीं शताब्दी के आंरभ की) और 'इजुमि शिकिबु निक्कि' सर्वाधिक महत्त्वपूर्ण हैं।

अक्सर ये डायरियाँ लेखिका के दैनंदिन जीवन का सामान्यतया तारीख सहित अभिलेख हुआ करती थीं, (हालाँकि ऐसा निरपवाद रूप से नहीं होता था) जिसमें लेखिकाएँ जो कुछ देखतीं-सुनतीं, उसे और उस देखे-सुने को जैसा वे महसूस करतीं, उसको और उस संपूर्ण अहसास का स्वयं उन पर जो प्रभाव पड़ता, उसे लिपिबद्ध कर दिया करती थीं। अतः उपन्यास, इतिवृत्त और ऐतिहासिक कथाओं से ये डायरियाँ इस अर्थ में भिन्न हैं, कि उक्त तीनों में लेखक द्वारा वस्तुतः अनुभूत घटनाओं एवं स्थितियों का प्रत्यक्ष विवरण नहीं होता। 'इजुमि शिकिबु निक्कि'—जो उपर्युक्त में सर्वाधिक साहित्यिक गुणों से युक्त है—को बहुत से विद्वान (जिनमें प्रख्यात साहित्य इतिहासकार सुइचि कातो भी शामिल हैं) डायरी की बजाय उपन्यास अथवा आख्यान की श्रेणी में रखना ज्यादा उपयुक्त समझते हैं। इसका एक कारण इसके रचनाकाल और रचनाकार दोनों के बारे में सुनिश्चित जानकारी का उपलब्ध न होना है। शेष सभी डायरियों में लेखन की तिथियाँ निर्विवाद रूप से संपादित हैं। किंतु इनकी लेखिकाओं के जन्म-मरण की तिथियाँ अनिश्चित हैं जो, इसका प्रमाण है, कि ये लेखिकाएँ अपने इस लेखन को अनिवार्य रूप से वैयक्तिक मान कर चली थीं। इसी अर्थ में वे पुरुषों द्वारा चीनी भाषा में रचित डायरियों से नितांत भिन्न हैं।

दसवीं से बारहवीं सदी के मध्य तक 200 वर्ष के काल में प्रचुरता में रचित यह डायरी साहित्य मध्य श्रेणी की अभिजात वर्गीय महिलाओं द्वारा लिखा गया था। इनमें से अधिकांश प्रादेशिक प्रशासक परिवारों की थीं और परस्पर रिश्तेदार थीं। इन परिवारों के पुरुष लोगों में से भी अधिकांश चीनी अथवा जापानी में लेखन करते थे। इन लेखिकाओं में सर्वोत्तम वे ही थीं जो दरबार में उच्च श्रेणी की अनुचरी (न्योबो) के रूप में सेवारत थीं और जिनके अपने अलग आवास थे। हेइअन दरबार के इस लेखिका साहित्य को कई बार 'न्योबो बुंगाकु' (दरबारी महिला साहित्य) नाम भी दे दिया जाता है। लेकिन कई विद्वान इस नामरकण से सहमत नहीं हैं क्योंकि कई लेखिकाएँ अनिवार्य रूप से 'न्योबो' नहीं थीं अर्थात् दरबार में प्रत्यक्ष रूप से सेवारत नहीं थीं।

प्रश्न उठता है कि इसी समय में महिलाओं द्वारा साहित्य में इतनी बड़ी भूमिका कैसे संभव हुई? ये लेखिकाएँ शासक समुदाय का अंग थीं, परिणामस्वरूप शेष बाहरी दुनिया और जनसामान्य से असंपृक्त थीं। किंतु सत्ताधारी वर्ग के भीतर रहते हुए भी वे स्वयं सत्ता से पूर्णतया बाहर थीं। दरबार अथवा महल में कार्यरत होते हुए भी उनकी राजकाज अथवा प्रशासन में कोई भागीदारी नहीं थी। उनके कामकाज के

दौरान भी उनका कोई संपर्क बाहरी समाज से होने की गुंजाइश न थी। अतः उनका संसार शाही दरबार और विशेष रूप से उसके महिला समाज तक सीमित था। परिणामस्वरूप हेइअन महिला साहित्य में न तो कोई सामान्य वर्ग का व्यक्ति मौजूद है, और न ही विभिन्न प्रदेशों की राजनीतिक-सामाजिक स्थितियों का कोई वर्णन। आख्यान साहित्य में वर्णित सामाजिक जीवन-शैली लोगों के मनोभाव, रहन-सहन आदि के विवरण भी इस डायरी साहित्य में सर्वथा अनुपस्थित हैं। शाही वर्ग की जीवनचर्या से ही पूर्णतया संबद्ध होने के कारण इन दरबारी अनुचरियों का समाज महलों के भीतर ही सीमित था। वे अभिजात समाज का एक तरह से अतिरंजित विस्तार थी, जबकि अभिजात पुरुष वर्ग प्रादेशिक प्रशासन से संबद्ध होने के कारण सत्ता का अंग भी था और अपने पदीय कर्त्तव्यों के निर्वाह की प्रक्रिया में बाहरी जन जीवन से संपृक्त भी।

सत्ताधारी वर्ग के भीतर रहते हुए भी सत्ता का अंग न होने के कारण इन महिलाओं के लेखन में एक खास तरह की तटस्थता संभव हो सकी जो अभिजात पुरुष वर्ग के लेखन में असंभव थी। अभिजात पुरुष वर्ग को लेखन के माध्यम से प्रगति की गुंजाइश थी, भले ही वह एक सुनिश्चित तंत्र के भीतर ही क्यों न हो। फलतः ये महिलाएँ निःसंदेह ही राजदरबार के आदर्श निरीक्षक की भूमिका निभा सकने की हैसियत में थीं और उन्होंने इसे निभाया भी। वे जिस दुनिया में थीं उसे बदलने-सँवारने में सक्षम नहीं थीं, अतः उन्होंने उस दुनिया को ध्यान से देखा-परखा और उसकी अपने ढंग से व्याख्या की, उस पर टीका-टिप्पणी की।

हेइअन काल में सम्राज्ञी और युवराज की पत्नी की अपनी-अपनी सेविकाओं की तादाद तीस-चालीस तक हुआ करती थी। इस तरह सैकड़ों सेविकाओं के बीच इन 'न्योबो' का अलग समूह होता। आपस में परिचित इन सेविकाओं की भी श्रेणियाँ होती थीं, जिसमें उनकी बौद्धिक सामाजिक प्रतिभा का भी पर्याप्त महत्त्व था। लेखिकाएँ और पाठक वर्ग एक ही समाज के थे और उनके बीच पर्याप्त होड़ और गपशप भी हुआ करती थी। तद्‌युगीन समाज में चीनी भाषा का जापानी की तुलना में ज्यादा महत्त्व था क्योंकि शासकीय और ज्ञानपरक लेखन में चीनी भाषा ही प्रयुक्त होती थी। औपचारिक लेखन के। लिए चीनी और निजी लेखन के लिए जापानी का प्रचलन होने के परिणामस्वरूप पुरुषों और स्त्रियों के लेखन की भाषाएँ भी भिन्न थीं। 'मुरासाकि शिकिबु निक्कि' में इस स्थिति का बड़ा ही वाग्मितापूर्ण वर्णन है। उदाहरण के लिए मुरासाकि शिकिबु को जब अन्य परिचारिकाएँ चीनी की पुस्तक पढ़ते हुए देखती हैं तो आपस में फुसफुसाती हैं : "पुराने जमाने में तो केवल आदमी लोग ही ऐसी किताबें पढ़ा करते थे!" एक अन्य अवसर पर सुरासाकि शिकिबु बताती हैं कि

कैसे सम्राज्ञी ने उनसे अनुरोध किया कि उन्हें चीनी लेखक पोचु-ई की रचनाओं के विषय में पढ़ाएँ तब कैसे वे दोनों पोचु-ई का अध्ययन चुपके-चुपके करतीं ताकि दरबार के लोग इस बात को जान न लें।

लेकिन इन्हीं परिस्थितियों के बीच मुरासाकि शिकिबु और 'माकुरानोशोशि' की लेखिका सेइ शोलागोन ने न केवल हेइअन दरबार और 'कोकिंशु' के सौंदर्य शास्त्र को भली-भाँति समझा और स्वीकार किया बल्कि स्वयं अपनी सूक्ष्मग्राहिता को पहचानते हुए अपना ध्यान बारीकियों और ब्यौरों पर केंद्रित किया। सीमित शब्दावली के कौशलपूर्ण विन्यास द्वारा उन्होंने अपनी विशिष्ट वाग्मितापूर्ण शैली परिमार्जित की। वे जिस संसार में थीं उसमें हर कोई एक-दूसरे से परिचित था। अतः उन्होंने उसी संसार के जीवन के बारे में लिखा और उस परिस्थिति के लिए उपयोगी साहित्य की एक विधा विशेष की सृष्टि को जिसमें सभी आशयों और प्रयोजनों के लिए लेखक स्वयं पाठक था और पाठक स्वयं पात्रों से तादात्म्य स्थापित कर सकता था।

लेकिन इसके मायने यह नहीं कि इनमें से कोई ऐसी लेखिका नहीं थी जो उस काल और देश को पार कर सके। वास्तव में इन्हीं लेखिकाओं में से एक थी जापान के श्रेष्ठतम आख्यान–'गेंजी मोनोगातारी' (गेंजी की कथा) की लेखिका मुरासाकि शिकिबु। ध्यान देने की बात है कि ग्यारहवीं सदी में मुरासाकि शिकिबु द्वारा रचित यह आख्यान 'कोगेरो निक्कि' में ईज़ाद की गई आत्मकथात्मक उपन्यासपरक मनोभूमि की सुपरिष्कृत विवरणात्मकता और 'मुरासाकि शिकिबु निक्कि' तथा 'माकुरा तो शोशि' की छोटी से छोटी दरबारी जीवन स्थितियों के प्रति सूक्ष्मदर्शिता की परंपरा का ही सहज विकास है।

जापानी लोग इस बात पर गर्व करते हैं कि आधुनिक उपन्यास के ढंग की आख्यायिका विश्व साहित्य को उनकी देन है। दिलचस्प बात यह है कि इस 'मोनोगातारी' आख्यान का ग्रंथरत्न 'गेंजी मोनोगातारी' की रचनाकार एक महिला हैं। चौवन अध्यायों के इस आख्यान में गेंजी वंश के राजकुमार हिकारू के विभिन्न प्रेम प्रसंगों के सूक्ष्म गहन विवरणों के माध्यम से हेइअन अभिजात वर्ग के। जीवन का चित्रण हुआ है। 'गेंजी मोनोगातारी' अपने से पहले के आख्यानों 'उत्सुहो मोनोगातारी' और 'ओचिकवो मोनोगातारी' की तुलना में काफी अधिक विकसित और परिपक्व इस दृष्टि से है कि इसमें दैनिक जीवन चर्या को केंद्र में रखते हुए संवेदना के परिष्कार और मनोवैज्ञानिक अंतरदर्शन को प्रवृत्ति दिखाई देती है।

'गेंजी मोनोगातारी' का आख्यान लेखिका के वस्तुनिष्ठ वर्णनों, पात्रों के वचनों और कविताओं तथा उनके भावों और विचारों के विवरणों के माध्यम से प्रस्तुत हुआ है। फिर भी इन बुनियादी घटकों को सदैव स्पष्टता से अलग-अलग नहीं रखा गया।

बहुधा एक वाक्य अथवा पैराग्राफ में इन सभी को एक साथ मिला दिया गया है। इस तरह कई बार एक ही वाक्य के भीतर कर्त्ता बदल जाता है और कई बार यह विशेष रूप से बताया नहीं जाता। परिणामस्वरूप पाठक को संदर्भ से कर्ता का पता लगाना पड़ता है। हालाँकि वाक्य में कर्त्ता का इस्तेमाल न करना जापानी साहित्यिक शैली का एक अंग है लेकिन यह पाठक से काफी श्रम की अपेक्षा करता है। इस साहित्यिक शैली में रचनाकार को अपने भाव और विचारों का नायक के भावों और विचारों से अभिन्न बनाने की गुंजाइश काफी रहती है। लेकिन इस शैली की सुविधा यह है कि अनेक स्वतंत्र ढंग के। प्रसंगों और कथाओं को मुख्य कथा के साथ शामिल किया जा सकता है, और लगातार बदलते पात्रों के बावजूद रचनाकार की मौजूदगी का सुदृढ़ बोध कायम रहता है। इससे उपन्यास को निरंतरता और अखंडता प्राप्त होती है तथा कथा कहने के ढंग में कोरी विवरणात्मकता की बजाय आत्मीयता की सृष्टि होती है।

उपन्यास के विभिन्न स्त्री-पुरुष पात्रों के मनोवैज्ञानिक संबंधों को बड़ी ही कुशलता और रोचकता के साथ प्रस्तुत किया गया है। किंतु 'गेंजी मोनोगातारी' की औपन्यासिकता का मूल आधार इसमें निहित काल की निरंतरता का अहसास-समय की वास्तविकता का वह बोध है जो मानवीय जीवन की समस्त गतिविधियों और भावों और संवेगों को सार्थक बनाता है। अंतिम तेरह अध्यायों को छोड़कर कुल 41 अध्याय नायक गेंजी की जीवनी के रूप में देखे जा सकते हैं। उसका जन्म, पालन-पोषण, प्रणय संबंध, देश निकाला, वापसी, पदोन्नति, वृद्धावस्था, परलोक की इच्छा उपन्यास की कथा को क्रमबद्धता के तंतु प्रदान करते हैं। कुशल आख्यानपरक युक्तियों से लेखिका काल की यात्रा की प्रगाढ़ता को संप्रेषित करने में सफल हुई है। 'गेंजी मोनोगातारी' में व्यक्त मानवीय सत्य मानवीय नियति की अभिव्यक्ति नहीं है। न ही यह मानवीय जीवन की क्षणभंगुरता की अभिव्यक्ति है। इसमें अभिव्यक्त मानवीय सत्य काल की यात्रा उसका बीतना है, जो नितांत सामान्य होते हुए भी हम सबके लिए नितांत मूलभूत है। इस सत्य को प्रस्तुत करने के लिए वास्तव में लंबा आख्यान जरूरी था। 'गेंजी मोनोगातारी' की दो प्रमुख विशेषताएँ हैं—पहली इसकी यथार्थपरकता जो वास्तव में हेइअन युग के अभिजात वर्ग के रोजमर्रा के जीवन का निकटता से संस्पर्श करती है। इस यथार्थपरक सेटिंग में कुछ भी चमत्कारपूर्ण अथवा अभिव्यक्त नहीं है। दूसरी, रोमांटिक उपन्यास के रूप में इसका विशुद्धतया कल्पित पहलू जिसकी निर्मिति परिष्कृत, अतिरंजित और आदर्शीकृत पात्रों के माध्यम से हुई है।

बारहवीं-तेरहवीं शताब्दी के पश्चात् जब जापान में योद्धा समुराई शासनतंत्र स्थापित हुआ तो हेइअन संस्कारों में तो बदलाव आया ही, साहित्य में महिलाओं की

उतनी व्यापक भूमिका न रही। योद्धा संस्कृति कन्फ्यूशियस के दर्शन से प्रभावित थी। जिसमें स्त्रियों और पुरुषों के बीच कई तरह के भेदों पर बल दिया गया था।

समुराई शासन तंत्र के साथ जापानी जीवन में व्यापक परिवर्तन हुए। एक तरफ सत्ता संघर्ष प्रादेशिक युद्ध, षड्यंत्र, हत्याएँ, दूसरी ओर बौद्ध धर्म का क्षात्रधर्म में रूपांतरण और ज़ेन बौद्ध दर्शन का विकास। कला, संस्कृति, साहित्य में इनसे प्रेरणा और दिशा ग्रहण करते हुए उनकी नई और विशिष्ट उद्भावनाएँ हुईं। ज़ेन के प्रभाव स्वरूप रचनाकार ने सत्ता पक्ष से अपने को दूर किया तब हाइकू जैसे विशिष्ट, ठेठ जापानी काव्य रूप का उत्कर्ष हुआ। हाइकाइ और रेंगा परंपरा को सत्रहवीं शताब्दी में मात्सुओ बाशो के हाथों न केवल नया रूप और संवेदना मिली बल्कि रचनाकार और विषय वस्तु के तदाकार होने की अनुभूति को अभिव्यंजना मिली। कविता में ज़ेन दर्शन की इस अभिव्यंजना की परंपरा में भी जापानी महिलाओं ने अपना योगदान दिया। सामान्य नगण्य, साधारण, तुच्छ से लेकर विराट तक को देखकर तत्क्षण दिमाग में हुई कौंध को शब्दबद्ध कर काव्य लालित्य उत्पन्न करने की बाशो-परंपरा में कई कवयित्रियाँ हुईं। इनमें चिगेत्सु और चियो का नाम विशेष रूप से उल्लेखनीय है। वर्षा की रात में लिखित चियो का यह हाइकू :

केवल नदी की धारा में
बह रहा है अँधेरा
जुगनू ही जुगनू।

अँधेरी रात के अपार विस्तार को छोटे से कीट-प्राणियों द्वारा प्रभावहीन कर देने का चित्र खींचते हुए लघु की विराट क्षमता का बोध कराता है।

इसी तरह चिगेत्सु का उगुइसु चिड़िया के स्वर को सुनते ही सारा गृहकाज भूल जाने का चित्र मुरली धुन सुनती गोपियों की सुध-बुध भूलने की याद दिलाता है—

सहसा छोड़ा मैंने वह सब
जो कुछ कर रही थी मैं खड़ी कुंडी पर

पड़ते ही कानों में उगुइसु का स्वर।

चिगेत्सु बाशो परंपरा की सर्वोत्कृष्ट कवयित्री मानी जाती हैं। उपर्युक्त कविता में चिड़िया के स्वर को सुनते ही उनके दिल-दिमाग का मुग्ध हो जाना, हाथ में पड़े हर

काम छूट कर निस्तब्ध हो जाता मानव और प्रकृति के तदाकार होने की चरमावस्था का चित्र है।

मध्यकालीन जापान सामंती समाज था। इसमें जनसमाज के लिए काफी अनुशासनपूर्ण व्यवस्था थी लेकिन ये जन सामान्य स्त्रियाँ कठिन परिश्रम पूर्ण जीवन के बीच हृदय एवं बुद्धि को अपने ढंग से संपन्न बनाए हुए थीं। आधुनिक जापान (उन्नीसवीं सदी के उत्तरार्द्ध में मेइजी नवजागरण के पश्चात्) महिलाओं को बौद्धिक विकास के पुनः अवसर मिले और बीसवीं सदी के आरंभ में ही मोसानो अकीको जैसी फैमिनिस्ट कवयित्री हुईं। बीसवीं सदी जापानी औपनिवेशिक विस्तार की सदी रही है लेकिन उसके बीच अकीको ने युद्ध की मानसिकता से अलग रहने की कविताएँ लिखीं। उनके भाई जब जापानी-रुसी युद्ध में सैनिक थे तब अकीको ने उन्हें संबोधित कर युद्ध भूमि में न मरने की कविताएँ लिखीं। जब देशभक्ति विरोधी लेखन के लिए अकीको की भर्त्सना हुई तो उनका उत्तर था स्त्रियाँ हर जगह सदैव से घृणा करती हैं। चीनी-जापानी युद्धों के दौरान लिखा गया अकीको का साहित्य, विशेष रूप से उनकी मंचूरिया मंगोलिया यात्रा के दौरान लिखी गई कविताएँ काफी विवादास्पद किंतु महत्त्वपूर्ण हैं।

आधुनिक जापानी गद्य उपन्यास, नाटक, कहानी आदि लेखन में महिलाओं की कई तरह से व्यापक भूमिका है। इसका उदाहरण है, हाल ही में उपन्यास लेखिका बौद्ध भिक्षुणी जाकुचो सेतोउचि द्वारा 'गेंजी मोनोगातारी' का वर्तमान जापानी भाषा में रूपांतरण। उनके। द्वारा दस खंडों में प्रस्तुत 'गेंजी मोनोगातारी' ने इस उपन्यास की मौजूदा लोकप्रियता को प्रेरिंत किया है। इसको नाट्य रूपांतरित कर काबुकी के रूप में प्रस्तुत किया जाने लगा है जिसका आधुनिक दर्शकों द्वारा भरपूर स्वागत हुआ।

जापानी महिलाओं की चर्चा अधूरी रह जाएगी, यदि इसमें 'गेइशा' का उल्लेख न किया जाए। 'गेइशा' शब्द का अंग्रेजी अनुवाद 'प्रोस्टिट्यूट' किया गया है। लेकिन यह अनुवाद अपूर्ण और अपर्याप्त है। वस्तुतः हिंदी संस्कृत का 'राजनर्तकी' शब्द इसके ज्यादा नज़दीक बैठता है। मध्ययुगीन तोकुगावा शासनकाल में सामंती समाज में नगरीकरण की तेज प्रक्रिया हुई। इसके परिणामस्वरूप क्योतो, ओसाका, एदो (वर्तमान तोक्यो) नगरों का विकास हुआ, और व्यापारी तथा शिल्पकार वर्ग की सामाजिक भूमिका का विस्तार हुआ। लेकिन सत्ताधारी क्षत्रिय (सामंत समुराई वर्ग) की हैसियत इनसे ऊपर थी। अतः इनके रहने के स्थान और जीवनशैली काफी कुछ 'बाकफु' (सैन्य सरकार नियमावली) द्वारा नियंत्रित थे। इसी 'चोनिन' (व्यापारी) वर्ग के मनोरंजन के रूप में 'गेइशा' संस्कृति विकसित हुई। व्यापारी वर्ग संपन्न था, और कलात्मक विनोद में भागीदारी करना चाहता था। इसी जरूरत के चलते काबुकी

नाट्यशैली का उदय और विकास हुआ। अतः चोनिन, गेइशा और काबुकी परस्पर संबद्ध कहे जा सकते हैं। स्त्री-पुरुष संबंधों को लेकर जापानी समाज शुरू से ही लचीला समाज रहा है। यह बात 'गेंजी मोनोगातारी' तथा कोकिंशु और 'मन्योशु' से स्पष्ट है। सामंती शासन के दौरान इस लचीलेपन को भी कई तरह से नियंत्रित करने की शासकीय व्यवस्था हुई थी। लेकिन जनजीवन भावुकता और प्रेम को मान्यता प्रदान किए रहा। अतः 'गेइशा' का समाज में अनादर नहीं था बल्कि उसकी गायन, शामिसेन वादन, नृत्य कला और आतिथ्य-शिष्टाचार का काफी हद तक सम्मान भी था। इस वर्ग में पर्याप्त संपन्नता थी, और अनुबंध परक विधान होने के कारण गेइशा कर्म से मुक्ति का प्रावधान भी। किंतु फिर भी यह तो सत्य था कि आर्थिक आधार पाने के लिए लड़कियाँ इसमें प्रवेश करती थीं। ऐसी स्थितियाँ भी साहित्य में मिलती हैं, जब विवाहित स्त्री ने पति की आर्थिक मदद के लिए कुछ समय के लिए 'गेइशा' के रूप में कार्य किया हो। प्रेम-संबंधों को लेकर भी 'गेइशा' के आत्मबलिदान की अनेक नाट्य कथाएँ हैं, जो वस्तुतः वास्तविक घटनाओं पर आधारित होने के कारण काबुकी दर्शकों के बीच आज भी अत्यंत लोकप्रिय है। इतना ही नहीं, गेइशा आज भी जापानी संस्कृति का अंग है, उनका अलग समाज है, अपना रहन-सहन है। लेकिन वह देह-व्यापार वर्ग से अलग वर्ग है, जिसका अपना जीवन मूल्य और शैली है। पिछले दिनों अमरीकी लेखक आर्थर गोल्डन ने 'मैमोयर्स ऑफ ए गेइशा' नामक पुस्तक प्रकाशित की तो वह वर्ष की बेस्ट सेलर सिद्ध हुई। पर अपने इस जीवनीपरक उपन्यास को उन्होंने अपनी जिन पारिवारिक मित्र गेइशा के संस्मरणों के आधार पर लिखा बताया है, उन गेइशा ने इस पुस्तक को लेकर काफी आपत्तियाँ उठाई हैं, और कहा है कि उनके परिवार और बचपन की स्थिति इस पुस्तक में वर्णित स्थिति से अधिक सम्माननीय रही है। यह दावा सही भी हो सकता है क्योंकि कभी-कभी ऐसे मामले भी देखने को मिलते हैं, जब संपन्न परिवारों की लड़कियाँ गेइशा व्यवसाय में इसलिए प्रवेश ले लेती हैं कि शिष्टाचार और संस्कृति का प्रशिक्षण पा सकें। युद्धोत्तर जापान की एक डॉक्टर परिवार की लड़की नाकामुरा-सान अपने कौतूहल और जिज्ञासावश ही गेइशा बनी थी और काफी समय गेइशा रहने के बाद विवाह कर पश्चिम में जाकर बस गई।

जापान की खास विशेषता है, जापानियत की चेतना और उसके प्रति निष्ठा। हर बाहरी विदेशी प्रभाव दबाव और रुझान को ग्रहण करते हुए भी अपनी परंपरा की निरंतरता को बनाए रखने में आस्था जापानी साइके की विलक्षणता है। परिणामस्वरूप पश्चिमोन्मुख होते हुए भी यह देश अपनी पहचान से विमुख नहीं हुआ है। विश्वयुद्ध की विनाशलीला की हिरोशिमा जैसी भयानक त्रासदी और तत्पश्चात सात वर्ष तक

मित्र राष्ट्रों के आधिपत्य के अपमान को झेलने की पीड़ा से उत्पन्न जिस ऊर्जा से इस देश ने अपना पुनर्निर्माण किया, उसमें यहाँ की महिलाओं ने हर क्षेत्र में मेहनत और निष्ठा के साथ योगदान दिया। गृहिणी के रूप में भी और शिक्षा, कृषि, उद्योग, व्यापार के क्षेत्र में भी इन महिलाओं ने जापानी अस्मिता को सँवारने-निखारने का भरसक उद्यम किया। 'इकेबाना' (पुष्प सज्जा), 'चानोयू' (चायोत्सव) सीख कर वे जापानी शिष्टाचार, सौष्ठव और कलात्मक सौंदर्य की परंपरा में योगदान देती हैं, तथा साहित्य, संगीत, चित्रकला और नृत्य के माध्यम से परंपरा में नवोन्मेष का प्रयास भी करती हैं। दूसरी ओर शिक्षा, विज्ञान, राजनीति, अर्थशास्त्र और समाजशास्त्र में न केवल दखल रखती हैं, बल्कि युद्धोत्तर काल की आर्थिक संपन्नता के भीतर पनपी विसंगतियों के प्रति भी जागरूक हैं। परिवार व्यवस्था टूटी है, अविवाहित मातृत्व की पश्चिमी शैली भी आयातित हुई है, लेकिन विघटित होते जीवन मूल्यों की ओर यहाँ की महिला भी उतनी ही सचेत हैं जितना पुरुष वर्ग। इसका उदाहरण है विधि एवं अंतर्राष्ट्रीय संबंधविद् प्रोफेसर लेशी मार्क्स। तोक्यो मैट्रोपोलिटन विश्वविद्यालय से लेकर लंदन स्कूल ऑफ इकनॉमिक्स और एसेक्स विश्वविद्यालय में प्रोफेसर रही यह महिला अपने लेखन के माध्यम से जापानी समाज को आत्मालोचन एवं सुधार के लिए निरंतर आगाह करती रही हैं। 'जापान : ए कंट्री ऑफ इनक्रैडिबली डिसग्रेसफुल मदर्स एंड डिप्लोरेबल मैन' तथा 'जापान : ए कंट्री ऑफ वीक मैन एंड फ्रिबोलस (Frivolous) वूमेन' में बार-बार जोर देती हैं, कि माताओं के बच्चों के प्रति रवैये और लालन-पालन की शैली में वे खामियाँ पैदा हुई हैं, जिनके परिणामस्वरूप परिवारों और सामाजिक स्थितियों में समस्याएँ पनपी हैं।

ध्यान देने की बात है कि 11 सितंबर 2001 को अमरीका पर आतंकवादी हमले के पश्चात् भी जापान को अमरीकी रवैये का पिछलग्गू होने से बचने के प्रति भी प्रधानमंत्री कोइजुमी को एक वृद्ध कवयित्री ने ही बड़े ही जिम्मेदारीपूर्ण बयान में आगाह किया था कि अपने उत्साह और अनुभवहीनतावश कोइजुमी समझ नहीं रहे हैं कि युद्ध जनता पर कितनी भयानक त्रासदी लाता है।

दूसरी ओर जापानी काम-काजी महिलाएँ न केवल अपनी हैसियत और दायित्वों के प्रति जागरूक हैं, बल्कि पश्चिमी दुनिया में बनी अपनी छवि का भी पर्दाफाश कर रही हैं। पश्चिमी सोच में उपजी उन भ्रांतियों को दूर कर रही हैं, जो एशियाई महिला को पश्चिमी महिला की तुलना में पिछड़ा सिद्ध करती हैं। महिला मुद्दों पर हो रही अंतर्राष्ट्रीय बहस में जापानी महिलाओं की भागीदारी जापान को आत्मालोचन के। लिए तो प्रेरित करती ही है, यहाँ के। उद्योग और कंपनी क्षेत्र में महिलाओं की हैसियत, शक्ति और अधिकार तंत्र के। रिश्तों की सही तस्वीर भी दुनिया के।

सामने प्रस्तुत करने का प्रयास करती है। सन् 1993 में सुमिको इवाओ ने पश्चिम द्वारा जापानी महिलाओं की मातहती और शक्तिहीन छवि चित्रण पर सवालिया निशान लगाते हुए महिलाओं को प्राप्त उस सम्मान और आत्मसंतोष की ओर ध्यान दिलाया जो उन्हें विभिन्न सामाजिक भूमिकाओं के परिणामस्वरूप प्राप्त हुआ है। सन् 1998 में युको ओगासावारा ने अपनी पुस्तक 'लेडीज एंड सेलरीड मैन : पावर, जेंडर एंड वर्क इन जापानीज़ कंपनीज़' में पुनः इस बहस के विभिन्न पहलुओं को उठाते हुए जापानी कार्यालयी परिवेश में स्त्रियों और पुरुषों की भूमिकाओं का प्रत्यक्ष बोध कराने की कोशिश की है। इस तरह आज जापानी महिला लेखन साहित्य एवं साहित्येतर विविध दिशाओं और जीवन के महत्त्वपूर्ण पक्षों की ओर उन्मुख है।

['गगनांचल', अक्तूबर-दिसंबर 2001]

बीसवीं सदी की जापानी और हिंदी कविता में युद्ध की मनोभूमिका

प्रेम और युद्ध प्राचीन काल से ही कविता के प्रमुख विषय और महानायकों के वैभव का आधार रहे हैं। किसी देश के महाकाव्य वहाँ की संस्कृतियों के विकास-विस्तार और सत्ता-संघर्ष की जीती-जागती तस्वीर होते हैं। वाल्मीकि, व्यास, होमर, वर्जिल, सोफोक्लीज़ग कालिदास आदि अपनी रचनाओं की संवेदनात्मक गहनता और जीवन वैविध्य के कारण ही आज तक जातीय स्मृति में कौंधते हैं। शौर्य और पराक्रम मनुष्य की सामाजिक और वैयक्तिक हैसियत के मानदंड, उसके अधिकारों और कर्त्तव्यों की निर्धारक कसौटी हैं। सभ्यता के विकास और विस्तार के साथ-साथ उनकी अभिव्यक्ति का स्वरूप और संवेदना अलग-अलग ढंग से परिभाषित होती रही है। संस्कृत, प्राकृत, अपभ्रंश और हिंदी साहित्य में शृंगार और वीर रस कविता के केंद्रीय विषय हैं। सत्ता संघर्ष के अलावा दुष्ट दमन और अन्याय से मुक्ति के लिए भी युद्ध लड़े जाते रहे हैं। साहित्य में उनका अंकन मुख्यतः नायक-प्रतिनायक केंद्रित रहा है। हिंदी में 'पृथ्वीराज रासो', 'हम्मीर रासो', 'परमाल रासो' आदि के रचयिताओं की परंपरा में चंदवरदाई, भूषण आदि कवि राजाश्रय प्राप्त थे और रणभूमि में राजाओं के साथ होते थे। स्वाभाविक ही है कि युद्ध की गौरव गाथा उनमें मौजूद हो।

प्राचीन जापानी जीवन के प्रतिनिधि काव्य-संग्रह 'मन्योशु' में बहुत-सी कविताएँ सैनिकों द्वारा रची गई कविताएँ हैं—उनके अपने अनुभव और भावनाओं की, अपने सुख-दुख की अभिव्यक्ति। इनमें कर्त्तव्य और भावना की टकराहट का बोध है जिसमें कर्त्तव्य सर्वोपरि है। कर्त्तव्य और भावना की यह टकराहट मातृभूमि और परिजनों के बिछोह की पीड़ा के रूप में व्यक्त है। कविताओं का केंद्रीय भाव विजयोल्लास का न होकर राजाज्ञा का अनुपालन है। शौर्य पराक्रम का वैभव हेइके-गेंजी युद्धों पर आधारित नोह-काबुकी जैसे नाटकों की कथाओं—योशित्सुने, आत्सुमोरी तथा सोगा भाइयों पर लिखी गई रचनाओं—में मिलता है और अंधे लोकगायक 'मिमिनाशी होइची' के गायन में। मध्यकालीन जापान के समुराई शासनकाल में वीरता, स्वामिभक्ति एवं बलिदान जीवन मूल्य था। शासकीय अनुशासन के चलते वर्तमान सत्ता से संबंधित साहित्य रचना निषिद्ध होने के कारण युद्ध एवं शौर्य इतिहास के आवरण में प्रस्तुत किए गए हैं।

शौर्य और पराक्रम की मध्यकालीन गाथाओं में लोक सीधे-सीधे मौजूद नहीं है। यद्यपि अधिकांश में लोक-कल्याण का उद्देश्य ही युद्ध की प्रेरणा रहा है और सत् की विजय तथा असत् की पराजय परिणाम, फिर भी शक्ति प्रदर्शन की लड़ाइयों की चर्चा भी कम नहीं है। राजाश्रय में रहने वाले कवियों का उद्देश्य राजा के शौर्य के यशोगायन के माध्यम से उनमें वीरता के भाव को उद्दीप्त करना होता था। आधुनिक युग में आकर युद्ध के प्रति पुराने दृष्टिकोण में बदलाव आया। उदारता, स्वतंत्रता, बंधुत्व आदि जैसे लोकतांत्रिक विचारों ने तार्किकता और बौद्धिकता को बढ़ावा दिया किंतु सामरिक शक्ति और पूँजीवाद के विस्तार ने युद्ध की मानसिकता का प्रसार किया। विज्ञान के विकास तथा औद्योगीकरण के साथ ही मास-कल्चर का विकास हुआ और जन-सामान्य अपने परिवेश के प्रति, अपने आसपास की स्थितियों और परिस्थितियों के प्रति अधिक जागरूक तो हुआ ही, तर्क और बुद्धि की प्रधानता के चलते उनके प्रति प्रश्नाकुल हो गया। दूसरी ओर, विज्ञान की प्रगति ने युद्धों की शक्ल और तरीका बदल दिया। वैयक्तिक बल और पराक्रम के स्थान पर तकनीकी शक्ति और संहारक क्षमता का अभूतपूर्व विस्तार हुआ। लड़ाइयाँ पहले भी लड़ी जाती थीं, अब भी लड़ी जा रही हैं। बीसवीं सदी दुनिया के इतिहास में सर्वाधिक परिवर्तनों, विध्वंसों, वैज्ञानिक सफलताओं और उनके विनाशकारी परिणामों की सदी रही है—लंबे समय से चली आती मान्यताओं पर प्रश्न लगाती, उन पर पुनर्विचार के लिए चुनौती देती सदी। युद्ध और जय-पराजय को लेकर भी बीसवीं सदी का इतिहास, भूगोल और वर्तमान पिछली शताब्दियों की तुलना में अलग रहा है। अब महा-आख्यान (मेटा-नैरेटिव) का ज़माना नहीं रहा। उत्तर-आधुनिक परिदृश्य में अब स्थानीयता और सामान्य पर बल है।

भारत और जापान के संदर्भ में बीसवीं सदी की युद्ध विषयक मानसिकता पर गौर करें तो कई महत्त्वपूर्ण और दिलचस्प बातें उभरकर सामने आती हैं। एशिया के ये दो देश परस्पर दूर होने के बावजूद पारंपरिक सांस्कृतिक दृष्टि से कई प्रकार की समानताएँ रखते हैं। बौद्ध धर्म की ऐतिहासिक भूमिका के परिणामस्वरूप कई तरह की सामाजिक भावनात्मक, विधि-विधानपरक समानताएँ इनमें दिखाई देती हैं। राजपूत और समुराई मानसिकता में, स्वामिभक्ति के लिए आत्म-बलिदान की भावना में, प्रकृति को समानांतर सत्ता मानते हुए उसके साहचर्य में उसके साथ स्वर मिलाते हुए जीने में और इसी तरह से कई अन्य क्षेत्रों में। इतिहास का संयोग है कि जापान और भारत का (विशेष रूप से हिंदी प्रदेश का) आधुनिककाल लगभग साथ-साथ शुरू होता है—जापान में मेइजी शासन की स्थापना से और भारत में 1857 की क्रांति के साथ। उन्नीसवीं सदी का मध्य भारतीय नवजागरण की चेतना के उदय का काल है। जापान में 1868 में मेइजी पुनर्जागरण होता है और हिंदी नवजागरण के अग्रदूत भारतेंदु का

पहला नाटक 'विद्यासुंदर' 1867 में छपता है। एक स्वतंत्र देश दूसरा गुलाम, किंतु दोनों ही मध्ययुगीनता से ग्रस्त। जापान ने पिछली करीब चार सदियों से अपने को दुनिया-भर से काट रखा था और भारत अपनी सामाजिक-सांस्कृतिक-राजनीतिक बंदिशों में रूढ़िग्रस्त था। मध्ययुगीन जीवन-शैली तथा मध्ययुगीन भावबोध से मुक्ति पाने के लिए दोनों पश्चिम की ओर आकृष्ट होते हैं। आज़ाद देश आधुनिकीकरण, सामाजिक-राजनीतिक सुधार और प्रगति की ओर उन्मुख होता है और गुलाम देश का आधुनिकीकरण स्वयं अपनी गिरी हालत से मुक्ति पाने के उपाय खोजने और उन उपायों को करने की चेतना जगाने की ओर। 1857 की क्रांति को अंग्रेज़ों ने बड़ी बर्बरता से कुचला और फिर शासन तंत्र पर नियंत्रण के लिए संचार व्यवस्था, रेल-डाक तथा अन्य व्यवस्थाएँ स्थापित कीं। भारतीयों की इस विफलता ने आत्मालोचन और आत्म-चिंतन, गुलामी से मुक्ति के रास्ते खोजने के लिए प्रेरित किया। हिंदी में इस कार्य की पहल भारतेंदु से हुई।

जापान में मेइजी शासनकाल में आधुनिकीकरण और औद्योगिक विकास की प्रक्रिया आरंभ हुई। जापान ने अपने द्वार दुनिया के लिए खोले। पश्चिमी ज्ञान की शिक्षा प्राप्त कर उसने देश की शक्ति का विस्तार किया। विज्ञान के विविध क्षेत्रों में विकास करने के साथ ही अपनी सामरिक शक्ति का आधुनिकीकरण किया। उन्नीसवीं सदी के अंतिम दशक में चीन और बीसवीं सदी के आरंभ में रूस को पराजित करके जापान सैन्यवाद की ओर उन्मुख हो गया। 1910 में जापान ने कोरिया को अपने राज्य में मिला लिया और चीन से भी तरह-तरह की 21 माँगें कीं। नवजागरण के परिणामस्वरूप एक ओर पश्चिमी संपर्क ने साहित्यिक, सांस्कृतिक वैचारिक जीवन को प्रभावित किया, दूसरी ओर औद्योगीकरण, नगरीकरण और पश्चिमी आधुनिक विज्ञान आधारित बौद्धिक परिवेश ने परंपरागत सामूहिक मानसिकता के बदले व्यक्ति को केंद्र में स्थापित किया। सत्ता व्यवस्था के आदेशों के चुपचाप अनुपालन की बजाय उनके औचित्य और सार्थकता पर प्रश्न रचनाकारों के मन में जागे। साम्राज्यवाद और सैन्य नीतियों के प्रति रचनाकारों की असहमति, औद्योगीकरण काल में ही शुरू हो गई, हालाँकि इसको लेकर दोनों तरह का रवैया देखने को मिलता है। उन्नीसवीं सदी के अंतिम दशकों में जन्मे कवियों में—इशिकावा ताकुबोकु सैन्य सत्ता की नीतियों के विरोधी थे। शिगा, तानिज़ाकी और मोकुतारो ने यद्यपि सैन्य नीतियों का प्रत्यक्ष विरोध नहीं किया पर सैन्य विस्तारवाद की कट्टरता के समर्थक भी नहीं हुए। साइतो मोकिची ने सैन्यवाद समर्थक रुख अपनाया। उन्होंने तीस के दशक में चीन पर जापानी हमले की प्रशंसा की। जनरल तोजो और सैन्यवादी गुट के अन्य सदस्यों की प्रशंसा की यहाँ

तक कि युद्ध प्रचार के उद्देश्य से 'वाका' कविताएँ भी लिखीं। पैसिफिक युद्ध के भी वह दुराग्रहपूर्वक समर्थक रहे और सम्राट तथा सेना के खुले दिल से प्रशंसक। वह उस सहज जापानी मानसिकता का प्रतिनिधित्व करते हैं जिसके लिए राजाज्ञा उल्लंघन संभव ही नहीं था।

जैसे-जैसे चीन पर जापानी हमले बढ़ते गए वैसे-वैसे युद्ध की आलोचना करने वालों के प्रति सत्ता का रवैया भी सख्त होता गया। सत्ता-व्यवस्था लेखकों को युद्ध का समर्थन के लिए फुसलाने-धमकाने का ज्यादा से ज्यादा प्रयास करने लगी थी। तीस के दशक के आखिर से लेकर पैसिफिक युद्ध के अंत तक कुछ जापानी मार्क्सिस्ट लेखक युद्ध की आलोचना करते रहे और सैन्यवाद का कई तरह से विरोध करते रहे हालाँकि युद्ध की प्रत्यक्ष निंदा छापना असंभव था। मियामोतो केंजी, नकानो शिगेहारू आदि को इस तरह की गतिविधियों के कारण जेल भी जाना पड़ा। दो महायुद्धों के बीच के काल में लेखकों के दो वर्ग दिखाई देते हैं—युद्ध समर्थकों और युद्ध आलोचकों के वर्ग। कवि सातो हारूओ और उपन्यासकार किकुची कान तीस के दशक के अंत में सैन्यवाद में शरीक होते हैं। उपन्यासकार आकुतावा राष्ट्रवाद का मूर्तिभंजक तरीके से खंडन करते हैं और होरी तात्सु अपने समय में प्रबल सैन्यवादी प्रवृत्तियों का प्रतिरोध करते हैं। कहानीकार इबुसे मासुजी सैन्यवादी गतिविधियों के उभार के समय उनसे समझौता कर सैनिक के रूप में सिंगापुर चले जाते हैं किंतु युद्ध के समर्थक प्रचारक नहीं बनते।

युद्ध को लेकर जापानी रचनाकारों की द्विधा वस्तुतः पारंपरिक और आधुनिक मन की टकराहट का नतीजा थी। वैयक्तिक यात्राओं और पुस्तकों के माध्यम से पश्चिम से साक्षात्कार ने विराट नई दुनिया और विचार सामने रखे थे उधर परंपरागत जापानी सामूहिकता की सुदृढ़ मानसिकता थी। नए और पुराने की टकराहट में कहीं एक तरह की अनिश्चय स्थिति दिखाई देती है तो कहीं पुराने के प्रति प्रश्नरहित आस्था और कहीं नए के प्रति असीम आकर्षण। मार्क्सवाद ने जापानी बौद्धिक चेतना को काफी गहराई और विस्तार से प्रभावित किया था। साहित्य में उससे नए विषय और अभिव्यक्तियाँ मिली थीं किंतु आमूल परिवर्तन का आकर्षण एक हद के बाद ढीला होता दिखाई दिया। सैन्यवाद और मार्क्सवाद के दो छोरों के अलावा स्वच्छंदतावाद की तीसरी धारा भी साहित्य में दिखाई दी, देशी संस्कृति और जीवन मूल्यों पर आधारित किंतु लिबरेशनिस्टों से अलग। जब सैन्य प्रचार औपनिवेशिक युद्ध को सर्वोपरि जीवन मूल्य सिद्ध कर रहा था तब जापानी स्वच्छंदतावादी संप्रदाय ने जापानी संस्कृति और क्योतो के दार्शनिकों ने पूर्व एशियाई सह-समृद्धि को सर्वोपरि मूल्य स्थापित किया।

इतिहास को लोक कथा रूप में प्रस्तुत करने में निपुण योशिकावा एइजी ने अपनी रचना 'मियामोतो मुसाशी' के माध्यम से युद्ध प्रचार न करके 'आत्मोन्नयनपरक मूल्यों' का प्रचार किया।

हयाशी तात्सुओ, इशिकावा जुन और कोबायाशी हिदेओ दो महायुद्धों के बीच की तथा युद्धोत्तर जापान की चेतना के कई अर्थों में प्रतिनिधि रचनाकार हैं। जापान का पश्चिमोन्मुख सांस्कृतिक दृष्टिकोण इन तीनों का प्रस्थान बिंदु रहा—तीनों में भिन्न-भिन्न तरीके की दृष्टि पैदा करता हुआ। हयाशी ने मार्क्सवाद की गहरी जानकारी प्राप्त की और उसे शाश्वत सिद्धांत माना, इशिकावा जुन ने जापानी परंपरा और संस्कृति तथा पश्चिमी संस्कृति के बीच संतुलन बनाने की कोशिश की। दोनों ने ही जापानी अतिराष्ट्रवाद से समझौता नहीं किया। कोयाबाशी हिदेओ ने अपने आसपास के मार्क्सवादियों का विरोध इस आधार पर किया कि उनके सिद्धांत का जापानी जनमन से गहरा तालमेल नहीं हो पाता क्योंकि सिद्धांतों उधार के और आयातित हैं। कोबायाशी का दृष्टिकोण एकांगी होते हुए भी दो विश्वयुद्धों के बीच के काल में जापानी सांस्कृतिक परिस्थितियों की गहन, अंतर्दृष्टि से संप्नन है। क्योंकि यह ऐतिहासिक सत्य है कि अनेक जापानी मार्क्सवादी अवसर आने पर सैन्यवाद के साथ हो गए थे और युद्ध में पराजय के पश्चात शांतिवादी हो गए। कोबायाशी ने अपने आसपास के लोगों की आलोचना ही नहीं की जीवन और विचारों के बीच सुदृढ़ संबद्धता पर आधारित सौंदर्य बोध विकसित किया।

युद्धकालीन जापान के साहित्य के गद्य-पद्य दोनों में ही अतिराष्ट्रवाद और सैन्यवाद को लेकर विरोध और स्वीकृति की द्विधा अक्सर देखने को मिलती है—साम्राज्यवादी विस्तार के समर्थन का सत्ता पक्ष का दबाव और आम जनता की उसमें हृदय से भागीदारी को लेकर किंकर्तव्यविमूढ़ता। राजाज्ञा-पालन की विवशता के चलते युद्ध को लेकर सैन्य नीतियों का सीधे-सीधे सख्त विरोध असंभव था। किंतु द्विधा जनमानस को मथती-खौलाती यदा-कदा झाँकती दिखाई दे जाती है। इशिकावा तोकुबोकु को उम्र नहीं मिली थी किंतु आगत युद्ध की भनक उनकी 1908 में लिखी कविता 'आताराशिकी मियाको नो किसो' में सुनाई देती है :

शीघ्र ही आ रहा है महायुद्ध
हवाई युद्धयान की भीड़ अमर पक्षी की तरह
दिखाई देती है आसमान में
नीचे ध्वस्त हो जाती है हर राजधानी
दीर्घ स्थायी होगा यह युद्ध
आधी जनता बन जाएगी अस्थियों का ढेर

भविष्य में हाय भविष्य में कहाँ,
हम फिर बनाएँगे 'नया शहर'
खोए हुए इतिहास पर
या चिंतन और प्रेम पर
ओ मूर्ख! यह सब कुछ भी नहीं
ज़मीन पर हाँ ज़मीन पर
किसी भी तरह—हवा में...

अनुवाद प्रियदर्शी मुखर्जी, पूर्वी एशियाई अध्ययन विभागदिल्ली विश्वविद्यालय,

1905 में रूस पर विजयी होने के कारण जापान में सैन्यवाद का हौसला बढ़ रहा था। आगामी युद्धों का अहसास था और कवि उनकी निरर्थकता महसूस करते थे। किंतु अपनी बात को स्वीकार न करा पाने की पीड़ा व्यक्त करने के सिवाय कुछ भी करने से मजबूर थे। 1911 में लिखी 'हातेशिनाकी गिरोन नो अतो नी' नामक कविता आम जनता की भावनाओं की कशमकश को व्यक्त करती है :

हमें क्या करना चाहिए, इस पर हम सलाह-बात करते हैं
लेकिन एक भी नहीं ऐसा आदमी
जो अपनी कसी हुई मुट्ठी मेज पर मार कर
ऐलान करे : अवाम के नाम पर
हम जानते हैं हमें किस चीज़ की तलाश है
हमें क्या करना चाहिए यह भी हम जानते हैं
पचास साल पहले के रूस के नौजवानों से
कहीं ज्यादा जानते हैं
लेकिन एक भी नहीं है ऐसा...
यहाँ मौजूद सारे लोग नौज़वान हैं
और नौज़वान लोग ही दुनिया को नई-नई जानकारियाँ देते हैं
हम सभी को मालूम है
कि पुराना सड़ा-गला; सब कुछ जल्दी ही
नष्ट हो जाएगा
और जीत हमारी ही होगी
देखो हमारी आँखें किस तरह चमक रही हैं
और बहस कितनी गरमा उठी है।
लेकिन एक भी नहीं ऐसा आदमी...

—अनु. सुरेश सलिल

यहाँ जीत को लेकर उत्साह नहीं, एक तरह का अनमनापन है क्योंकि जरूरत शांति की है। लगभग आधी बीसवीं सदी जापानी जनमानस राष्ट्रवाद के उभार और उससे अन्यमनस्कता अथवा उसके प्रति विरोध की भावना की इस मानसिकता से जूझता रहा—युद्ध की आकांक्षा तथा युद्ध की सार्थकता और आवश्यकता के बीच मापतौल करता, उसके कठिन अभ्यासों और भीषण परिणामों को झेलता युद्ध की छाया में जीता हुआ। कोनेको मित्सुहारू के युद्ध विरोधी काव्यों में 'कोगाने मुशी' ('सोने के खटमल', 1923) और 'सामे' ('शार्क', 1937) विशेष रूप से प्रसिद्ध हैं। उनकी 'काबी' नामक कविता इस मानसिकता को प्रकट करती है :

तुम्हारे हथियार
दूसरे पक्ष के बल को भाँपते हैं
उनके हथियार
तुम्हारे मृतकों को गिनेंगे
इन हथियारों के आगे तुम क्या हो
तुम्हारा लक्ष्य भी बेकार हुआ
सोच भी नाकाम रही
इन अथाह हथियारों से
जन्मे और हथियार
हथियारों से सफेद हुई यह धरा

× × ×

क्या शत्रु क्या मित्र पक्ष
जीतने की धुन में
पीतल के कनस्तर लोहे के पुल तक
सभी को तोपों और बेड़ों में ढालने को तत्पर
न कोई प्रतिरोध न कोई अहसास
ईंटों के साँचे में ढले हुए मानव युद्ध की सामग्री जैसे
क्या उन्नीस वर्ष के पुत्र
क्या पचास के पिता
आदेश का पालन करते
बाएँ देख
दाएँ देख
निशाना बाँध कर घोड़ा दबा
शत्रु पक्ष के पिता

शत्रु पक्ष के पुत्र
वहाँ इन्सानियत से क्या मतलब
जहाँ शत्रु पक्ष है

—अनु. अनीता खन्ना, जवाहरलाल नेहरू विश्वविद्यालय

संघर्ष और युद्ध को लेकर जापानी नवजागरण और भारतीय मानसिकता एक-दूसरे से इस दृष्टि से भिन्न हैं कि भारतीयों का संघर्ष आज़ादी की लड़ाई का संघर्ष था, राजनीतिक-आर्थिक दोनों तरह की आज़ादी—शोषण से मुक्ति। देशभक्ति का मायने इसी अर्थ में भारतीय और जापानी के लिए अलग-अलग था। जापान युद्ध कर रहा था, अपनी सत्ता औ:र शक्ति का विस्तार कर रहा था। भारत युद्ध नहीं कर रहा था, आज़ादी की लड़ाई के लिए संघर्ष कर रहा था—कभी सशस्त्र विद्रोह के रूप में तो कभी सत्याग्रह (निष्क्रिय प्रतिरोध) के रूप में। यहाँ की कविता इस संघर्ष की प्रेरणा और उत्साह के लिए लिखी जा रही थी। मैथिलीशरण गुप्त जब 'भारत-भारती' में कहते हैं—"हम कौन थे क्या हो गए/और क्या होंगे अभी/आओ विचारें आज मिलकर/ये समस्याएँ सभी" तो इतिहास की ओर मुड़कर आत्मावलोकन के लिए प्रेरित करते हैं। 'झाँसी की रानी' लिखकर सुभद्रा कुमारी चौहान, 'जौहर' और 'हल्दी घाटी' लिखकर श्याम नारायण पांडेय गुलामी के खिलाफ जनजागरण अभियान चलाते हैं—यह युद्ध के द्वारा साम्राज्य विस्तार अथवा आर्थिक सत्ता हासिल करने की प्रेरणा नहीं है, यह न्याय की लड़ाई की प्रेरणा है, वह भी बीते इतिहास की प्रस्तुति के माध्यम से। स्वाधीनता संग्राम का यह जनजागरण मिथकों/प्रतीकों/इतिहास के महानायक-नायिकाओं के माध्यम से—'जयद्रथ वध', 'जय भारत', 'सिद्धराज', 'प्रलय की छाया', 'शेर सिंह का शस्त्र समर्पण', 'राम की शक्ति पूजा', 'हिमालय के प्रति', 'कुरुक्षेत्र' आदि कविताओं में व्यक्त हुआ है तो 'कैदी और कोकिला', 'पुष्प की अभिलाषा' जैसी कविताओं में वर्तमान के माध्यम से जहाँ मनुष्य ही नहीं, प्रकृति भी स्वाधीनता की सेवा में अपने को अर्पित कर देना चाहती है। जयशंकर प्रसाद के 'चंद्रगुप्त' नाटक का गीत प्रकृति प्रेम के माध्यम से देश-सेवा का संदेश देता है :

हिमाद्रि तुंग शृंग से
प्रबुद्ध शुद्ध भारती
स्वयं प्रभा समुज्ज्वला
स्वतंत्रता पुकारती
अमर्त्य वीर पुत्र हो
दृढ़ प्रतिज्ञ सोच लो
प्रशस्त पुण्य पंथ है

बढ़े चलो, बढ़े चलो
असंख्य कीर्ति रश्मियाँ
विकीर्ण दिव्य दाह सी
सपूत मातृभूमि के
रुको न शूर साहसी

'हिमालय के प्रति' कविता में दिनकर प्रकृति और पुराकथा से आधुनिक संदर्भों में संवाद करते हैं :

रे रोक युधिष्ठिर को न यहाँ
जाने दे उनको स्वर्ग धीर
पर फिरा हमें गांडीव गदा
लौटा दे अर्जुन भीम वीर

वहीं, 'झाँसी की रानी' नामक प्रसिद्ध कविता 1857 के प्रथम स्वाधीनता संग्राम के इतिहास का साहित्यिक दस्तावेज़ बनती है कि कैसे आज़ादी के इस संघर्ष में राजा-प्रजा, अमीर-गरीब सब एक साथ चल पड़े :

सिंहासन हिल उठे
राजवंशों ने भृकुटी तानी थी
बूढ़े भारत में भी आई
फिर से नई जवानी थी
महलों ने दी आग
झोंपड़ी ने ज्वाला सुलगाई थी
यह स्वतंत्रता की चिनगारी
अंतरतम से आई थी।

भाँति-भाँति की ये अभिव्यक्तियाँ आज़ादी की आकांक्षा जगाने की प्रेरणा है। भारतीय स्वाधीनता संघर्ष जितना विदेशी ताकतों के खिलाफ एकजुट होने की प्रेरणा में सक्रिय था, उतना ही आत्मालोचन, आत्म-सुधार और आत्म-परिष्कार में। जनता की दुर्दशा के लिए समाज के भीतर मौजूद परिस्थितियों की भूमिका को पहचानने और उनके खिलाफ संघर्ष और सुधार में सक्रिय होने के लिए प्रेरित करने का प्रयास इसमें मौजूद था। रामनरेश त्रिपाठी की 'पथिक' कविता का नायक देशवासियों की दुर्दशा की ओर ध्यान दिलाते हुए सुधार के लिए प्रेरित करता है :

तुम अपने सुख के स्वराज के
हो न पूर्ण अधिकारी
यह मनुष्यता पर कलंक है

हे प्रिय बंधु तुम्हारी

'साकेत' और 'प्रियप्रवास' की उर्मिला और राधा प्रिय के बिछोह में आँसू नहीं बहातीं, अपने आसपास के लोगों की जीवन दशा के प्रति जागरूक और सुधार के लिए उन्मुख हैं। सियारामशरण गुप्त की कविता 'एक फूल की चाह' दलित जन से भेदभाव दूर करने के लिए सामाजिक संघर्ष को प्रेरित करती है। गरीबों, औरतों, दलितों की दुर्दशा के प्रति जागरूकता और सुधार के लिए संघर्ष भारतीय समाज के आत्म-युद्ध का प्रतीक है। स्वाधीनता संग्राम के पटल पर तिलक और गाँधी दो मार्गदर्शकों के रूप में उभरे थे जिन्होंने विदेशी साम्राज्यवाद की गुलामी और भीतरी सामाजिक रूढ़ियों से गुलामी के खिलाफ लड़ाई छेड़ी थी। लड़ाई के मायने होता है 'सशस्त्र लड़ाई', किंतु गाँधी ने इसे एक नया अस्त्र दिया था–'शस्त्र के बिना संघर्ष' यानी 'अहिंसा'। दक्षिण अफ्रीका में रहते हुए वे साम्राज्यवादी शक्तियों द्वारा दमन की ताकत देख चुके थे। सशस्त्र प्रतिरोध की जुलू युद्ध में पराजय देख चुके थे। विश्व पटल पर हो रहे युद्धों के भीषण नरसंहार मनुष्य के लिए कितने त्रासद हैं, इस बात को वह समझते थे। गरीब भारतीय जनता की युद्ध के क्षमता ब्रिटिश हुकूमत सामने नहीं टिक सकेगी, यह भी जानते थे। अतः उन्होंने निष्क्रिय प्रतिरोध (सत्याग्रह) का सहारा लिया। तमाम आलोचना को सहते हुए उन्होंने जनता को शांतिपूर्ण असहयोग का रास्ता दिखाया। मनोबल का यह युद्ध हिंदी कविता में इतिहास और वर्तमान दोनों के माध्यम से प्रकट हुआ है। दिनकर के 'रश्मिरथी' में कर्ण कहता है :

तुम भड़काना चाहते अनल
धरती का भाग्य जलाने को
नरता के दिव्य प्रसूनों को
जल-जल कर क्षार बनाने को
पर शांति सुंदरी के सुहाग पर
आग नहीं धरने दूँगा
जब तक जीवित हूँ तुम्हें
बांधवों से न युद्ध करने दूँगा।

स्वाधीनता संघर्ष को लेकर भारत में दो तरह के मत थे–सत्ता पलट के लिए सशस्त्र संघर्ष का तथा अहिंसा और असहयोग का। प्रथम विश्व युद्ध के विनाश की धमक दुनिया में थी। भारत में जलियाँवाला बाग के नरसंहार का खूनी खेल जनता झेल चुकी थी। विश्व युद्ध भारत की ज़मीन पर नहीं लड़े गये थे, हालाँकि यहाँ की सेना शासक अंग्रेज़ों की तरफ से युद्ध के मोर्चों पर भेजी गई थी। जिन देशों की भूमि ने युद्ध की विभीषिका देखी-भोगी थी वहाँ की जनता की वेदना से आम भारतीय

बेखबर नहीं तो काफी दूर तो था ही किंतु यहाँ का कवि उस वेदना से युद्ध के परिणाम से जनमानस को रू-ब-रू कराने की कोशिश करता है। सियारामशरण गुप्त के 1920 के आसपास लिखे काव्य नाटक 'उन्मुक्त' में युद्ध की विनाशलील का दृश्य है :

ध्वस्त दिखाई दिया चिकित्सालय,
विद्यालय, पूजालय, गृह भवन
कुटीरों के चय के चय
सबके सब जलते, धुआँ उगलते
मानव की हिंसक लीला का
यह दुर्दम इतिहास!

इस कविता को जब हम जापानी कवयित्री किहारा कोइची की 1958 में छपे कविता संग्रह 'आरु तोकी आरु बाशो' की 'मोकेशी' कविता के साथ पढ़ते हैं जो हिरोशिमा बम विस्फोट के बाद एक स्त्री के शरीर के अधर में टँगे आधे हिस्से पर लिखी गई है—तो दोनों में युद्धोत्तर जीवन की अनुभूति युद्ध की निस्सारता में दिखाई देती है :

देखो अँधेरे गहन सागर और
धरती को भेदते यूरेनियम के बादल को
सुनो चुप्पी साधे खिड़कियों और
छतों पर गिरते हीलियम की बारिश के जल को
अरे मनुष्य के बच्चो क्या अपने ही हाथों बरबादी के पात्र हो
तुममें से जिनमें जीवन शेष है वो सब
जंगल की ओर बढ़ते धान के टिड्डे मात्र हो।
यूरेनियम छिपा है इन दाँतों के बीच
जहरीली गैस गई फेफड़ों में आँतों के बीच
नासिका रंध्रों के नीचे
अस्थि को भींचे जो भी है क्या कम है
प्लेटिनम है।

—अनु. राजेंद्र धस्माना

सियारामशरण गुप्त की कविता बमबारी में ध्वस्त जलते शहर के चित्रांकन से युद्ध के खिलाफ आगाह करती है तो किहारा कोइची की कविता तेज़ाबी वर्षा और रासायनिकों के विष को झेलते असहाय मानव के अंकन द्वारा। संवेदना का जो अंतर युद्ध के लिए तैयार होने की भावना में है, वह दोनों देशों की राजनीतिक-सामाजिक परिस्थितियों का सामाजिक-सांस्कृतिक मनोभूमि का अंतर है। 'मियोशी तात्सुजी' की

'बोकुरा बा सोकाई शुरू' (1945) कविता में सैनिकों में घर से बिछुड़ने का बोध है, मन्योशु काल के रंगरूटों की कविताओं की तरह :

छोड़ेंगे आज हम अपना प्यारा परिवार
छोड़ेंगे आज हम अपना प्यारा विद्यालय
छोड़ेंगे आज हम अपना प्यारा शहरा तोक्यो
विदा लेकर गुरु और मित्रों से
पिता से भी, माता से भी, भाई और बहनों से भी
आज़ चले जाएँगे बिछुड़ कर बहुत दूर
बैठ रेलगाड़ी में करनी है यात्रा सुदूर
इस प्रस्थान से—
हमारे हृदय कितने दुखित हैं
कितने कंपित हैं
फिर भी दृढ़ निश्चय कर
अपने दिलों को गहरी फटकार लगा—
संपूर्ण साहस और धैर्य लिए
हम प्रस्थान करेंगे खुशी से
× × ×
जन्मभूमि के निर्णायक युद्ध में समर्पित
हम नन्हे देशवासी।

—अनु. मंजु श्री चौहान, जे.एन.यू.

यहाँ बिछुड़ने की पीड़ा है, युद्ध में जाना एक मजबूरी है 'मातृभूमि के दूरगामी भविष्य' के लिए 'निर्णायक युद्ध' में जुट जाने का आदेश है, राजाज्ञा है जिसे 'नन्हे देशवासियों को'—आम आदमी को मानना जरूरी है। इसलिए 'खुशी-खुशी जाएँगे।' इसके ठीक विपरीत माखनलाल चतुर्वेदी की सुप्रसिद्ध कविता 'एक पुष्प की अभिलाषा' में कोई मजबूरी नहीं, एक अंतरतम की चाह है। मनुष्य में ही नहीं पूरे परिवेश में जर्रे-जर्रे में पत्ते-पत्ते में जन्मभूमि पर मर-मिटने की आकांक्षा है :

चाह नहीं मैं सुरबाला के गहनों में गूँथा जाऊँ
चाह नहीं प्रेमी माला में बँध प्यारी को ललचाऊँ
चाह नहीं सम्राटों के सिर पर हे हरि डाला जाऊँ
चाह नहीं देवों के सिर पर चढ़ूँ भाग्य पर इतराऊँ
मुझे तोड़ लेना वन माली उस पथ पर तुम देना फेंक
मातृभूमि पर शीश चढ़ाने जिस पथ जाएँ वीर अनेक।

भारतीय मानसिकता में जन्मभूमि का निर्णायक युद्ध नहीं, उसके प्रति कर्तव्य का, माँग का बोध प्रबल है क्योंकि इन लोगों के पास आर्थिक-राजनीतिक शक्ति नहीं है। शोषण और अन्यायपूर्ण शासन से आज़ादी के लिए संघर्ष के सिवा कोई रास्ता नहीं है और इस संघर्ष के लिए उनमें उत्साह-उमंग का, नैतिक कर्त्तव्य का बोध है :

इस स्वतंत्रता महायज्ञ में
कई वीरवर आए काम
नाना धुंधू पंत तातिया
चतुर अजीमुल्ला सरनाम

—'झाँसी की रानी'

एक ओर युद्ध सत्ता के साथ होने का प्रतीक है, दूसरी ओर शोषणकारी सत्ता के विरोध का। एक ओर सत्ता युद्ध प्रचार कर जनता को उसमें शामिल होने के लिए फुसलाती-धमकाती है दूसरी ओर सत्ता सशस्त्र संघर्ष का ही नहीं निष्क्रिय प्रतिरोध का भी हिंसक दमन करती है। दोनों के बीच का यह अंतर ही दोनों के लिए युद्ध और देश-प्रेम की भावना का, राष्ट्रीयता की भावना का अलग-अलग मायने रखता है। एक में शंका-दुविधा है तो दूसरे में प्रबल आत्म-विश्वास। एक महसूस करता है कि :

मैंने हज़ारों बार विचारा
कि उन करोड़ों प्रतिरोधों में से
किसे युद्ध कहें
युद्ध क्या है? निरंतर बहते रक्त की धारा
जिसे धरती सोख लेती है
जाने कब मेरे लहू की बारी आए।

—कोनेको मित्सुहारु की कविता 'सेन्सो'। अनु. अनीता खन्ना, जे.एन.यू.

तो दूसरे में "सरफरोशी की तमन्ना अब हमारे दिल में है/देखना है ज़ोर कितना बाजु-ए-कातिल में है" कहकर अपने आपको संघर्ष में झोंक देने का जज्बा है।

प्रेरणा कैसी भी हो युद्ध का समय सबके लिए संकट और त्रास का समय होता है। युद्धकाल में कठिन परिस्थितियों में जीवन बिताने और पराजित होने के दारुण अनुभवों से गुजरा था जापानी। उन अनुभवों का इतिहास और वर्तमान जापानी कविता का अत्यंत हृदय-विदारक पक्ष है। युद्ध के कारण एक पूरी पीढ़ी का जीवन कैसे अधूरा, अकेला, आसपास के लोगों के सहज व्यवहार के सामान्य अनुभव से वंचित, प्रेम के अभाव से पीड़ित रहा था। इबाराकी नोरिको की कविता 'वाताशिगा इचिबान किरेइ दात्ता तोकि' की ये पंक्तियाँ बहुत ही मार्मिक ढंग से बयान करती हैं :

जब मैं सौंदर्य के चरम शिखर पर थी
चारों ओर लोग मर रहे थे
कारखानों में, समुद्र में, अनजाने द्वीपों में
सजने सँवरने का मौका ही खो बैठी थी

जब मैं सौंदर्य के चरम शिखर पर थी
न किसी ने मुझे तोहफे दिए
सैल्यूट के सिवाय युवक जानते भी क्या
आँखों के भावों को छोड़कर चल दिए सब उस ओर

जब मैं सौदर्य के चरम शिखर पर थी
हारा था युद्ध मेरा देश
अविश्वसनीय परिस्थितियों में
भटकी थी मैं गाँव-शहर
× × ×
बहुत दुखी थी
बहुत आकुल
बहुत-बहुत अकेली।

—अनु. जनुश्रुति चंद्र सेठ, जे.एन.यू

अमृतसर के जलियाँवाला बाग में निरपराध मासूमों की नृशंस हत्या से फैला भय और विषाद सुभद्रा कुमारी चौहान की कविता 'वीरों का कैसा हो वसंत' बयान करती है :

आना हे ऋतुराज किंतु धीरे से आना
यह है शोक स्थली यहाँ मत शोर मचाना।

अणुबम विस्फोट से लाखों लोगों के जलकर मर जाने के बाद थोड़े से जीवित बचे रेडियम के प्रभाव से ग्रस्त लोगों की मानसिक-शारीरिक व्यथा की कहानी है तोगे सांकिची का अणुबम कविताओं का संग्रह 'गेंबाकुशिशु' (1951)। छह अगस्त 1945 को बम विस्फोट के बाद हिरोशिमा का दृश्य है :

दिखती हैं फटी इमारतें, ध्वस्त पुल
भीड़ से खचाखच कोयला बनी ट्रामें
मलबे और अंगार का असीम अम्बार—
यह हिरोशिमा था।

फिर दिखने लगती है
चमड़ी के लटकते चिथड़े वाले,
हाथों को छाती पर दबाए
अधजले कपड़े कमर पर लपेटे
नंगे लोगों की बिलखती कतारें;
रास्ते में बिखरे कपालों के टुकड़े
पैरों तले रौंदती कतारें।
पत्थर की टूटी मूर्तियों की तरह
परेड मैदान पर
बिखरी हुई लाशें
× × ×
धीरे-धीरे लाशों के ढेर में
बदल जाते हैं लोग।

—अनु. निरंजन उजगरे और हिदेआकी इशिदा

अमानवीय यातना सहते लोगों की व्यथा तो असह्य है ही जो इस यातना से बचे हैं वे जीवन-भर मानसिक-भावनात्मक बेचैनी झेलने को अभिशप्त हैं। महाभारत के बाद वनों में भटकते अश्वत्थामा की तरह लगातार अशांत। 'गेंबाकुशिशु' संग्रह की 'भूमिका' के रूप में लिखी छोटी-सी कविता है :

हमारे पिता लौटा दो,
हमारी माताएँ लौटा दो,
हमारे बुजुर्ग लौटा दो,
हमारे बच्चे लौटा दो।
हमारे अपने लौटा दो,
मुझे ही मुझको लौटा दो,
जब तक इन्सान, इन्सान बन कर जी रहा है
तब तक उन्हें
न खत्म हो ऐसी शांति लौटा दो।

—अनु. निरंजन उजगरे और हिदेआकी इशिदा

छोटी-सी यह कविता युद्ध में मानवता के विनाशकारी परिणामों की और मानवीय यातना की चरमानुभूति से तदाकार करा देती है। हिरोशिमा जापान का यथार्थ था, वहाँ के लोगों की भोगी-झेली हुई अनुभूति कई पीढ़ियों तक लोगों के दिलों में दुखता-कसकता यथार्थ। भारतीय लोगों ने इसे दूर से सुना-देखा था। जर्मनी और रूस के मोर्चों पर

लड़ते लोगों की, कंसेंट्रेशन कैंपों में अमानवीय स्थितियों में रहते, गैस चैंबरों में धकेले जाते लोगों की व्यथा-कथा को दूर से सुना-पढ़ा था। युद्ध के भयानक परिणामों से थरथराए भारतीय कवि की श्रेष्ठतम हिंदी कृति है—रामधारी सिंह दिनकर की 'कुरुक्षेत्र' (1946) महाभारत कथा पर आधारित युद्ध की सार्थकता-निरर्थकता पर विचार करती हुई रचना। सुपरिचित कथा के बहाने 'कुरुक्षेत्र' युद्ध की विनाश लीला बहुत ही सशक्त, तीखे और मार्मिक ढंग से संप्रेषित कराता है :

हाय पितामह जीत किसकी हुई यह
ध्वंस अवशेष पर सिर धुनता है कौन?
कौन भस्मराशि में विफल सुख ढूँढ़ता है
लपटों से मुकुट का पट बुनता है कौन?
और बैठ मानव की रक्त सरिता के तीर
नियति के व्यंग्य भरे अर्थ गुनता है कौन?
कौन देखता है शवदाह बांधवों का
उत्तरा का करुण विलाप सुनता है कौन?

युद्ध का परिणाम देख कर विचलित युधिष्ठिर आत्म-धिक्कार और पश्चात्ताप से ग्रस्त हैं, कहते हैं :

जानता कहीं जो परिणाम महाभारत का
तन बल छोड़ मैं मनोबल से लड़ता।

दूसरी ओर, भीष्म पितामह इस पश्चात्ताप से आहत होते हैं। अहिंसा को वे कायरता मानते हैं क्योंकि "पाशविकता खड्ग जब लेती उठा/आत्मबल का एक वश चलता नहीं।"

उनके मत से सज्जनता और अहिंसा तभी कारगर होती है जब दूसरे भी उसमें विश्वास करें। यदि दूसरे अस्त्र उठाए प्रहार पर आमादा हों तो अहिंसा कायरता है :

छीनता हो और कोई स्वत्व तू
त्याग तप से काम ले यह पाप है
पुण्य है विच्छिन्न कर देना उसे
बढ़ रहा तेरी तरफ जो हाथ है

किंतु हिंसा-अहिंसा दोनों में से कौन-सा त्याज्य है और कौन-सा वरेण्य इसका फैसला नहीं हो सका है। हाँ इतनी बात ज़रूर निकल कर आई है कि क्षमा, दया, करुणा, त्याग, शक्तिवान की शोभा है, शक्तिहीन की नहीं :

क्षमा सोहती उस भुजंग को
जिसके पास गरल हो

उसको क्या, जो दंतहीन
विषहीन विनीत सरल हो।

अहिंसा और युद्ध के बीच इस द्विधा के बावजूद कवि अहिंसा को खारिज नहीं करता क्योंकि इससे जुड़ा है नैतिक मूल्यों पर आधारित संघर्ष जो पूरी आज़ादी की लड़ाई का मूल स्वर रहा है।

स्वातंत्र्योत्तर भारत में मूल्यों के ह्रास और मोहभंग की मानसिकता के तीखे व्यंग्य-विडंबना के साथ उभारते हुए फिर एक युद्ध काव्य महाभारत कथा को आधार बनाते हुए आया। धर्मवीर भारती का 'अंधा युग' अठारह दिन लड़ी गई महाभारत की लड़ाई खत्म होने के बाद की मानसिकता की अभिव्यक्ति है :

युद्धोपरांत यह अंधा युग अवतरित हुआ
× × ×
हम सबके मन में गहरा उतर गया है युग
अश्वत्थामा है संजय है अँधियारा है
है दास वृत्ति उन दोनों वृद्ध प्रहरियों की
अंधा संशय है लज्जाजनक पराजय है

महाभारत युद्ध में हर तरह की मर्यादाएँ तोड़ी गईं और घृणा, विद्वेष, प्रतिशोध, हिंसा के सिवाय कोई मानवीय मूल्य नहीं शेष रहा। आज़ाद भारत के पुनर्निर्माण के लिए आजादी की लड़ाई के दौरान सँजोए गए सपनों को आजादी बाद बिखरते देख आम जनता का मोहभंग हुआ। वह अपने को स्वतंत्र महसूस न कर सकी न ही अपनी स्थिति पर गर्व कर सकी है क्योंकि विकास की जो तस्वीर बनी उसमें कुछ खास लोगों को छोड़कर आम जन की भागीदारी नहीं हो सकी। आर्थिक, मानसिक, बौद्धिक आज़ादी मिली ही नहीं। जीवन मूल्यों के हनन से पस्त, त्रस्त, कुंठित, व्यथित जनमन ने महसूस किया कि संघर्ष में विजय ही पर्याप्त नहीं। मानवीय संबंधों की मर्यादा की रक्षा संघर्ष की प्रक्रिया में अपेक्षित है और संघर्ष के सफल होने अर्थात विजय के पश्चात भी। महाभारत युद्ध में अभिमन्यु वध समस्त युद्ध मर्यादाओं को तोड़ते हुए किया गया था और एक बार शुरू हुई अनीति निरंतर अनीति का ही विस्तार करती गई।

गौर करने की बात है कि जिन देशों ने विश्वयुद्ध लड़े और जिनकी भूमि पर लड़े गए उनकी जनता तो शारीरिक, मानसिक, भौतिक रूप से क्षत-विक्षत, अस्त-व्यस्त हुई ही जिन देशों की भूमि पर विश्वयुद्ध नहीं लड़े गए वे भी युद्ध की आँधी की चपेट से बच नहीं सके। मनुष्य भीतर से टूटा, बाहर से लुटा-पिटा, आत्म-निर्वासित अकेला हो गया। मनुष्यता, करुणा, दया, सहानुभूति जैसे सभी मूल्य धराशायी हो गए और बंजर

संस्कृति विकसित हुई। इसी बंजरपन की पीड़ा का अहसास दुनिया भर के युद्धोत्तर साहित्य में मौजूद है।

युद्धोत्तर जापान के कवियों के पहले ग्रुप ने अपने को 'अरेची' (बंजर ज़मीन के रचनाकारों का मंडल) नाम दिया क्योंकि युद्ध के विनाश के बाद उन्हें दुनिया में हर चीज़ निस्सार, निरर्थक और सब कुछ वीरान महसूस हुआ और कहीं कोई जगह जीने लायक नहीं दिखाई देती। मरना भी निरर्थक दिखाई देता है। इस वर्ग के प्रतिनिधि तामुरा र्‌यूइचि, मियोशी तोमोइचिरो, किहारा कोइचि, कोनेको मित्सुहारु हैं। युद्ध के उपरांत रिक्तता और विषाद झेलने को अभिशप्त जीवन में परितोष की कोई संभावना न देख पाते इन कवियों की चेतना मृत्युबोध से आच्छादित है :

गिरती आ रही आसमान से एक नन्ही चिड़िया
जहाँ कोई नहीं है उस जगह पर
उस जगह उस पर गोली दागी गई
गोली खाई चिड़िया के लिए मैदान है

× × ×

मैदान में चिड़िया की लाश है
और मेरे लिए मृतक ही मृतक हैं
क्योंकि मृत्यु मेरे मस्तिष्क में है
इसलिए संसार के भीतर की
खिड़की में कोई नहीं है।

—तामुरा र्‌यूइचि 'माबुरोशि ओ मीरू हितो'

अरेची कवियों ने युद्ध से पहले के कवियों की आधुनिकता और समाजवादी यथार्थवाद दोनों को अस्वीकार किया। 'अरेची' पत्रिका के जनवरी 1948 से 1951 के बीच पाँच अनियमित मासिक अंक निकले। उन्होंने 1950 के दशक के दौरान कोरिया युद्ध जैसी घटनाओं पर चिंता सीधे विरोध के रूप में व्यक्त न करके मृत्यु की मौजूदगी के अहसास के रूप में व्यक्त की। निराशा और सकारात्मक दृष्टिकोण के अभाव के बावजूद 'अरेची' कवि सम्माननीय हैं, हालाँकि साम्यवादी कवियों ने उन्हें पराजयवादी कहते हुए उन पर प्रतिक्रियावाद का लेबल लगाया है।

साठ के दशक में भारत को दो युद्ध सीमाओं पर लड़ने पड़े—1962 का चीनी और 1965 का पाकिस्तानी आक्रमण। इन दोनों में चूँकि युद्ध आक्रमण का सामना करने के लिए थे अतः फिर से बहुत-सा साहित्य दुश्मन के मुकाबले की चेतना जगाने और युद्ध में प्राणार्पण की भावना जगाने के लिए लिखा गया। चीनी आक्रमण के बाद दिनकर ने 'परशुराम की प्रतीक्षा' नामक काव्य लिखा। परशुराम महाभारत के दो

प्रधान पात्रों—भीष्म और कर्ण—के गुरु हैं, माइथोलॉजी के सबसे समर्थ गुरु जो देश की रक्षा में सक्षम शिष्यों की पीढ़ी तैयार कर सकते हैं। उस समय की नई पीढ़ी में सीमाओं की रक्षा करने की आकांक्षा और लगन पैदा करने के लिए परशुराम जैसे गुरु की जरूरत थी। युद्ध को लेकर भारतीय दृष्टिकोण ज़ेन सिद्धांत से मिलता-जुलता है जिसके अनुसार रक्षात्मक प्रहार सदैव आक्रामक प्रहार से अधिक शक्तिशाली होता है क्योंकि वह स्वार्थ अथवा अनीति से प्रेरित न होकर आत्मरक्षा और नीति से प्रेरित होता है।

बीसवीं सदी का साहित्य बुनियादी तौर पर युद्ध का साहित्य नहीं, न्याय की आकांक्षा का साहित्य है। युद्ध का समर्थन हो अथवा खंडन इतना तो निश्चित है कि आज इसकी गौरवगाथा नहीं गाई जा सकती। पुराने जमाने की वीरता और पराक्रम का वर्णन सुनना-पढ़ना आनंददायी हो सकता है, अपने समय में उसे देखना-भोगना असह्य पीड़ा के अलावा और कुछ नहीं दे सकता—विजयोल्लास भी नहीं। राजनीतिक-सामाजिक-आर्थिक स्वार्थ युद्ध को बुलावा देते हैं। युद्धों की भरपूर निंदा हो रही है किंतु युद्ध आज भी लड़े जा रहे हैं। कलिंग विजय के उपरांत सम्राट अशोक का हृदय-परिवर्तन और बौद्ध धर्म में दीक्षा लेकर अहिंसा मार्ग स्वीकार कर लेना यद्यपि भारत की ऐतिहासिक घटना रही है किंतु प्राचीन और मध्यकालीन साहित्य में उसका बहुत नोटिस नहीं लिया गया। किंतु आधुनिक मनुष्य की चेतना युद्ध को नकारना चाहती है।

(जापान फाउंडेशन द्वारा आयोजित
संगोष्ठी (26-28 अक्टूबर), दिल्ली में पठित आलेख)

जापान में अज्ञेय

अज्ञेय जी आरंभ से ही नवोन्मेष और प्रयोगशीलता के लिए न केवल जाने जाते रहे हैं बल्कि वाद-विवाद का विषय रहे हैं। जापानी साहित्य एवं संवेदना से हिंदी का सर्वप्रथम संवाद स्थापित करने का श्रेय उन्हें प्राप्त है। 1957 के ग्रीष्म और शरद के दौरान अज्ञेय जी ने जापान यात्राएँ कीं और 1959 में उनका नया काव्य संकलन 'अरी ओ करुणा प्रभामय' आया। जापान यात्रा के दौरान अज्ञेय जी ने जो देखा, घूमा, सुना, अनुभव किया और पढ़ा उसका उनके विचार, संवेदना और काव्य-शैली पर गहरा प्रभाव पड़ा जिसे उन्होंने स्वयं तो 'अरी ओ करुणा प्रभामय' की भूमिका में स्वीकार किया ही है बाद की कविताओं में भी हम कई रूपों में देख सकते हैं। जापान की प्रकृति ने उन्हें कितना आकृष्ट किया यह 'भवंती' में संकलित उनकी टिप्पणियों से देखा जा सकता है :

> "सागर मुझे अच्छा लगता है—बहुत अच्छा लगता है।...पहाड़ भी बहुत अच्छे लगते हैं। कभी जब फुरसत में कहीं बसने के दिवास्वप्न देखता हूँ, तो सोचता हूँ कि कहीं सागर तट पर रहूँ जहाँ घंटों सागर की हलचल देखता रह सकूँ—फिर एकाएक सोचता हूँ कि तब क्या पहाड़ छोड़ दूँगा? नहीं पहाड़ तो कभी नहीं छोड़ सकता—पहाड़ ही पर रहूँगा समुद्र पर जब तब चला जाया करूँगा! (इज़ू प्रायद्वीप की यही विशेषता है : वह समशीतोष्ण मेखला का पहाड़ी सागर तट है जिसपर हिमाच्छादित ज्वालामुखी भी है, पथरीली तटियाँ भी हैं, रेतीली भी, ठंडा उद्विग्न समुद्र भी है और गर्म अंतर्धारा से तपाया हुआ सुहाने वाला और प्रशांत तर पानी भी; गर्म सोते ठंडे झरने, ऊपर बर्फ नीचे कदली वन; एक छोटे से भूखंड में अनेक विरोधों का निर्वाह करता हुआ इज़ू प्रदेश ही ऐसा देखा जो मेरे दिवास्वप्नों की प्रायः सब शर्तें पूरी कर देता है। अगर वह देश में होता—या उस पर रहने वाले हिंदी भाषी होते, तो सचमुच वहाँ जा बसता! क्योंकि पहाड़ और सागर की तरह हिंदी भी मेरे दिवा-स्वप्नों का अंग रहती है : पहाड़ के पास रहूँगा, सागर के पास रहूँगा, और हिंदी में रहूँगा...)"
>
> —भवंती, पृष्ठ 109

अज्ञेय की कविताओं के जापानी सरोकारों की चर्चा तीन बिंदुओं पर की जा सकती है :

1. जापान प्रवास के दौरान लिखी गई कविताएँ,
2. जापानी हाइकू का अनुवाद; और
3. भारत आने के बाद लिखी गईं वे कविताएँ जिनके प्रेरणा स्रोत जापान में हैं।

I

जापान प्रवास की कविताएँ तोक्यो, कामाकुरा, क्योतो, नारा, अतामी, निक्को, ओसाका, हिरोशिमा यात्रा के दौरान लिखी गई हैं। 'हे अमिताभ', 'धरा व्योम', 'दीप पत्थर का', 'सोन मछली', 'सम्राज्ञी का नैवेद्य दान', 'रूप केकी', 'पूनो की साँझ', 'सांध्य तारा', 'औद्योगिक बस्ती', 'सागर पर भोर' जैसी प्रतिनिधि कविताएँ इनमें शामिल हैं। इस यात्रा के दौरान अज्ञेय को जापानी साहित्य एवं वाङ्मय पढ़ने का, वहाँ की चित्रकला एवं मूर्तिकला से रू-ब-रू होने का अवसर मिला। 'ज़ेन' बौद्ध विचार एवं साधना-पद्धतियों को जानने-समझने का यह अवसर उनके लिए बड़ा ही समृद्धिकारी सिद्ध हुआ यह बात अज्ञेय ने खुद स्वीकार की है। 'अरी ओ करुणा प्रभामय' की भूमिका में उन्होंने लिखा है :

> 'जापान के ज़ेन बौद्ध संप्रदाय की विचार और साधना-पद्धतियों का और तत्संबंधी साहित्य और वृत्त का लेखक आभारी है प्रत्येक साधना एक दृष्टि देती है : कला के संदर्भ में किसी भी 'देखने' में कुछ 'न देखना' भी सन्निहित होता है क्योंकि कला दृष्टि अनिवार्य तथा वृत्ति धर्मा है...जापानी 'ज़ेन' भारतीय 'ध्यान' का ही रूप है किंतु ज़ेन का साहित्य भंडार आज के भारतीय लेखक के लिए भी कितना स्फूर्तिप्रद है! प्रस्तुत संग्रह में अनुवादों को छोड़कर अन्य कविताओं में भी पूर्व के (और पश्चिम के भी क्यों नहीं?) प्रभाव मिलेंगे; लेखक सभी का स्वीकारी है।"
>
> —'भूमिका' से

खास बात यह है कि जापान में जिन स्थानों की यात्रा की उनपर तत्काल प्रतिक्रिया में सपाट कविता अज्ञेय ने अक्सर नहीं लिखी है। हिरोशिमा पर भी कविता लंबे अंतराल के पश्चात 1959 में लिखी गई है। नारा में 'अमिदा जी' (अमिताभ) मंदिर की यात्रा के दौरान अवश्य 'हे अमिताभ' नामक कविता रची गई है। बुद्ध को संबोधित यह कविता वस्तुतः नमन है और क्योतो में 6 सितंबर, 1957 को लिखी है।

हे अमिताभ!
नभ पूरित आलोक
सुख से, सुरुचि से, रूप से, भरे ओक :
हे अवलोकित
हिरण्याभ!

उसी दिन नारा में लिखी गई 'धरा व्योम' शीर्षक कविता इसी का जैसे विस्तार है जिसमें करुणा और क्षमा आकाश और धरती से निकली हैं और नदी सागर स्रोत झरना सभी के समान जीवन के उमड़ने, बढ़ने, फैलने के विस्तार का चित्र है। फिर 9 सितम्बर को क्योतो में लिखी गई कविता 'दीप का पत्थर' है :

दीप पत्थर का
लजीली किरण की
पदचाप नीरव :
अरी ओ करुणा प्रभामय
कब? कब?

यह कविता जापान के विशिष्ट सांस्कृतिक शिल्प प्रतीक पर लिखी गई है। जापानी मंदिरों के प्रांगण में और द्वार पर पत्थर की दीवट बनी होती है जिनके भीतर कभी दिया अथवा मोमबत्ती रखी जाती रही होगी। ये दीवटें आजकल इस्तेमाल नहीं होतीं क्योंकि सब जगह बिजली के प्रकाश की व्यवस्था है। किंतु ऐतिहासिक सांस्कृतिक धरोहर के रूप में ये अपना प्रकाश आज भी फैलाए हैं। पत्थर की इस दीवट (दीपाधार) पर लिखी कविता में दीपक के मद्धिम लजीले प्रकाश से फैलती करुणा की प्रभा का अंकन है—प्रश्न चिह्न के साथ कि 'करुणा प्रभामय कब? कब?'

उसी दिन पुनः नारा-क्योतो में लिखी कविता 'एक चित्र' में भी मेघाच्छन्न आकाश, झुकी हुई डाल से पंछी का स्वर सुनाई देना, कवि-मन पर 'शांत करुणा कल्याणी छवि' उदित होना और उसे मुदित भाव से कवि का नमन—यह पुनः चराचर प्रकृति में करुणा के विस्तार की कविता है।

ध्यान देने की बात है कि जापान पहुँचकर महात्मा बुद्ध को देख अज्ञेय के भारतीय मन में सर्वाधिक जो चीज़ कौंधती है वह है। जो भी सुख बुद्ध की अपार करुणा। कई कविताओं में इस अपरिचित करुणा का संदर्भ बार-बार गूँजता है जबकि अज्ञेय भली-भाँति जानते हैं कि जापान में जाकर बौद्ध धर्म क्षात्र धर्म हो गया है अहिंसा के मूल तत्त्व को छोड़ वहाँ उसने अस्त्र ग्रहण पर लिया है ज़ेन 'बुद्धिज्म' 'समुराई' (योद्धा समाज) संस्कृति के भीतर पनपा बढ़ा बौद्ध धर्म है। ज़ेन के इस रूप

से साक्षात्कार के बावजूद गौतम बुद्ध से जुड़ी सनातन करुणा अज्ञेय के मन में बार-बार उमड़ती है। इसी यात्रा के दौरान तोक्यो में लिखी गई कविता 'सम्राज्ञी का नैवेद्य दान' जापान की एक घटना-विशेष पर आधारित है। जापान की सम्राज्ञी कोमियो नारा के बुद्ध मंदिर—अमिदा जी—की यात्रा पर जाते समय एक तरह के असमंजस में पड़ गईं कि भगवान बुद्ध को चढ़ाने के लिए क्या नैवेद्य लेकर जाएँ। और इस असमंजस के चलते वे कुछ भी भेंट लिए बिना, खाली हाथ गईं। इस घटना की मानसिकता को अज्ञेय पुनः करुणा और अहिंसा के भावबोध से सम्पृक्त करके देखते हैं। अज्ञेय, जिनकी कविता की शक्ति अमूर्तन में है, यहाँ करुणा के अपरिमित विस्तार में समूर्तन पर आ जाते हैं :

जो मुझे सुनाती
जीवन के विह्वल सुख-क्षण का गीत—
खोलती रूप-जगत के द्वार जहाँ
तेरी करुणा बुनती रहती है
भव के सपनों, क्षण के आनंदों के
रहःसूत्र अविराम—
उस भोली मुग्धा को
कँपती
डाली से विलगा न सकी।

औरों के द्वारा तोड़ कर संग्रह किए गए फूलों को सम्राज्ञी नैवेद्य के उपयुक्त नहीं समझतीं और स्वयं फूल तोड़ना प्रकृति की लय और प्रकृति के सहज सुख को छीन लेना समझती हैं। सभी पुष्प अपनी डाली पर सुखी हैं, शोभा पाते हैं और उस डाली पर रहते हुए ही सम्राज्ञी उन्हें अर्पित कर रही हैं—अक्षत, अनाघ्रात, अस्पृष्ट, अनाविल।

जो कली खिलेगी, जहाँ खिली
जो फूल जहाँ है,
जो भी सुख
जिस भी डाली पर हुआ पल्लवित, पुलकित
मैं उसे वहीं पर
अक्षत, अनाघ्रात, अस्पृष्ट, अनाविल,
हे महाबुद्ध!
अर्पित करती हूँ तुझे।

प्रकृति में जीवन मानने वाली एशियाई दृष्टि फूलों को डाली से विच्छिन्न किए बगैर ही उसके 'सुंदर आनंद निमिष' का नैवेद्य चढ़ा रही हैं।

'पूनों की साँझ', 'सोन मछली', 'दीप पत्थर का' जैसी हाइकूनुमा कविताएँ भी इसी दौरान अज्ञेय ने लिखीं। 'पूनों की साँझ' बहुत टिटकी शृंगार-बोध की कविता है :

पति सेवारत साँझ
उचकता देख पराया चाँद
लला कर ओट हो गई।

'सोन मछली' 10 सितंबर, 1957 को क्योतो में लिखी गई थी। यह नितांत अमूर्त एवं बहुचर्चित और विवादास्पद कविता है :

हम निहारते रूप,
काँच के पीछे
हाँफ रही है मछली।
रूप तृषा भी (और काँच के पीछे)
है जिजीविषा।

अपने बिंब में स्पष्ट एवं सचित्र होने के बावजूद व्याख्या में यह कविता काफी जटिल और अनिश्चित रही है, या कहें कि अर्थ की अनेकानेक संभावनाओं से भरी रही है। हिंदी के दो पीढ़ियों के मूर्धन्य आलोचकगण इससे लगातार जूझते रहे हैं। डॉ. नगेन्द्र ने 'रस सिद्धांत' नामक अपनी पुस्तक में नयी कविता पर रस प्रतिमानों को लागू करते समय इस कविता को उदाहरण के लिए चुना और इसके बिंब को रस प्रक्रिया में व्याख्यायित किया (रस सिद्धांत, पृ. 356-357) वहीं डॉ. नामवर सिंह ने नयी कविता पर रस-प्रतिमान को लागू करने के डॉ. नगेन्द्र के प्रयास को इसी कविता के उदाहरण द्वारा चुनौती दी—"सैद्धांतिक स्तर पर इस सहृदयता को चाहे जितने शब्दों एवं युक्तियों से सज्जित किया जाए, किंतु एक छोटी-सी कविता भी सिद्धांत के बड़े से बड़े गुब्बारे के लिए आलपिन हो जाती है। उदाहरण के लिए 'रस सिद्धांत' में अज्ञेय की 'सोन मछली' कविता का... विवेचन।" (कविता के नये प्रतिमान, पृ. 23-24) अपनी पुस्तक 'नयी कविता और अस्तित्ववाद' में डॉ. रामविलास शर्मा ने भी इस कविता के आधार पर अज्ञेय को रूपवादी सिद्ध करने का प्रयास किया है। किंतु डॉ. नामवर सिंह और डॉ. रामविलास शर्मा, दोनों ने ही इस कविता की व्याख्या का प्रयास नहीं किया है।

अज्ञेय ने स्वयं ही 'आत्मनेपद' और 'भवंती' में इस कविता में निहित गूढ़ार्थ को खोलने और स्पष्ट करने का प्रयास किया है किंतु अपनी अमूर्तता और जटिलता के कारण वह और भी अस्पष्ट होता रहा है :

"जीवन स्वप्नों और आकारों का एक रंगीन और विस्मय भरा पुंज। हम चाहें तो उस रूप में ही उलझे रह सकते हैं; किंतु रूप का यह आकर्षण भी वास्तव में जीवन के प्रति हमारे आकर्षण का ही प्रतिबिंब है। जीवन को सीधे न देख कर हम काँच में से देखते हैं, तो हम उन रूपों में ही अटक जाते हैं जिनके द्वारा जीवन अभिव्यक्ति पाता है। काँच की टंकी में पाली हुई सोन मछली पर कविता में यही कहा गया है।

मछली का प्रतीक कोई नया नहीं है। प्रतीकार्थ अलग-अलग होते रहें वह दूसरी बात है। पर कुछ विशेष प्रतीक रूप ऐसे होते हैं जो चिरकाल के लिए स्थिर हो जाते हैं, व्यापक हो जाते हैं। यह इसीलिए है कि प्रतीक वास्तव में ज्ञान का एक उपकरण है। जो सीधे-सीधे अभिधा में नहीं बँधता उसे आत्मसात करने या प्रेषित करने के लिए प्रतीक काम देते हैं। जो जिज्ञासाएँ सनातन हैं उनका निराकरण करने वाले प्रतीक भी सनातन हो जाते हैं।"

'आत्मनेपद'—'आत्मपरक', पृ.42

वस्तुतः इस कविता में सांस्कृतिक मन और आधुनिक प्रायोगिक मन एक-दूसरे से ऐसा चिपक गया है कि अर्थ संदर्भ को ही पकड़ पाना चुनौतीपूर्ण काम हो जाता है। प्रबुद्ध पाठक अनुमान के सहारे या कुछ शब्द-प्रतीकों को पकड़ कर इसमें अर्थ सृष्टि करता है।

मछली का पारंपरिक प्रतीक और 'रूप' का पारंपरिक अर्थ—'नाना रूपात्मक जगत' के संदर्भ में और फिर उसके साथ आधुनिक विज्ञान-प्रौद्योगिकी के जमाने में बदलते हुए तथा जटिल होते हुए अर्थ संदर्भ इस कविता में एक साथ गड्ड-मड्ड हो गए हैं। प्राकृतिक जीवन के प्रतीक के रूप में मछली काँच की टंकी में बंद उन्मुक्त प्रकृति आज की सभ्यता की जटिलता में आबद्ध है। यहाँ मानव निर्मित व्यवस्था का सौंदर्य है काँच में मछली पालने का शौक, दूसरी ओर मछली की जिजीविषा है प्रकृति की सहज व्यवस्था में।

II

अज्ञेय द्वारा किए गए जापानी हाइकू के अनुवाद 'अरी ओ करुणा प्रभामय' संकलन के 'एक चीड़ का खाका' नामक खंड में संकलित हैं। इन 27 हाइकू के अनुवादों के

दो रूप हैं--पहले तो वे जिनमें यह बताया गया है कि मूल रचना किस कवि की है दूसरे वे जिनमें मूल कवि का नाम नहीं दिया गया केवल कहा गया है कि यह कविता जापानी हाइकू पर आधारित है। कविता संख्या 53, 55, 64 और 75 के मामले में ऐसा ही हुआ है। ऐसा क्यों हुआ इस बारे में स्वयं कवि ने लिखा है :

> "जहाँ ये अनुवाद न होकर केवल छायानुवाद रह गए हैं, वहाँ कारण इस लेखक की मौलिकता नहीं बल्कि उसकी असमर्थता ही है; जापानी भाषा न जानने से वह मूल रचना रोमन (लिपि) में पढ़कर भी उसे समझने से वंचित रहा है और अंग्रेज़ी अनुवादों या जापानी बंधुओं द्वारा की गई व्याख्याओं पर ही निर्भर रहा। कहीं-कहीं जहाँ मूल से अपनी दूरी लेखक स्वयं स्पष्ट देख सकता था, वहाँ उसने जापानी कवि का नामोल्लेख अपने अधिकार से बाहर मान कर केवल जापानी काव्य का ऋण स्वीकार कर लिया है।"
>
> —'भूमिका' से

अज्ञेय स्वयं की अपने अनुवाद की सीमा के प्रति सचेतनता और आत्म-स्वीकृति तो सराहनीय है ही महत्त्वपूर्ण बात यह है कि शेष अनुवाद, जिनमें मूल लेखक का नामोल्लेख किया गया है, अज्ञेय की कवि प्रतिभा के अनूठे उदाहरण हैं। हाइकू जैसे अति लघु छंद का भाव ग्रहण करते हुए उसे हिंदी पाठककी संवदेना के साथ सम्प्रेषणीय बना देना, जापानी कविता का हिंदी भाषा में उतर कर इस भाषा के परिवेश, भाव-बोध एवं संवेदना का बन जाना इन अनुवादों की एक अप्रतिम विशेषता है। ये जापानी मूल के कितने निकट हैं इस संबंध में जापान के प्रसिद्ध विद्वान प्रो. तोषियो तनाका के 'धर्मयुग' में छपे लेख 'हाइकू और अज्ञेय' से एक उदाहरण देना उपयुक्त है :

> अज्ञेय में कवित्व इतना था कि जापानी साहित्य के मानस जगत में प्रवेश होने में समर्थ हुआ...अज्ञेय ने हाइकू के मानस जगत में अपना हृदय पटल देखा होगा। इसीलिए अज्ञेय को हाइकू के अनुवाद कार्य में जितनी सफलता मिली, उतनी किसी जापानी भाषाविद् विदेशी लेखक को नहीं मिली थी। उदाहरणार्थ :

शीरा ऊओ या
सानागारा, ऊगो
मीज़ू नो तामाशोई —(राइज़ान, 1653-1716)

उछली मछली
मानो पानी का अंतरंग ही
काँप गया हो —अज्ञेय

दि व्हाइट बेट
एज़ दो दि स्पिरिट ऑफ दि वाटर
वर मूविंग —ब्लिथ

यह वसंत की कविता है। हवा तेज़ नहीं, धूप कड़ी नहीं, वातावरण शांत। शायद गाँव का दृश्य होगा। छोटी नदी बहती है। वहाँ कवि ने क्षण भर देखा है। इसका अनुवाद ब्लिथ ने यथा शब्द किया।...अज्ञेय के अनुवाद को पढ़ने से पता चलता है कि 'उजला' 'काँपना' शब्द का प्रयोग अपना है। यही अज्ञेय की विशिष्टता है।

—'हाइकू और अज्ञेय' (धर्मयुग, 16 अक्तूबर, 1966, पृ. 17)

हिंदी में हाइकू का समावेश इतने सार्थक और व्यंजनाश्रित ढंग से करने का श्रेय अज्ञेय को है कि ये हिंदी की अपनी मौलिक लिखी कविता प्रतीत होते हैं जापान से आए नहीं। बाशो का प्रसिद्ध हाइकू अज्ञेय के अनुवाद में

ताल पुराना
कूदा दादुर
—गुडुप।

निंतात हिंदी का हो गया है—अर्थ की अनेक-अनेक संभावनाओं के साथ।

विचारों का पुराना ताल उसमें नए विचारों की कौंध और उस कौंध से पैदा झनकार, रूढ़ि की पुरानी लीक और उसमें नवोन्मेष की झंकृति, रचना की परंपरा उसमें नए रचनाकार का नवोन्मेष ऐसे कई-कई अर्थों की यहाँ संभावना बनती है जो सर्वथा पाठक सापेक्ष है। इसी तरह बाशो का एक और हाइकू :

मौन पुराना नगर : साँझ
घंटा ध्वनि की लहरों पर तिरती
सुमन गंध।

या फिर बूसोन का यह हाइकू

वर्षा की बसंत में मैंने देखा :
छाता एक, एक बरसाती
साथ-साथ जाते, बतियाते।

अज्ञेय ने हाइकू के अनुवादों के दौरान जो भाषा की गति, लय, बिंब और अर्थ की लय का टिटकापन और संक्षिप्त बारीकी से सूक्ष्म प्रस्तुति विकसित की वह उनकी अपनी कविता के लिए नए आलोक का द्वार खोल सकी—काव्य सौष्ठव, शब्द गरिमा और अभिव्यक्ति का अभूतपूर्व संयम उत्पन्न कर सकी। अज्ञेय जी पहले भी जापानी

साहित्य से थोड़ा-बहुत परिचित थे। जापान प्रवास के दौरान उन्हें बहुत से जापानी साहित्य का अध्ययन-मनन का अवसर मिला। 'ज़ेन' से गहरा परिचय होने पर उन्होंने समझ पाया कि किस प्रकार इस विशेष दर्शन ने जापानी कविता को, विश्व युद्धों से पहले के समग्र जापानी जीवन को कितना प्रभावित किया था। ज़ेन साधना और विचार पद्धति के इस अध्ययन ने अज्ञेय की मानसिकता को गहराई तक प्रभावित किया है। 'आत्मनेपद' में उन्होंने लिखा है :

"ज़ेन साधना-पद्धति का एक अंग है—'कोआन' अथवा पहेली। यद्यपि इसे पहेली कहना पर्याप्त नहीं है क्योंकि इसका कोई बँधा हुआ उत्तर नहीं होता, हर साधक उसके लिए अपना विशिष्ट उत्तर पाता है। पहेलियों का उद्देश्य ही साधक को बँधे-बँधाए उत्तर के पूर्वग्रह से मुक्त करना होता है। यद्यपि पूर्वग्रह से मुक्त करने के लिए गुरु आवश्यक होता है, तथापि गुरु स्वयं एक पूर्वग्रह है और साधक को गुरु से कुछ पाने की अपेक्षा से भी मुक्त होना होता है...साधक के भीतर यथासमय कभी एक उन्मेष ('सतोरी') होता है और तीखे शुभ्र प्रकाश में वह पा लेता है पहेली का उत्तर—अभूतपूर्व अद्वितीय, एकमात्र असम्पृक्त उत्तर, जो इतना निःसंग कि स्वयं पहेली से भी कोई संबंध नहीं रखता—गुरु से या परंपरा से संबंध की तो बात दूर! इन सब बातों का संदर्भ देने का खतरा है मैं जानता हूँ। किसी विशेष साधना-पद्धति का मेरा कोई दावा नहीं है—न किसी विशेष उपलब्धि की बात मुझे कहनी है। ज़ेन के इतिहास और जापानी काव्य पर ज़ेन विचार पद्धति के प्रभाव का इतिहास कहीं पृष्ठभूमि में ही रहा। मुझे उसका लाभ हुआ तो यही कि काव्य संबंधी बहुत से पूर्वग्रह मुझसे झरते रहे, उनकी धुंध से अवरुद्ध मेरी दृष्टि मेरे अनजाने ही स्पष्ट होती रही।"

—'आत्मनेपद', पृ. 48

पूर्वग्रह झरने की यह प्रक्रिया एक उदाहरण से बहुत अच्छी तरह समझी जा सकती है। 'आत्मेनपद' में अज्ञेय ने इसकी चर्चा की है यह उदाहरण है—'अरी ओ करुणा प्रभामय' में छपी 'चिड़िया की कहानी' नामक इस कविता का :

उड़ गई चिड़िया
काँपी, फिर
थिर
हो गई पत्ती।

यह कविता क्षण-भर में घटित हुई एक घटना विशेष को देख कर उद्दीप्त हुई : "एक चिड़िया आकर क्वाँर की पत्ती के छोर पर टिकी ही थी—शायद मेरी ही तरह चिक के दूसरी पार की हलचल का कुछ आभास पाकर—पत्ती को ठेलती

हुई फिर उड़ गई। मानो उसका बैठने आना, पत्ती को छूना, फिर पकड़ने से भी पहले ठेल कर उड़ जाना अलग-अलग क्रियाओं का क्रम नहीं, एक ही अविभाज्य क्रिया थी। पंजों के और पंखों के धक्के से आहत लंबी पत्ती दो-एक बार काँपी और क्रमशः स्थिर हो चली।

मेरे चमत्कृत मन में कुछ शब्द जागे। 'कुछ शब्द' इसलिए कहता हूँ कि यद्यपि वे एक पंक्ति में भी लिखे जा सकते थे तथापि मेरे मन में तीन-चार पंक्तियों में विभक्त ही उदित हुए, मानो कविता का एक पद हो।"

—'आत्मनेपद', पृ. 45

ये पंक्तियाँ 1951 में लिखी गई थीं और तब से लेकर कवि कई बार इस असमंजस में रहा कि क्या यह संपूर्ण कविता है? क्या उस घटना और अनुभूति को लेकर जो भाव कवि के मन में उदित हुआ वह इन शब्दों में संपूर्ण हो गया इसमें कई बार सुधार-संशोधन करता रहा लेकिन उस संशोधन से भी संतुष्ट न हुआ। परिणामतः छह-सात वर्षों तक यह लघु कविता उठाकर एक ओर रख दी गई चीज़ की तरह पड़ी रही। कवि जब जापान गया तब भी उसे साथ ले गया :

"मेरी कापी की वह अधूरी कविता अब भी मेरे साथ थी। मैं जब तक जापानी लघु मुक्तक 'हाइकू' के संग्रह उठाकर पढ़ता और कुछ-एक मुक्तक पढ़ने के बाद आप्यायित भाव से पुस्तक एक ओर रखकर बैठा सोचता रहता...कभी-कभी कापी उठाकर उसके पन्ने उलटता और गौरैया चिड़िया वाली कविता पर आकर रुक जाता..."

—'आत्मनेपद', पृ.47

अज्ञेय का यह लेख कवि के मन की उथल-पुथल का संकेत तो देता ही है साथ ही यह भी स्पष्ट करता है कि कवि लंबे समय से जापानी साहित्य से संवाद स्थापित करने के प्रयास में था किंतु उसे लेकर आश्वस्त न था। लघु मुक्तक की मानसिकता कहीं न कहीं जाने-अनजाने उसके चित्त में सक्रिय थी किंतु उस परंपरा का ठोस आधार न होने के कारण उसे लगता रहा था उस घटना की अनुभूति की तात्कालिक अभिव्यक्ति ने "केवल बुद्धि को तोष दिया था, भाव का रेचन नहीं किया था।" (वही, पृ. 46)

स्थिति अथवा घटना विशेष को देखते ही तात्कालिक प्रभाव अथवा प्रतिक्रिया की अभिव्यक्ति ही 'हाइकू' के रूप में पूर्ण कविता हो सकती है इस बात को अज्ञेय का सांस्कृतिक मन तब स्वीकार नहीं कर पा रहा था, क्योंकि 'हाइकू' के सौंदर्यशास्त्र को समझे बगैर तो ऐसी तात्कालिक अभिव्यक्ति को जल्दीबाजी कह दिया जा सकता है। किंतु 'हाइकू' जापानी साहित्य की उपलब्धि हैं जिसमें अनुभूति विशेष की यथावत

तात्कालिक अभिव्यक्ति ही कविता बनती है। उसमें द्रष्टा और द्रष्टव्य का ऐक्य निहित होता है :

"काव्य रूप की दृष्टि से इन्हें लघु मुक्तक कहा जा सकता है। हाइकू का जन्म जापानी संस्कृति की परंपरा, जापानी जन-मानस और सौंदर्य चेतना में हुआ और वहीं पला है। हाइकू में अनेक विचारधाराएँ मिलती हैं–जैसे बौद्ध धर्म (आदि रूप, उसका चीनी और जापानी परिवर्तित रूप, विशेषकर ज़ेन सम्प्रदाय) चीनी दर्शन और प्राच्य संस्कृति। यह भी कहा जा सकता है कि एक हाइकू में इन सब विचारधाराओं की झाँकी मिल जाती है या हाइकू इन सबका दर्पण है।"

—हाइकू और अज्ञेय, तोषियो तनाका

अज्ञेय का लंबे समय तक अपनी तात्कालिक अभिव्यक्ति के प्रति आश्वस्त न हो पाना, जापान पहुँचने पर जापानी साहित्य और ज़ेन दर्शन के अध्ययन के उपरांत घटना को देखते ही तत्क्षण हुए उन्मेष–'द्रष्टा और द्रष्टव्य के ऐक्य' (चिड़िया के पत्ती पर बैठने और फिर उड़ने की घटना को कवि द्वारा देखा जाना) को काव्याभिव्यक्ति के रूप में स्वीकार करते हुए 'अरी ओ करुणा प्रभामय' (1959) की कविताओं में शामिल करना वस्तुतः उनके कविता संबंधी 'बहुत से पूर्वग्रहों' में से एक पूर्वग्रह का झरना ही है। यह 1951 में सहज रूप से लिखे गए 'हाइकू' की सगर्व स्वीकृति है।

III

आखिर में दो ऐसी कविताओं पर चर्चा करना चाहूँगी जिनके प्रेरणा-स्रोत जापान में हैं। ये कविताएँ हैं–1959 में लिखी गई 'हिरोशिमा' और 1961 में लिखी गई लंबी कविता 'असाध्य वीणा'।

विश्वयुद्ध जिन देशों की भूमि पर लड़े गए थे उन देशों और जो देश विश्वयुद्ध की खबर पा रहे थे या जिनके सैनिक दूसरे देशों में तैनात होकर लड़ रहे थे उनकी मानसिकता में एक बुनियादी अंतर रहा–भोक्ता मन और द्रष्टा मन का अंतर। यह नहीं कि उस संवेदना को दूर के देशों ने महसूस नहीं किया लेकिन जिन्होंने इसे स्वयं झेला उनकी वेदना अकथनीय थी। यही कारण है कि हिरोशिमा पर एटम बम गिरने की घटना को दूर से सुनना या पढ़ना और आज भी हिरोशिमा जाना दो अलग-अलग स्थितियाँ हैं, वहाँ जाए बगैर इसे समझ पाना लगभग असंभव है, खास तौर से उन देशों के लिए जो औपनिवेशिक गुलामी के चलते युद्ध की घटनाओं को तत्कालीन शासक वर्ग की मानसिकता के चौखटे के भीतर से देखने को मजबूर थे। हिंदी में विश्वयुद्ध संबंधी लेखन हुआ लेकिन हिरोशिमा की त्रासदी पर चर्चा लगभग नगण्य ही रही। आज भी परमाणु बम को लेकर हम किस रूप में गंभीर हैं यह विचार करने की बात

है।

हिरोशिमा यात्रा के दौरान अज्ञेय जी ने कोई तात्कालिक प्रतिक्रिया कविता में नहीं व्यक्त की। हिरोशिमा यात्रा की अनुभूतियों को आत्मात करते हुए लगभग दो वर्ष तक अपने भाव का रेचन करने के बाद 'हिरोशिमा' नामक कविता लिखी। हिरोशिमा की स्मृति उन्हें लंबे समय तक कुरेदती रही। 'हिरोशिमा शांति स्मारक' में सँजोयी गई अणु बम विस्फोट की अनुभूतियों को दो वर्षों तक झेलते रहने के बाद रची गई यह कविता मनुष्य की तथाकथित प्रगति पर अट्टहास करती है—बहुत ही शांत, संयत, व्यंजनापूर्ण स्वर में बम विस्फोट के दृश्य को सजीव करती हुई :

मानव का रचा हुआ सूरज
मानव को भाप बना कर सोख गया
पत्थर पर लिखी हुई यह
जली हुई छाया
मानव की साक्षी है

'असाध्य वीणा' नामक लंबी कविता के लिए भी अज्ञेय जापान के ऋणी हैं। 1961 में लिखी गई महाकाव्यात्मक औदात्य की गरिमा से पूरित इस कविता का कथानक एक चीनी कथा पर आधारित है जिसमें एक राजा की वीणा पेइवोह नामक एक साधक साधता है। ओकाकुरा काकुज़ो ने अपनी पुस्तक 'दि बुक ऑफ टी' में इस कथा को भव्य औदात्य के साथ प्रस्तुत किया है :

Once in the hoary ages in the Ravine of Langmen* stood a Kiri tree, a veritable king of the forest. It reared its head to talk to the stars; its roots struck deep into the earth, mingling their bronzed coils with those of the silver dragon that slept beneath. And it came to pass that a mighty wizard made of this tree a wondrous harp, whose stubborn spirit should be tamed but by the greatest of musicians. For long the instrument was treasured by the Emperor of China, but all in vain were the efforts of those who in turn tried to draw melody from its strings. In response to their utmost strivings there came from the harp but harsh notes of disdain, ill-according with the songs they fain would sing. The harp refused to recognize a master.

At last came Peiwoh, the prince of harpists. With tender hand he caressed the harp as one might seek to soothe an unruly horse, and softly touched the chords. He sang of nature and the seasons of high mountains and flowing waters, and all the memories of the tree awoke! Once more the sweet breath of spring played amidst its branches. The young cataracts, as they danced down the ravine, laughed to the budding flowers. Anon were heard the dreamy oices of summer with its myriad insects, the gentle pattering of rain, the wail of the cuckoo. Hark! a tiger roars—the valley answers again. It is autumn; in the desert night, sharp like a sword gleams the moon upon the frosted grass. Now winter reigns, and through the snow filled air swirl flocks of swans and rattling hailstones beat upon the boughs with fierce delight.

Then Peiwoh changed the key and sang of love. The forest swayed like an ardent swain deep lost in thought. On high, like a haughty maiden, swept a cloud bright and fair; but passing, trailed long shadows on the ground, black like despair. Again the mode was changed; Peiwoh sang of war of clashing steel and trampling steeds. And in the harp arose the tempest of Lungmen, the dragon rode the lightning, the thundering avalanche crashed through the hills. In ecstasy the Celestial monarch asked Peiwoh wherein lay the secret of his victory. "Sire." He replied, "others have failed because they sang but of themselves. I left the harp to choose, its theme, and knew not truly whether the harp had been Peiwoh or Peiwoh were the harp."

(The Book of Tea, p. 192-194)

ओकाकुरा की यह पुस्तक अंग्रेज़ी में है और जापान में काफी लोकप्रिय है। अज्ञेय ने संभवतया इसी से प्रेरणा लेकर असाध्य वीणा की प्रियंवद द्वारा साधना की कथा गढ़ी है। 'कला का आस्वादन' नामक निबंध की शुरुआत ओकाकुरा इसी कथा से करते हैं। इस तथ्य को स्थापित करने के लिए कि अहं को त्याग कर रचना के प्रति शिष्य भाव से समर्पण ही कृतिकार को कृती बनाता है और सामाजिक अथवा प्रमाता को रसास्वादन में समर्थ। इस कथा में साधारणीकरण प्रक्रिया को अत्यंत सफल सांकेतिक बिंबों द्वारा संपन्न होता प्रस्तुत किया गया है।

अज्ञेय ने इस कथा को 'असाध्य वीणा' का आधार बनाया है। इसके भव्य औदात्य को कायम रखते हुए इसे भारतीय जीवन, परिवेश, पुराकथा, समाज, लोक, शास्त्र, जन, अभिजात, संस्कार, सोच, शिष्टाचार के साथ सम्पृक्त कर दिया है। इस प्रक्रिया में कविता में विशिष्ट ढंग से महाकाव्यात्मक गरिमा एवं नाटकीयता की सृष्टि हुई है :

हाँ मुझे स्मरण है :
बदली—कौंध—पत्तियों पर वर्षा बूँदों की पट पट।
घनी रात में महुए का चुपचाप टपकना
चौंके खग-शावक की चिहुँक
शिलाओं को दुलराते वन-झरने के
द्रुत लहरीले जल का कल निनाद।

प्रियंवद का आगमन, राजसभा के राजसी परिवेश में उनका स्वागत, वीणा की महत्ता का परिचय प्रियंवद द्वारा समर्पण भाव से वीणा को साधना, अपने अहं को त्याग कर वीणा की शक्ति को जगाना, चराचर प्रकृति के साथ-साथ तादात्म्य, एकाग्रता की समाधिस्थ अवस्था में संगीत सृष्टि, सभा में मौजूद सभी जनों का अपनी-अपनी भावभूमि के अनुरूप संगीत की धुन का आस्वादन आदि की अभिव्यक्ति के माध्यम से साहित्य और कला की रचना प्रक्रिया और सहृदय का रचना से तादात्म्य इस कविता में प्रस्तुत किया गया है :

डूब गए सब एक साथ
सब अलग-अलग एकाकी पार तिरे

कला की सृजनात्मकता का सिद्धांत यहाँ अज्ञेय ने रचना के भीतर से महावाक्य के रूप में प्रस्तुत किया है। अंह का समर्पण, व्यक्तित्व का विसर्जन, द्वैत को छोड़ अद्वैत की भूमि पर आ जाना ही दर्शन के सत्य का कला का सत्य बन जाना है। ऐसी ही स्थितियों के आधार पर साही कहा करते थे कि अज्ञेय अनुभूति को दर्शन में घुलाते हैं।

ध्यान देने की बात है कि ओकाकुरा ने यह कथा 'आर्ट एप्रिशिएश्न' नामक निबंध के आरंभ में कही है और कहा है कि इस कथा के माध्यम से कला आस्वादन के रहस्य को बहुत अच्छी तरह समझा-समझाया जा सकता है। ओकाकुरा का यह वक्तव्य भारतीय मन में सहज ही विचार जगाता है कि संभवतः बौद्ध दर्शन के साथ-साथ 'रस' और 'साधारणीकरण' संबंधी चिंतन भी चीन-जापान पहुँचा होगा। ऐसा हुआ होगा अथवा नहीं—यह अपने आप में शोध का विषय है। फिलहाल तो यही कहा जा सकता है कि साहित्य अथवा कला की सौंदर्यानुभूति के लिए 'स्व' के समर्पण का सिद्धांत वस्तुतः व्यापक रूप से एशियाई सिद्धांत रहा है।

('जनसत्ता' 9 मार्च, 2003)

जापान में हिंदी

जापान उन देशों में से एक है जो जातीय अस्मिता को भाषाई अस्मिता से जोड़कर देखते हैं। फलतः राष्ट्रीय आत्मसम्मान और जनता के वैयक्तिक-सामाजिक विकास में भाषा की महत्त्वपूर्ण भूमिका स्वीकार करते हैं। इस मानसिकता के दो प्रमुख कारण हैं—पहला, जापान स्वयं कभी औपनिवेशिक दासता का शिकार नहीं रहा, अतः एक सहजात आत्मविश्वास जापानी मानसिकता की विशेषता है। दूसरे देशों से उसने बहुत अधिक ग्रहण किया है, किंतु किसी तरह की मानसिक दासता के दबाव में नहीं—आदान-प्रदान की सहज प्रक्रिया में। दूसरा, द्वितीय विश्वयुद्ध में हिरोशिमा-नागासाकी पर परमाणु बम विस्फोट और जापान की पराजय के पश्चात् सात वर्षों तक मित्र राष्ट्रों के आधिपत्य में रहने की घटना को जापान ने एक टीस भरी चुनौती के रूप में लिया। पराजय-बोध के भीतर से जनमे आक्रोश की अभिव्यक्ति सर्जनात्मक ऊर्जा के रूप में हुई। औद्योगिक एवं तकनीकी विकास के माध्यम से बहुत थोड़े से समय में ही सुदृढ़ अर्थव्यवस्था कायम की और विकास का लाभ जन-जन तक पहुँचाया। जनता को उसकी अपनी भाषा में विज्ञान और प्रौद्योगिकी से जोड़ा। दूसरी ओर, युद्धों के दौरान विच्छिन्न हो चली जापानी परंपरा को पुनरुज्जीवित करने का हर संभव प्रयास किया। पारंपरिक ज्ञान और नवीन विज्ञान पुनर्निर्माण की दृढ़ इच्छाशक्ति के साथ मिलकर सक्रिय हो गए। परिणामस्वरूप विनिर्माण की गुणवत्ता एवं श्रेष्ठता को लेकर जापान ने दुनिया भर में मिसाल कायम कर दी।

दुनिया भर के देशों से विभिन्न प्रकार के संबंध स्थापित करने में जापान ने उन देशों की भाषाओं के महत्त्व को समझा और ऐसी व्यवस्था की कि जापानी लोग उन भाषाओं से जुड़ सकें। विभिन्न देशों से राजनीतिक, व्यापारिक, सामाजिक एवं सांस्कृतिक संपर्क स्थापित करने के लिए जापान ने अपने नागरिकों को तैयार किया। भाषा अध्ययन इस तैयारी का एक महत्त्वपूर्ण अंग था। इस उद्देश्य से विभिन्न शहरों के कई विश्वविद्यालयों और संस्थानों में विदेशी भाषाओं के अध्यापन की व्यवस्था तो की ही, तोक्यो में विदेशी अध्ययन विश्वविद्यालय (गाइकोकु दाइगाकु) स्थापित किया,

जिसमें विदेशी भाषाएँ, संस्कृति, इतिहास, राजनीति आदि के शिक्षण एवं शोध-कार्य की व्यवस्था है। हिंदी भाषा के अध्यापन के लिए तोक्यो और ओसाका के राष्ट्रीय विश्वविद्यालयों के अलावा अन्य बहुत से विश्वविद्यालयों में प्रावधान है।

जापानियों ने भाषा शिक्षण को नितांत व्याकरण-केंद्रित अथवा भाषा-विज्ञान-केंद्रित न रखकर समाज, संस्कृति, लोक-जीवन, इतिहास, पुराकथा आदि से संपृक्त किया है, ताकि छात्र जिस देश की भाषा पढ़े उस देश के विषय में विभिन्न पहलुओं से जान सके। भाषा शिक्षण की प्रक्रिया में जापानियों ने उस भाषा के बोलने वालों के महत्त्व को समझा है और 'नेटिव टीचर' द्वारा भाषा शिक्षण को स्थान दिया है। कहने का तात्पर्य यह है कि विदेशी भाषाओं में पारंगत जापानी स्वयं तो पढ़ाते ही हैं, इसके अलावा मातृभाषी द्वारा पढ़ाए जाने का प्रावधान भी करते हैं। माना जाता है कि भाषा विशेष का 'देशी अध्यापक' भाषा की बारीकियों, संस्कृति की विशिष्टताओं को अधिक अच्छी तरह से समझा सकेगा। उसके संपर्क में विद्यार्थी भाषा का सही उच्चारण, लहजा और तौर-तरीके आत्मसात् कर सकेंगे, उस भाषाई समाज के जीवन को निकटता से समझ सकेंगे। इसी व्यवस्था के चलते जापान में भारतीय अध्यापकों की विभिन्न विश्वविद्यालयों में अतिथि अध्यापक के रूप में नियुक्ति की जाती है।

जापान पहुँचने पर जिस व्यक्ति से सबसे पहले हिंदी में बातचीत हुई, वे थे प्रोफेसर तोषियो तनाका—तोक्यो विदेशी अध्ययन विश्वविद्यालय में हिंदी के प्रोफेसर एवं विभागाध्यक्ष। मेरे पतिदेव डॉ. कृष्णदत्त पालीवाल उन्हीं के विभाग में अतिथि प्रोफेसर होकर गए थे। तनाकाजी से बातचीत करते हुए हमें लगा मानो हम तोक्यो में न होकर भारत में ही हों। वे हिंदी ही नहीं, हिंदी-भाषी समाज, भारतीय जीवन और संस्कृति में इतने रमे हुए दिखाई दिए कि हम आश्वस्त हो गए कि जापान प्रवास के दौरान अकेलापन ज्यादा नहीं सताएगा। धीरे-धीरे तनाकाजी हमारे पारिवारिक मित्र बन गए और उनसे अंतरंगता बढ़ती गई। विदेश में मित्र बन जाए, और वह भी हिंदी बोलने वाला विद्वान, तो समझिए, अनजाने में कोई वरदान मिल गया। उन दिनों तनाकाजी गांधी जी की 'आत्मकथा' और 'हिंद स्वराज' का मूल गुजराती से जापानी में अनुवाद कर रहे थे। इसी प्रयोजन से उन्होंने गुजराती सीखी थी। यह जानकर हम बेहद प्रभावित हुए थे कि जापानी लोग कितनी लगन और निष्ठा से काम की ओर अग्रसर होते हैं। जापान के विषय में तनाकाजी हमारे हिंदी-भाषी मार्गदर्शक थे। उनके। साथ हमने जापान का बहुत कुछ देखा और सीखा। अंग्रेजी का हमारा ज्ञान वहाँ कुछ काम न आता था, क्योंकि सबकुछ जापानी में ही होता था।

भाषा से जुड़ी अस्मिता जिस ढंग से जापान में साकार दिखाई देती है वह हम भारतीयों के लिए विशेष रूप से गौर करने की चीज है। जिस तरह वे अपनी भाषा

जापानी में जीते हैं उसी तरह मानते हैं कि अन्य भाषाएँ भी उन्हें बोलनेवालों के जीने का साधन हैं। वहाँ के अन्य कई हिंदी के प्रोफेसरों से भेंट हुई—प्रो. तोमियो मिजोकामी, प्रो. हिदेइकी इशिदा, प्रो. फुजिई, प्रो. योशिफुमि मिजनु, प्रो. अकीरा ताकाहाशि, प्रो. तेजी सकाता आदि सभी में जापानीपन का स्वाभिमान और हिंदी के प्रति विशिष्ट निष्ठा दिखाई दी। अध्यापन के अलावा वे अपने-अपने ढंग से हिंदी भाषा में कुछ-न-कुछ कार्य करने में प्रयत्नशील थे। विश्वविद्यालय में हिंदी के छात्र-छात्राओं से भेंट का मुझे कई बार अवसर मिलता। हर बार वे भारत के बारे में जानने को उत्सुक दिखाई देते। पार्ट टाइम काम करके पैसा इकट्ठा करते और भारत-यात्रा की योजना बनाते। इनमें कई ऐसे भी थे जो जापानी अथवा भारतीय छात्रवृत्ति पर भारत में रहकर पढ़ चुके थे और अब जापान में स्नातकोत्तर अध्ययन अथवा शोध-कार्य में संलग्न थे।

तोक्यो गाइकोकु दाइगाकु (विदेशी अध्ययन विश्वविद्यालय) का हिंदी पाठ्यक्रम निर्मित करने का श्रेय स्वर्गीय प्रोफेसर क्यूया दोई को है। अन्य विश्वविद्यालयों के लिए भी यह कई मायने में माडल पाठ्यक्रम रहा है। प्रोफेसर दोई नेताजी की आजाद हिंद फौज में सैनिक रह चुके थे और स्वतंत्र भारत में इलाहाबाद विश्वविद्यालय में हिंदी के छात्र रहे थे। हिंदी अध्यापन की प्रक्रिया में वे अंतरतम से भारत के हो गए थे और यहाँ के रचनाकारों, अध्यापकों और साहित्य-प्रेमियों से निरंतर जीवंत संपर्क में थे। हिंदी शिक्षण से उनके बौद्धिक और भावनात्मक लगाव की विरासत उनके छात्रों को परंपरा में मिली थी, जिसकी साक्षत् मिसाल हैं—प्रोफेसर तोषियो तनाका।

जापान में हिंदी शिक्षण की विशेषता यह है कि भाषा और साहित्य शिक्षण के साथ-साथ हिंदी से जुड़ी सांस्कृतिक परंपरा के शिक्षण को भी पर्याप्त महत्त्व दिया गया है। परंपरा और आधुनिकता को जीवन में एक साथ समाहित किए रहना जापानियत की अद्भुत विशिष्टता है। यह उनकी पाठ्यचर्या में भी स्पष्ट दिखाई देता है। हिंदी पढ़नेवाले स्नातक स्तरीय छात्रों को हिंदी का गहन अध्ययन और व्यवहार सिखाने के साथ-साथ 'पंचतंत्र', 'महाभारत', 'रामायण' आदि की कथाएँ पढ़ाई जाती हैं। दूसरी ओर, भारतीय शिष्टाचार और तौर-तरीके सिखाए जाते हैं, कविताएँ याद कराई जाती हैं। सांस्कृतिक सप्ताह आयोजित किया जाता है, जिसमें छात्र हिंदी नाटक का मंचन करते हैं, गीत-संगीत में भागीदारी करते हैं, भारतीय भोजन तैयार कर रेस्त्राँ लगाते हैं। अपनी पूरी सजधज में वह रेस्त्राँ भारतीय ढंग का होता है और छात्राएँ विशेष रूप से भारतीय वेशभूषा में दिखाई देती हैं। विश्वविद्यालय के इस सांस्कृतिक सप्ताह में जापानियों द्वारा बनाए गए समोसे, रोटी-सब्जी, भारतीय चाय आदि खाना-पीना काफी रोचक होता है। ये नाट्य प्रस्तुतियाँ तथा रेस्त्राँ विश्वविद्यालय की छात्र परंपरा—पुराने-नए

के बीच संपर्क–को जीवंत बनाने का माध्यम बनते हैं। विद्यार्थियों को अपने अग्रजों से मिलने का अवसर तो इनमें मिलता ही है, हिंदी पढ़ने और जाननेवाले पिछली पीढ़ियों के लोगों से मिलने का अवसर भी मिलता है। इन आयोजनों में हमें ऐसे कई बुजुर्ग और अधेड़ उम्र के व्यक्ति मिले जो हिंदी के पुराने छात्र थे और भारत में कई वर्षों तक रह चुके थे–जापानी दूतावास या अन्य संस्थाओं में अथवा जापानी बहुराष्ट्रीय कंपनियों की सेवा में। भारत में हिताची कंपनी के डायरेक्टर रहे मित्सुओ मोरीजी से पहली भेंट जगदीश चंद्र माथुर के एकांकी 'रीढ़ की हड्डी' की प्रस्तुति के दिन ही हुई थी। अब वे सेवानिवृत्त हो चुके थे और भारत-जापान सांस्कृतिक संबंधों की स्वयंसेवी संस्था के डायरेक्टर थे। भारत आनेवाले जापानियों और जापान में कार्यरत भारतीयों को क्रमशः भारतीय और जापानी संस्कृति संबंधी जानकारी प्रदान करने वाले मोरीजी बहुत ही दिलचस्प व्यक्ति हैं। वे न केवल हमारे अंतरंग मित्र बन गए अपितु जापानी संस्कृति और जीवन से अंतरंग परिचय पाने में हमारे मार्गदर्शक भी बने। हम कई बार उनके घर गए। मोरी दंपती के आतिथ्य, घर की साज-सज्जा और कला-वस्तुओं के संग्रह में हर तरफ भारतीयता और जापानियत का संगम दिखाई दिया।

छात्रों द्वारा हिंदी नाट्य मंचन का विस्तार अंतर्विश्वविद्यालयी स्तर का कहा जा सकता है। ओसाका विश्वविद्यालय के छात्र-छात्राएँ तोक्यो आकर अपनी प्रस्तुति करते हैं और तोक्यो के विद्यार्थी ओसका जाकर। ओसाका के प्रोफेसर मिजोकामी के निर्देशन में जापानी विद्यार्थियों द्वारा हिंदी नाट्य प्रस्तुति भारत में कई बार हो चुकी है तथा पिछले विश्व हिंदी सम्मेलन में लंदन में भी हुई थी। पुराना व्यापारिक नगर होने के कारण ओसाका मध्य काल से ही जापानी रंगकर्म का केंद्र रहा है। यही कारण है कि विदेशी भाषा में होने के बावजूद हिंदी नाटक की प्रस्तुतियों की सक्रिय परंपरा यहाँ बन सकी है। प्रो. मिजोकामी के वर्तमान प्रयासों से पहले ही यहाँ हिंदी नाटकों के मंचन होते रहे हैं। जयशंकर प्रसाद का नाटक 'ध्रुवस्वामिनी' यहाँ कई दशक पूर्व खेला गया था।

हिंदी सीखने के लिए तकनीकी सहायता के उपयोग का भी जापान में खूब प्रचलन है। हिंदी के ऑडियो-वीडियो कैसेट, सी.डी., डी.वी.ओ., सॉफ्टवेयर आदि का तो भरपूर उपयोग होता ही है, फिल्मों और टेलीविजन धारावाहिकों से भी हिंदी सीखने में मदद ली जाती है। कई बार इन्हें लिपिबद्ध करके। प्रकाशित कर लिया जाता है, ताकि सुने हुए शब्दों का सही उच्चारण सीखा जा सके और उसकी जाँच की जा सके।

विश्वविद्यालयों तथा अन्य संस्थाओं के छात्रों को हिंदी शिक्षण के अलावा जापान के राजनयिक कर्मचारियों और विदेश मंत्रालय के। कर्मचारियों के। लिए तथा

कंपनियों के। कर्मचारियों के लिए हिंदी कक्षाओं की भी व्यवस्था है। इसके लिए विश्वविद्यालयों के प्रोफेसरों को बुलाया जाता है। हिंदी के भारतीय अतिथि प्रोफेसर का भी इस कार्य में सहयोग लिया जाता है। यह कर्मचारी वर्ग हिंदी भाषा के अलावा समसामयिक राजनीतिक, सामाजिक, सांस्कृतिक विषयों पर भी अपनी जिज्ञासाओं का समाधान इन प्रोफेसरों से चर्चा द्वारा करता है।

जापान फाउंडेशन, एशिया सेंटर जैसी सांस्कृतिक आदान-प्रदान से जुड़ी संस्थाएँ समय-समय पर भारतीय कला, संस्कृति, साहित्य संबंधी आयोजन, फिल्मोत्सव आदि करती रहती हैं, जिनमें हिंदी के कई रचनाकार, आलोचक, पत्रकार, नाट्य विशेषज्ञ आमंत्रित किए जाते रहे हैं। उनके भाषण, परिचर्चाएँ, नाट्य प्रस्तुतियाँ होती रही हैं। छठे दशक के दौरान अज्ञेय की जापान यात्रा ने उनकी रचना-संवेदना को गहराई से प्रभावित किया। जापान में रहते हुए उन्होंने अपनी कई महत्त्वपूर्ण कविताएँ लिखीं, हाइकू के अनुवाद किए, जो 'अरी ओ करुणा प्रभामय' में संकलित हैं। इतना ही नहीं, 'असाध्य वीणा' जैसी विशिष्ट कविता के स्रोत भी उन्हें जापान से ही मिले।

हिंदी रचनाओं के जापानी में अनुवाद की परंपरा जापानियों ने काफी अच्छी कायम की है। प्रेमचंद, जैनेंद्र, मोहन राकेश, मुक्तिबोध, भीष्म साहनी, निर्मल वर्मा आदि की कई रचनाएँ जापानी में अनूदित हैं। इस संबंध में प्रोफेसर तोषियो तनाका का नाम विशेष रूप से उल्लेखनीय है। उन्होंने मोहन राकेश की 'मलबे का मालिक' तथा अन्य कहानियों, मुक्तिबोध की कविता, 'अँधेरे में', भीष्म साहनी के 'तमस' और 'मेरे भाई बलराज' का अनुवाद किया है। अपने लगनशील विद्यार्थियों को भी वे अनुवाद के लिए प्रेरित करते रहते हैं। निर्मल वर्मा की जापान यात्रा के दौरान उन्होंने अपनी शोध छात्रा मीवा सुजुकी को निर्मलजी के निबंध 'अपने देश वापसी' के अनुवाद की प्रेरणा दी। उन्होंने स्वयं निर्मलजी का जो साक्षात्कार हिंदी में लिया उसका जापानी में अनुवाद मीवा सुजुकी से कराया। यह अनुवाद जापान फाउंडेशन की जर्नल में छपा।

महत्त्वपूर्ण आधुनिक रचनाकारों के अलावा शिक्षा सामग्री के रूप में प्रयुक्त होनेवाले अनुवादों की चर्चा भी यहाँ आवश्यक है। जापानी शिक्षक हिंदी को जापानी के माध्यम से पढ़ाते हैं, यानी छात्रों के लिए आरंभिक पाठ्य पुस्तकें हिंदी को जापानी में समझाते हुए तैयार की जाती हैं। हिंदी सीख लेने के बाद छात्र रामायण, महाभारत आदि की कथाएँ पढ़ते हैं तो हिंदी में उपलब्ध पाठ्य पुस्तक के साथ-साथ उसका जापानी में कथा सार भी उन्हें उपलब्ध होता है। भाषा सीखने की प्रक्रिया में छात्रों को हिंदी से जापानी अनुवाद भी करना पड़ता है। प्रारंभ में वाक्यों और अनुच्छेदों का अनुवाद करते हुए वे समाचार-पत्रों से अनुवाद करते हैं। आगे चलकर जब वे हिंदी

नाटक का मंचन करते हैं तो पहले उसका जापानी अनुवाद करके शिक्षक से उसकी जाँच करा लेते हैं। नाट्य संवेदना को भली-भाँति ग्रहण करते हुए पात्र की भूमिका में उतरने में यह अनुवाद बहुत सहायक होता है। दूसरी ओर, इस अनुवाद का उपयोग दर्शकों के लिए भी किया जाता है। नाटक के मंचन के साथ मंच के दाईं ओर एक स्क्रीन (परदा) टाँगा जाता है। नाटक के संवादों का जापानी अनुवाद प्रोजेक्टर की सहायता से इस स्क्रीन पर आता रहता है। इससे वे दर्शक भी नाटक का आनंद उठा सकते हैं जो हिंदी कम समझते हैं या बिलकुल नहीं समझते। फिल्मों की प्रस्तुति के दौरान भी यही प्रक्रिया अपनाई जाती है। फिल्म के परदे की बगल में टँगे स्क्रीन पर जापानी सब-टाइटल दिखाए जाते हैं।

पत्र-पत्रिकाओं में छपनेवाले भारतीय कला, संस्कृति तथा हिंदी साहित्य संबंधी लेख भी यहाँ विशेष रूप से उल्लेखनीय हैं। इस दिशा में तनाकाजी के आलोचनात्मक लेखों का विशेष महत्त्व है। उन्होंने नरेंद्र शर्मा, हरिशंकर परसाई, भीष्म साहनी, मोहन राकेश, इलाचंद्र जोशी, राहुल सांकृत्यायन, राही मासूम रज़ा, हजारी प्रसाद द्विवेदी, पांडेय बेचन शर्मा 'उग्र', यशपाल, अज्ञेय, अमृतलाल नागर, भगवतीचरण वर्मा पर अनेक लेख जापानी पत्रिकाओं—'इंदो गकु बुक्क्यो गकु केंक्यू' (Journal of Indian and Buddhist Studies), 'तोक्यो गाइकोकु गो दाइगाकु रोनशू' (Area and Culture Studies, Tokyo University of Foreign Studies), 'गेनदाइ इंदो-पाकिस्तान बुंगाकु के। क्यू' (Studies on Modern India-Pakistan Literatures), में लिखे हैं। जापानी मीडिया पर भी हिंदी की स्थिति काफी उत्साहवर्द्धक है। 'एन.एच.के.'—जापान रेडियो एवं टेलीविजन से हिंदी के रेडियो कार्यक्रम प्रसारित होते हैं इसके लिए एक अलग विभाग है, जिसमें आकाशवाणी से हिंदी विशेषज्ञ को प्रतिनियुक्ति पर आमंत्रित किया जाता है। यहाँ से प्रसारित समाचार तथा अन्य कार्यक्रमों में हिंदी जानने वाले जापानियों तथा हिंदी-भाषी भारतीयों को शामिल किया जाता है।

सातवाँ विश्व हिंदी सम्मेलन विशेषांक

['साहित्य अमृत', जून 2003]

जापान में विद्यार्थियों द्वारा

जापान प्रवास के दौरान मुझे विद्यार्थी जीवन एक बार पुनः मिल गया था। खूब नाटक देखती, नाटक और रंगमंच के विषय में पढ़ती, नाट्य-प्रेमियों से बात करती। 'नोह' और 'काबुकी' देखने-पढ़ने के अलावा मेरा 'तोक्यो गाइकोकु दाइगाकु' (तोक्यो विदेशी अध्ययन विश्वविद्यालय) में हिंदी पढ़ने वाले छात्र-छात्राओं से खूब मिलना-जुलना था। मेरे पतिदेव के ये विद्यार्थी, इस बात को जानकर खूब प्रसन्न होते कि मैं जापानी नाट्यकला में दिलचस्पी ले रही हूँ। वे अक्सर अपनी नाट्य-परंपरा की चर्चा भी किया करते और भारतीय नाटकों के बारे में मुझसे पूछताछ करते। अपने विदेशी भाषा अध्ययन की प्रक्रिया में उन्हें हर वर्ष एक हिंदी नाटक का अभिनय करना होता था। अतः नाटक के प्रति मेरे रुझान को देखकर वे चाहते कि नाट्य प्रस्तुति में मैं उनके। साथ रहूँ। उनका यह आग्रह इतना भावासक्त होता था कि मैं अनायास ही उनकी इस प्रस्तुति में दिलचस्पी लेने लगी। मेरे पतिदेव इस पूरी स्थिति को लेकर काफी प्रसन्न दिखाई दिए क्योंकि उन्हें अपना एक बड़ा दायित्व काफी हल्का होता दिखाई दे रहा था।

विदेशी विद्यार्थियों द्वारा हिंदी नाटक की प्रस्तुति में सहयोग अपने आप में एक विशिष्ट अनुभव सिद्ध हुआ। मंचन के लिए जगदीशचंद्र माथुर का एकांकी 'रीढ़ की हड्डी' चुना गया था। सुझाव मेरा ही था और सोचती थी कि बहुत सहज प्रस्तुति संभव हो जाएगी। भारतीय जीवन की बुनियादी समस्याओं से जुड़ा हुआ और तकनीकी रूप से पर्याप्त सुगठित यह नाटक अपने संप्रेषण में काफी स्पष्ट एवं प्रभावपूर्ण है। अतः मुझे लग रहा था कि इसका मंचन अपेक्षाकृत आसानी से हो सकेगा क्योंकि छात्र-छात्राएँ इसमें निहित व्यंग्य और विडंबना को सहजता से ग्रहण कर सकेंगे। प्रस्तुति नवंबर में होनी थी और तैयारी जुलाई के मध्य से शुरू कर दी थी, इसलिए पर्याप्त समय था।

जापानी लोगों की विशेषता है कि वे हर काम अपने ढंग से और पूरे मनोयोग से करते हैं। फलतः विदेशी भाषा के नाटक के मंचन की तैयारी का पहला चरण होता है, उस नाटक का जापानी में अनुवाद ताकि निर्देशन और अभिनय करने वाले विद्यार्थी उसे भली-भाँति आत्मसात कर सकें और मंचन के समय प्रोजेक्टर से एक बोर्ड पर

नाट्य-संवादों का सार जापानी में प्रस्तुत होता रहे जिससे जापानी दर्शक को नाटक समझने में सुविधा रहे। जापान के लोग अपनी एक और विशेषता के लिए प्रसिद्ध हैं वे हैं—किसी भी कार्य को करने में सामूहिकतापूर्ण उद्योग। नाट्य मंचन में मंच पर भले ही चार-छह विद्यार्थी पात्रों के। रूप में उभर कर आएँ, नाट्य प्रस्तुति में प्रस्तुतः पूरी कक्षा की भागीदारी होती है, यानी हर विद्यार्थी अपने लिए कोई-न-कोई कार्य चुन लेता है जिसके माध्यम से वह नाट्य-प्रस्तुति की प्रक्रिया से जुड़ सके। अपनी सामूहिक मानसिकता के चलते जापानी लोग किसी कार्य का श्रेय अकेले लेने में नहीं, उसे सबको साथ रखकर पूरा करने में विश्वास रखते हैं। अतः कक्षा का प्रत्येक विद्यार्थी कोई-न-कोई दायित्व सँभालता है। दो-तीन विद्यार्थियों ने 'रीढ़ की हड्डी' का जापानी में अनुवाद शुरू किया। जहाँ कहीं भाषा अथवा कथ्य को समझने में कठिनाई थी, उन बिंदुओं की हमसे चर्चा की और प्रो. तोषियो तनाका से सहायता लेकर अनुवाद किया। कुछ विद्यार्थियों ने मंच-संचालन और सज्जा का दायित्व लिया, कुछ ने प्रकाश-व्यवस्था और वीडियो रिकॉर्डिंग तथा प्रोजेक्टर संचालन का। कुछ लोग नाटक का ब्रोशर तैयार करने और नाट्य-प्रस्तुति की पूर्व सूचना देने के काम में लगे थे। जापानी रेडियो, टेलीविज़न, भारतीय दूतावास, विभिन्न जगहों पर रह रहे भारतीयों, हिंदी जानने वाले जापानियों, अन्य विश्वविद्यालयों के हिंदी विभागों तक नाट्य प्रस्तुति की सूचना पहुँचाना उनके जिम्मे था।

अभिनय करने वाले छात्र-छात्राओं ने इच्छा व्यक्त की कि वे मेरे साथ बैठकर नाटक को पढ़ना चाहते हैं ताकि भूमिकाओं को भली-भाँति आत्मसात कर सकें। मैंने उन्हें अपने घर पर आमंत्रित किया—सुबह के नाश्ते से लेकर शाम की चाय तक का समय उनके साथ बिताया। मेरे जिम्मे दोनों ही काम थे, आतिथ्य और नाटक की तैयारी में सहयोग। दोनों में मेरी समान रुचि थी क्योंकि जापानी लोग, शाकाहारी भारतीय भोजन बड़े चाव से खाते हैं। सुबह नौ बजे वे लोग हमारे घर पहुँच गए और भारतीय चाय के साथ पोहे खाने के बाद हम लोग 'रीढ़ की हड्डी' की स्क्रिप्ट लेकर बैठे। नाटक में कुल छह पात्र हैं, चार पुरुष और दो स्त्रियाँ। लेकिन हिंदी की द्वितीय वर्ष की कक्षा में लड़कों की बजाय लड़कियों की संख्या अधिक थी और वे चाहती थीं कि उन्हें बराबर की भूमिका मिले। बड़े आग्रह से मिकु नामक छात्रा ने कहा कि 'रीढ़ की हड्डी' के एक पात्र रामस्वरूप (लड़की के पिता) की भूमिका वह स्वयं ही करेगी। उमा का अभिनय साइको को करना था। सभी लोग अपनी-अपनी भूमिकाओं का वाचन करें, इससे पहले मैंने उन्हें नाटक की मूल समस्या को समझाने का प्रयास किया। पचास के दशक में विवाह के लिए लड़की को देखने जाने की घटना से जुड़े विभिन्न प्रकार के भारतीय सामाजिक संदर्भ बताए—मसलन लड़के और लड़की के

परिवार की ऊपर-नीचे की हैसियत विषयक परंपरागत भारतीय सोच, लड़के के पिता के मन में श्रेष्ठता का भाव, लड़की के माता-पिता की दबी हुई स्थिति, लड़की की भावनाओं की पूरी तरह से उपेक्षा आदि।

मुझे लगा करीब पचास वर्ष पुराने मध्यवर्गीय भारतीय समाज से जुड़े इस नाटक की मानसिकता को पूरी तरह समझ पाना, आज के भारत के महानगरों की कॉस्मोपॉलिटन संस्कृति की नई पीढ़ी के लिए ही काफी कठिन है, फिर वे तो ठहरे अत्यंत विकसित देश के मुक्त मानसिकता वाले युवा विद्यार्थी। विवाह के लिए लड़की देखने जाने की और उससे जुड़ी औपचारिकता की संपूर्ण परिकल्पना को आत्मसात करने में उन लोगों को काफी मुश्किल हो रही थी। मैंने भारतीय समाज में व्याप्त पुरुष-प्रधान मानसिकता की ओर उनका ध्यान दिलाया तो बात उनकी समझ में आई। लेकिन निम्न मध्यवर्गीय भारतीय समाज के मानसिक, सामाजिक, आर्थिक सोच का अहसास उन लोगों को करा पाना मेरे लिए और भी कठिन काम था। पढ़ी-लिखी लड़की के माता-पिता गर्व से क्यों नहीं कह रहे कि लड़की सुशिक्षित है, संस्कारवान है? क्यों वे छिपा रहे हैं कि उमा ने बी.ए. पास किया है? क्यों वे अपनी योग्य लड़की एक अयोग्य वर को सौंप देने को तत्पर हैं? इस सबका कोई तार्किक विश्लेषण कर पाना मुझे संभव न लग रहा था, सिवाय यह कहने के कि यह सामाजिक सोच का पिछड़ापन है।

नाटक के तथ्य को समझाने का भरसक प्रयास करते हुए नाटक की पहली रीडिंग पूरी हुई और हम दोपहर के भोजन के लिए उठे। सुबह-सुबह तैयार की गई अरहर की दाल और आलू-गोभी की सब्ज़ी गरम की, राइस कुकर में चावल पक रहे थे, थोड़ी-सी पूड़ियाँ और तल लीं। 'ओचा' (जापानी हरी चाय) के साथ भोजन का आनंद लेते हुए हम नवंबर मास में जापान के लाल शरद की सराहना करते रहे। 'मोमिजी' वृक्ष के हरे पत्ते धीरे-धीरे नारंगी होकर लाल होते जा रहे थे। उनका यह बदलता रंग हमारे लिए अनोखे आकर्षण का विषय था। पहली बार हमने पतझड़ से पहले वृक्षों का ऐसा सुंदर निखरा रूप देखा था। लगता था पत्तियाँ ही फूलों में बदलती जा रही हैं।

भोजन के पश्चात नाटक को दोबारा पढ़ना था। इस बार पाठ मुझे करना था ताकि अभिनय करने वाले विद्यार्थी संवादों को हिंदी भाषा के सही उच्चारण और लहजे के साथ बोलने का अभ्यास कर सकें, वाणी को स्थिति के अनुरूप ढाल सकें। मैंने नाटक पढ़ना आरंभ किया तो मिकु ने तुरंत अपना छोटा टेपरिकॉर्डर ऑन कर लिया और बोली कि अगले अभ्यासों में यह हमारा सहायक होगा। मैं कार्य के प्रति उनकी निष्ठा और लगन से प्रभावित हुई। पात्रों के संवादों को उनकी भूमिका के अनुरूप

लहजे और वाणी के उतार-चढ़ाव के साथ पढ़ने के बाद जब मैं रुकी तो सभी विद्यार्थियों के चेहरे पर काफी संतोष का भाव था।

तीसरी बार की रीडिंग विद्यार्थियों को अपनी भूमिकाओं में अभिनय के साथ करनी थी—रामस्वरूप की दब्बू, गोपाल प्रसाद की दबंग और धृष्ट, शंकर की आत्मविश्वासहीन और उमा की बेबस आक्रोशमय भूमिका को स्वर के लहजे और अनुभूति में उतारते हुए। विद्यार्थी काफी प्रयास कर रहे थे किंतु भारतीय घरों की सामाजिक-सांस्कृतिक सोच को आत्मसात कर पाना उनके लिए आसान न था। विशेष रूप से साइको जब उमा के संवाद बोलती तो ध्यान दिलाना पड़ता कि उसे अतिशय विनम्रता और झिझक के साथ शुरू करके दबे हुए आक्रोश की अभिव्यक्ति तक पहुँचना है। 'मेरे तो गिरिधर गोपाल' भजन गाने में तन्मयता का भाव लाना साइको को सिखाना काफी जटिल प्रतीत हो रहा था।

नौकर रतन की छोटी-सी भूमिका को कैसे निभाना है, यह समझना अभिनेता के लिए और भी मुश्किल था। जापान में घरेलू नौकर रखने का रिवाज नहीं है। अतः मालिक रामस्वरूप और नौकर रतन की भूमिकाओं में संवादों के लहजे में सहजता ला पाना, दोनों के लिए काफी असुविधाजनक हो रहा था। खैर, कठिन परिश्रम के साथ वे लोग लगे रहे और शाम को पाँच बजे तक अपनी भूमिकाओं को समझकर काफी सही अभिनय करने लगे। मैंने उठकर भारतीय चाय बनाई। बिस्कुटों के साथ चाय की चुस्की लेते हुए हम सबको दिन-भर के कठिन परिश्रम की सार्थकता महसूस हो रही थी। साढ़े पाँच बजे वे लोग वापस जाने लगे। जाते हुए उन्होंने वादा करा लिया कि मैं ड्रेस रिहर्सल वाले दिन उनके साथ अवश्य रहूँ।

ड्रेस रिहर्सल 18 नवंबर को थी। सुबह से ही बारिश हो रही थी। यों तो जापान में भीगा मौसम आम बात होती है, लेकिन नवंबर की बारिश खास तौर से ठंडी हवा लेकर आती है। छाता ताने सुबह ग्यारह बजे मैं अपने पतिदेव के साथ 'तोक्यो गाइकोकु दाइगाकु' के थिएटर में जा पहुँची। पूरी कक्षा चुस्ती से तैयारी में जुटी थी, मंच और माइक व्यवस्था ठीक की जा रही थी। प्रोंप्टिंग के लिए दो लोग पार्श्व में खड़े थे। तख्त की जगह सोफा से काम चलाया जा रहा था क्योंकि तख्त की तो संकल्पना ही नहीं है। 'रीढ़ की हड्डी' का आरंभिक दृश्य मेहमानों के स्वागत के लिए कमरा व्यवस्थित करने से शुरू होता है। रामस्वरूप कमरे में सोफा सही ढंग से बिछवा रहे हैं, बीच-बीच में नौकर रतन को डाँटते जाते हैं। पति-पत्नी दोनों की हड़बड़ाहट और नौकर की लापरवाही काफी रोचक दृश्य प्रस्तुत करती है। मंच पर रखी कुर्सियों और सोफे को सही जगह रखने की संकल्पना विद्यार्थियों को ठीक से स्पष्ट नहीं हो पा रही थी, ऐसा मुझे प्रतीत हुआ। जिस ढंग से सोफे को हिलाने-डुलाने और सही स्थान पर

बिछाने का अभिनय करना था—उसमें पात्रों के लिए प्रवेश-प्रस्थान की जगह को खाली छोड़ा जाना जरूरी था। साथ ही, विभिन्न पात्रों के आमने-सामने बैठे होने का अहसास भी कराना आवश्यक था। मुझे ध्यान आया कि जापानी घर तो बड़े सादे होते है, जिनमें चटाई के फर्श पर ज़बोतोन (कुशननुमा गद्दी) पर बैठने का प्रचलन है। एक चौकी बीच में रखी होती है, जो भोजन, लेखन आदि सभी कामों में इस्तेमाल होती हैं। मुझे लगा कि जिस ढंग से आरंभिक दृश्य में ये लोग सोफा बिछा रहे हैं, उससे पात्रों के मंच पर आवागमन में बाधा होना अवश्यंभावी है। तुरंत ही मैं हाल में से उठकर मंच पर पहुँची। कुर्सियों को दाईं ओर व्यवस्थित कराते हुए सोफे को पृष्ठ भाग में रखवाया ताकि वह दर्शकों के बिल्कुल सामने रहे और नाटक में कुर्सियों पर विराजमान होने पर अतिथियों के भी सहज रूप से समीप रहे। कुर्सियों और सोफे की एक तरफ जापानी घरों की चौकीनुमा मेज रखवाई। इस मेज पर रखे सितार को उठाकर बजाते हुए उमा को गाना था। फर्श पर बैठकर गाते समय वह सितार को अपनी गोद में रख सकती थी।

रिहर्सल देखते हुए लग रहा था कि सभी पात्रों ने काफी कठिन परिश्रम कर अपने उच्चारण और भूमिका की गहनता को निभाने का प्रयास किया है। लेकिन जैसे ही उमा के गाने की बारी आई साइको बड़ी ऊँची आवाज में पॉप स्टाइल में 'मेरे तो गिरिधर गोपाल...' गाने लगी। मुझे लगा कि पूरी प्रस्तुति धड़ाम से नीचे गिरी जा रही है। खैर, समय हमारे पास पर्याप्त था। फाइनल प्रस्तुति 23 नवंबर को होनी थी तब तक इस स्थिति को सुधार लेने का अवसर था।

नाटक के अंत तक पहुँचते-पहुँचते फिर ऐसी ही खटकने वाली एक और स्थिति मुझे दिखाई दी। अंतिम दृश्य में गोपाल प्रसाद जब नाराज होकर चले जाने लगते हैं, उसी क्षण नौकर रतन बाजार से मक्खन लेकर आता है। आक्रोश से जलती हुई उमा का सिसकना, रामस्वरूप का किंकर्तव्यविमूढ़ होना, गोपाल प्रसाद का खीज और चिड़चिड़ाहट के साथ चले जाना और उसी समय इस पूरी तरह से बदहवास माहौल में मंच पर प्रवेश करते हुए रतन का भौचक्के ढंग से कहना "बाबू जी मक्खन!" नाटक में एक तरह की एंटी क्लाइमैक्स पैदा करता है। किंतु यहाँ रतन की भूमिका करने वाला लड़का इस स्थिति को प्रस्तुत नहीं कर पा रहा था। उसने बहुत आराम से आकर कहा, "बाबू जी मक्खन" और सामने पड़ी कुर्सी पर आराम से बैठ गया। मेरे सामने फिर समस्या खड़ी हुई कि इसे कैसे समझाया जाए कि समग्र रूप से सकपकाई स्थिति में रतन अपनी छोटी-सी भूमिका को सार्थक कर सके। रिहर्सल खत्म होने के बाद मैंने उससे बात की और समझाने की कोशिश की कि संपूर्ण नाट्य स्थिति से बेखबर ढंग से उसका मंच पर मौजूद होना, उसकी भूमिका को निरर्थक बना देगा

और कुर्सी पर आराम से बैठ जाना भारतीय घर में नौकर की स्वाभाविक भूमिका नहीं है।

अब बारी थी साइको को ध्यान दिलाने की कि उमा के गाने में उसकी कलात्मक अभिरुचि, शालीनता और भक्ति भाव प्रकट होना चाहिए। मैंने गाकर बताया किंतु मुझे संतोष न हुआ। फिर ध्यान दिलाया कि यह भक्तिपरक गीत है। इस गीत को वह जापानी शास्त्रीय संगीत के 'एंका' गीतों के लहजे में गाने का प्रयास करे। एंका वस्तुतः श्रृंगारपरक गीत होते हैं अतः इनमें भाव की मार्मिकता और तन्मयता रहती है। साइको भी अपनी भूमिका के प्रति पर्याप्त सचेत थी अतः उसने सुझाव को काफी गंभीरता से लिया। तब मैंने विदा ली, साथ ही यह भी कहा कि नाटक प्रस्तुति समय से कुछ देर पहले पहुँचूँगी ताकि स्त्री भूमिका करने वाली लड़कियों की ठीक से साड़ी पहनने में मदद कर सकूँ।

आखिरकार 23 नवंबर को प्रस्तुति हुई। जापानी, भारतीय, पाकिस्तानी दर्शकों के बीच 'रीढ़ की हड्डी' शुरू करने से पहले सभी छात्र-छात्राएँ मंच पर इकट्ठे हुए। अपने सामूहिक प्रयास की सफलता की कामना करते हुए जापानी ढंग से अपना-अपना दायाँ हाथ आगे बढ़ाकर गोल दायरे में खड़े हुए। तीस-बत्तीस हाथ इकट्ठे मिले। जापानी भाषा में मंच को नमन करते हुए अलग हटे और अपने-अपने काम में लग गए। प्रस्तुति उम्मीद से ज्यादा अच्छी रही। हमने खूब फोटो खींचे। नाटक का मंचन देखने के। बाद समग्र प्रभाव काफी सार्थक और सफल प्रतीत हुआ। भाषा-भाव-परिस्थिति सभी की दृष्टि से ये लोग हिंदी नाटक और भारतीय परिवेश को सजीव बनाने में सक्षम हुए। अंत में अभिनेताओं ने दर्शक वृंद का मंच से अभिवादन किया और दर्शकों में से बहुत सारे लोग फूलों के गुच्छे लिए मंच पर उन्हें बधाई देने पहुँचे। अभिनेता की सराहना में उसे फूल भेंट करना जापानी पारंपरिक रंग-परंपरा में दर्शक-अभिनेता के बीच हृदय संवाद का प्रतीक है।

[विश्व हिंदी सम्मेलन, 2003, स्मारिका]

जापानी जीवन और सृजन संस्कार का प्रतीक 'मन्योशु'

'मन्योशु' जापानी कविता का प्राचीनतम और बृहत्तम काव्य-संग्रह है। अपने काव्यात्मक गुणों के। लिए इसे दुनिया की श्रेष्ठतम कविताओं में शामिल किया जाता है। इसका संग्रह आरंभ होने की निश्चित तारीख तो ज्ञात नहीं, किंतु माना जाता है कि संभवतया इसका संकलन आठवीं शताब्दी के मध्य शुरू हुआ और लगभग पचास वर्ष में यह अपना वर्तमान रूप पा सका। 'मन्योशु' के संग्रहकर्त्ताओं के नामों की भी जानकारी नहीं है, पर ओतोमो याकामोचि नामक एक काव्यसुधीजन की इस संकलन कार्य में व्यापक भूमिका मानी जाती है। बीस खंडों में संगृहीत 'मन्योशु' में चार हज़ार से अधिक कविताएँ हैं जिनके आकार-प्रकार, विषय-वस्तु और संवेदना में पर्याप्त विविधता है। इसके विभिन्न खंडों में आकार की दृष्टि से, शामिल कविताओं के स्वरूप और मिजाज़ की दृष्टि से, रचनाकाल और क्रमबद्धता की मात्रा की दृष्टि से व्यापक अंतर है। 'मन्योशु' की कविताएँ विविध स्रोतों से आई कविताएँ हैं : कोकाशु नामक प्राचीन संग्रह से ली गई अनाम कवियों की कविताएँ हैं, दूसरी ओर हितोमारो और मुशिमारो जैसे सिद्ध कवियों के व्यक्तिगत संग्रहों से ली गई कविताएँ हैं। कालक्रम की दृष्टि से इन कविताओं का विस्तार चार सौ वर्षों का है। सबसे प्राचीन कविता चौथी शताब्दी के सम्राट निंतोकु (313-99) की है और आखिरी तिथि 759 में रचित एक कविता की है। इन्हीं आधारों पर माना जाता है कि कुछेक अपवादों को छोड़कर 'मन्योशु' की ज्यादातर कविताएँ सातवीं शताब्दी के मध्य से लेकर आठवीं शताब्दी के मध्य तक लिखी गई थीं। इन कविताओं के साथ प्रचुर किंतु अपूर्ण टिप्पणियाँ हैं जिनमें लेखक और लेखन की परिस्थितियों, इस्तेमाल किए गए स्रोतों के विषय में तथा उस कहावत और पुराकथा के विषय में उल्लेख किया गया है जिसे आधार बनाकर कोई कविता लिखी गई है।

'मन्योशु' का संग्रह काव्य-प्रेमियों द्वारा किया गया है, किसी शासकीय निर्देश अथवा राजाज्ञा के अधीन नहीं। परिणामस्वरूप इसमें किसी वर्ग-विशेष के लोगों की कविताएँ न होकर सबकी कविताएँ शामिल की गई हैं। सम्राटों-सम्राज्ञियों से लेकर

आम आदमी तक—राजकुमारों, राजकुमारियों, सिंहासन के दावेदारों, दरबारी सामंतों, राजभवन की परिचारिकाओं, कुलीन अभिजनों, सामंत वर्ग की महिलाओं से लेकर सैनिकों, सीमा प्रहरियों, किसान स्त्रियों, नर्तकियों, गणिकाओं, नागर जनों से लेकर ग्रामीणों तक—की कविताएँ 'मन्योशु' में हैं। इस तरह एक ओर जहाँ हितोमारो और अकाहितो जैसे कविता के संतों की रचनाएँ हैं तो दूसरी ओर अभिजात प्रगीत कवि याकामोचि और उनके पिता ताबितो की या दार्शनिक ओकुरा और किंवदंती प्रेमी मुशिमारो की। निर्दयी सम्राट युराकु (418-79) की ग्राम सुंदरी पर कविता है तो परोपकारी राजकुमार शोतोकु (574-622) की करुणा अज्ञात व्यक्ति की मृत्यु पर शोक गीत में व्यक्त हुई है। फुजिवारा कामातारि (614-69) यासुमिको नामक सुंदरी को पाकर आनंद विभोर हैं तो सम्राट तेंजी की पत्नी राजकुमारी नुकादा और उनके पूर्व पति राजकुमार ओआमा राजनीति के सत्ता चक्र में पिसते हुए भी परस्पर प्रेमाभिव्यक्ति में लीन हैं। संन्यास ग्रहण कर बौद्ध धर्म की सेवा करने वाली राजकुमारी ओकु प्रकृति के वैभव से आह्लादित किंतु राजचक्र की विडंबनाओं से पीड़ित हैं तो अपनी हैसियत से ऊपर के पुरुष से विवाह करने वाली सानु चिगामी निर्वासित पति से वियोग की सज़ा पाने को मजबूर है।

लेकिन बड़ी तादाद में कविताएँ—जिनमें कुछ अत्यंत श्रेष्ठ कविताएँ भी शामिल हैं—अति सामान्य स्त्री-पुरुषों द्वारा लिखी गई कविताएँ हैं। इनमें से कुछ के रचयिताओं का तो नाम ज्ञात है किंतु अधिकांश कविताएँ अनाम कवियों की हैं। विशेष रूप से 'सीमांत प्रहरियों के गीत' (साकिमोरि नो उता) और 'पूर्वी भूमि के गीत' (आज़ुमा-उता) के रचनाकारों के नामों की जानकारी नहीं है। किंतु इन अज्ञातनामा गीतकारों की कविताओं ने ही मान्यो संसार को इतना वास्तवपन और विश्वसनीयता प्रदान की है। लंबी, कठिन और संकटपूर्ण यात्रा पर गए इन सीमांत प्रहरियों के गीत बिछुड़ने की पीड़ा और घर वापसी की तीव्र उत्कंठा को व्यक्त करते हैं। प्रेमिका, पत्नी और माता-पिता को संबोधित ये गीत कभी-कभी तो शोकगीत की करुणा से आर्द्र हो उठते हैं। इसी तरह 'आज़ुमा-उता' यानी 'पूर्वी भूमि के गीत' कांतो (जिसमें वर्तमान तोक्यो क्षेत्र भी शामिल है) क्षेत्र में तैनात सीमा प्रहरियों के गीत हैं। राजधानी नारा के सुसंस्कृत परिवेश और सुख-सुविधाओं से दूर कांतो इलाके के इन गीतों में देशभाषा का लहजा और आकर्षक अनगढ़पन की लय के साथ-साथ देशीपन की सादगी और सरलता है। विरह गीतों में भावों और संवेदनों की अपरिष्कृत प्रस्तुति है जो अक्सर नागर शिष्टाचार की सीमाओं की परवाह नहीं करती। इन दोनों वर्गों की कविताओं में रोज़मर्रा के सामान्य जीवन के कामकाज से संबद्ध सीधे-सादे बिंबों और उपमाओं से निम्नवर्गीय जन-सामान्य की भावनाओं को वाणी मिली है।

'मन्योशु' में बड़ी तादाद में कविताएँ महिलाओं की हैं—किसी भी देश के इतिहास में किसी युग विशेष में इतनी बड़ी तादाद में सृजन में महिलाओं की भागीदारी मुश्किल से ही मिलेगी। 'मन्योशु' में कुछेक निपुण कवयित्रियों की कविताएँ अत्यंत उत्कृष्ट कोटि की हैं। इससे प्रकट होता है कि आरंभिक जापानी साहित्य के विकास में महिलाओं की महती भूमिका रही है। राजकुमारी नुकाता, महिषी ओनो सकानोउए, महिषी कासा, सानु नो ओतोकामी, सानु चिगामी की कविताओं में प्रेम की विभिन्न मनोदशाओं, उमंग, उत्साह, क्रोध, आवेग, वियोग की पीड़ा, आकांक्षा आदि की विभिन्न रूपों में अभिव्यक्ति हुई है—सीधी-सपाट भाषा में भी, प्राकृतिक बिंबों के माध्यम से भी और ऐंद्रिय मांसल रूपों में भी। एक ओर प्राकृतिक दृश्यों और प्रेम के भावों को परस्पर अनुस्यूत करती हुई कविताएँ हैं तो दूसरी ओर प्रेम की तीव्र भाव-प्रवण अनुभूतियों, उनकी सूक्ष्म मनोवैज्ञानिक बारीकियों को उद्घाटित करती हुई प्रत्यक्ष अभिव्यक्तियाँ हैं। पर यह नितांत भोगवाद और दैहिक विषयासक्ति का संसार नहीं है। यह सूक्ष्म, गूढ़ और सुकोमल भावों का संसार है। शृंगारिक भावों के संयोग और वियोग दोनों रूपों की अभिव्यक्ति 'मन्योशु' में व्यापक रूप से विद्यमान है।

स्त्री-पुरुष के प्रेम की व्यापक अभिव्यक्ति के अलावा अन्य सभी प्रकार का मानवीय प्रेम और करुणा 'मन्योशु' का आधार बनी है। प्रहरियों और सैनिकों के गीतों में माता-पिता और संतान के प्रेम को अभिव्यक्ति मिली है तो सत्ता संघर्ष चक्र में पिसते राजकुमार ओत्सु और राजकुमारी ओकु की कविताएँ भ्रातृ प्रेम की वेदना को व्यक्त करती हैं। 'मन्योशु' में पाँच तरह के शोक गीत हैं—सम्राट अथवा राजपरिवार के सदस्य की मृत्यु पर लिखे गए शोकगीत, या प्रियजनों-परिजनों की मृत्यु पर लिखे गए शोकगीत, अजनबी के। परित्यक्त शव को देखकर लिखे गए शोकगीत, मृत्युदंड पाने से कुछ क्षण पहले स्वयं अपनी आसन्न मृत्यु पर लिखे गए शोकगीत और किसी पौराणिक पात्र की मृत्यु के विषय में शोक व्यक्त करने वाले शोकगीत। इनमें से उन शोकगीतों को छोड़कर जो समारोह में पढ़े ज़ाने के लिए लिखे गए हैं शेष सभी प्रेमगीतों की श्रेणी में आ सकते हैं।

आठवीं सदी में पूर्वी प्रांतों से भर्ती करके क्यूशू भेजे गए 'साकिमोरि' (सीमांत प्रहरियों) की कविताएँ सेना संबंधी किसी कार्यकलाप की चर्चा नहीं करतीं। ये स्वजन बिछोह अथवा स्वदेश बिछोह की पीड़ा की कविताएँ हैं। कुछेक कविताएँ सीमांत प्रहरी के दायित्वों के व्याज से जब्री रंगरूट भर्ती की व्यथा की अभिव्यक्ति हैं। प्रधानतया ये कविताएँ स्त्री-पुरुष संबंधों पर केंद्रित हैं और पूरी तरह लौकिक हैं। इस संसार में जीने को और जीवन-स्थितियों को आधार बनाती हुईं। अभिजातवर्गीय कवियों द्वारा लिखी कविताओं और 'आज़ुमा उता' अथवा 'सकामोरि नो उता' की कविताओं में

स्पष्ट अंतर सूक्ष्म परिष्कृत संवेदनशीलता और सादगीपूर्ण सीधी अभिव्यक्ति का है। शासक अथवा स्वामी, स्वामिनी के प्रति निष्ठा और समर्पण भी बहुत सी कविताओं का भाव रहा है किंतु 'मन्योशु' का केंद्रीय भाव मानवीय प्रेम और विशेष रूप से स्त्री-पुरुष का प्रेम ही रहा है।

मन्यो काल में प्रेम के इस संसार के अलावा एक दूसरा संसार भी था—राजनीति और सत्ता संघर्ष का संसार। किंतु मन्यो कवियों ने इन दोनों को एक-दूसरे से बिल्कुल भिन्न माना। राजनयिक अभियान दल के सदस्यों, सेनानायकों और सीमांत प्रहरियों द्वारा रचित कविताएँ इसका प्रमाण हैं। सन् 736 में एक राजनयिक अभियान दल कोरिया की राजधानी सिल्ला गया था। इसके सदस्यों की करीब डेढ़ सौ कविताएँ 'मन्योशु' में हैं। ध्यान देने की बात है कि इनमें से एक भी कविता इस राजनयिक शिष्ट मंडल के स्वरूप और प्रवृत्ति पर नहीं है। अधिकांश कविताएँ वियोग अथवा पुनः वापसी की आकांक्षा की हैं अथवा नए देखे स्थलों के वर्णन की हैं। इससे स्पष्ट है कि 'मन्योशु' संग्रहकर्ताओं के विशिष्ट चयन मानदंड रहे होंगे।

'मन्योशु' कविताओं में प्रकृति अपने विविध रूपों में लगातार मौजूद है। वन, नदी, पर्वत, झरने, फूल, चंद्रमा, सूर्योदय, सूर्यास्त, बर्फ, हवा, वर्षा, बादल, खुली धूप, घास, पत्तियाँ, वृक्ष, पंछी मानवीय भावों को प्रतिबिंबित करते हुए आए हैं स्वयं अपनी सत्ता के रूप में नहीं। प्रकृति के छोटे, सौम्य और आत्मीय चित्र अंकित हैं विराट और भयावह चित्र नहीं। जापानी द्वीप समूह के राष्ट्रीय जीवन के स्पंदन में व्याप्त वैविध्य अत्यंत मनोहर ढंग से इस काव्य-संग्रह में जीवंत है। प्राचीन समय और समाज तथा उसके लोगों के मनोभावों और विचारों, संवेदनों और कार्यों, आकांक्षाओं, उलझनों, रीतियों और लोकविश्वासों, परंपराओं और रूढ़ियों की बहुविधता के माध्यम से यहाँ प्राचीन जापान का समाजशास्त्र मौजूद है। राजधानी नारा से लेकर सुदूर गाँवों तक के रोज़मर्रा के कार्यकलाप के साथ शिकार-यात्रा, युद्ध अभियान पर विदाई, राजनयिक अभियान, धान की कुटाई, कपड़े की रंगाई, 'उतागाकि' (स्त्री-पुरुषों द्वारा पंक्तिबद्ध होकर कविता पाठ और प्रणय आमोद), आम नागरिकों का सादगीपूर्ण निर्धन जीवन, शिंतो जीवन पद्धति, जनमन की आस्था जिंजा (देवालय) का सख्त नियंत्रण, राजकोष अनुशासन आदि मिलकर जापानी जीवन और समाज का नितांत समग्र और प्रामाणिक चित्र उपस्थित करते हैं। यही कारण है कि बारह सौ वर्षों से अधिक समय बीत जाने के बाद आज भी 'मन्योशु' की अपील बरकरार है। सांस्कृतिक संवेदनों और जीवन पद्धति में व्यापक बदलाव के बावजूद ये कविताएँ अब भी जापानी मन का प्रतिनिधित्व करती हैं। जब कभी जापानी लोग 'मन्योशु' की चर्चा करते हैं तो इसकी उदात्तता और विशुद्धता का गौरवान्वित भाव उनके चित्त में होता है। इन कविताओं की ठेठ

जापानियत को वे बड़े चाव से सराहते हैं। ध्यान देने की बात है कि आठवीं शताब्दी में चीनी लिपि को अंगीकार किए जाने के बाद ही जापान में चीनी संस्कृति और साहित्य का प्रभाव आना शुरू हुआ था।

'मन्योशु' की यह कालजयी क्षमता इन कविताओं से तादात्म्य स्थापित करने की शक्ति में निहित है जो आधुनिकता, उत्तर-आधुनिकता और अनुवाद के समस्त खतरे झेलते हुए भी इनमें मौजूद रही है। अपने इसी तादात्म्य गुण से ये देशी-विदेशी सभी तरह के पाठकों से हृदय-संवाद कर सकी हैं।

'मन्योशु' की 4500 से अधिक कविताओं में से नब्बे प्रतिशत से अधिक कविताएँ 'तंका' छंद में हैं। इकत्तीस वर्णों के इस छंद में 5-7-5-7-7 वर्णों की पाँच पंक्तियाँ होती हैं। तंका आज भी जापानी कविता के प्रधान छंदों में से एक है। इसका सबसे बड़ा प्रमाण है कि हर वर्ष जापानी सम्राट एवं सम्राज्ञी की उपस्थिति में आयोजित कविता प्रतियोगिता के लिए भेजी जाने वाली प्रविष्टियों में से अधिकांश तंका छंद में ही होती हैं। ये प्रविष्टियाँ बीसियों हज़ार की तादाद में होती हैं जिनमें से कुछ श्रेष्ठ कविताओं को चुना जाता है और इन कविताओं के कवि तोक्यो राजभवन में आकर कविता का पाठ करते हैं। विशेष बात यह है कि स्वयं सम्राट एवं सम्राज्ञी भी इस शाही कविता प्रतियोगिता में अपनी कविता प्रस्तुत करते हैं।

'मन्योशु' में कुछ लंबी कविताएँ भी हैं—'चोका' छंद में। इसमें पाँच और सात वर्णों की पंक्तियाँ बारी-बारी से आती हैं। ये क्रम कितना भी लंबा चल सकता है। अंत में कविता की समाप्ति सात वर्णों पर आकर होती है। हितोमारो द्वारा इस छंद में लिखी गई अत्यंत उत्कृष्ट कविताएँ 'मन्योशु' में शामिल हैं। चोका छंद की लंबी कविताओं में अक्सर कई सारांशपरक विराम आते हैं। सारांशपरक विराम की ये कविताएँ तंका छंद्र में हैं।

'मन्योशु' की कविताएँ अपनी काव्यात्मक संवेदना के कारण जापानी साहित्य प्रेमियों में विशेष रूप से चर्चा का विषय रही हैं। चुनिंदा कविताओं के कई संग्रह भी समय-समय पर तैयार किए जाते रहे हैं, पाठालोचन का कार्य भी हुआ है। इनमें युकिचि ताकेदा का 'जोतेइ मन्योशु ज़ेनचुशाकु' विशेष रूप से चर्चित रहा है। इस तरह मन्योशु पर रचनात्मक विचार-विवेचन परंपरा में जापानियों के गहन-गंभीर काव्यास्वाद प्रवृत्ति का परिचय मिलता है।

हिंदी पाठकों को जापानी क्लासिक संवेदना से अवगत कराने की दृष्टि से मैंने 'मन्योशु' की सौ कविताओं का हिंदी अनुवाद प्रस्तुत किया। प्रश्न उठता है 'मन्योशु' की कविताओं को मैंने अनुवाद के लिए क्यों चुना? इसका एक सीधा उत्तर तो यही है कि इन कविताओं की प्रबल काव्यानुभूति किसी भी सहृदय पाठक को प्रभावित

किए बिना नहीं रह सकती। दूसरे इनमें जापानी मन के वे सांस्कृतिक बिंब हैं जो मनुष्य और मनुष्यता को एक सहज जीवन जीने की शक्ति देते हैं। इन कविताओं में तीन भाव प्रमुख हैं—प्रकृति से लगाव, परंपरा से लगाव तथा अपने आत्म से लगाव। कहना न होगा कि इन कविताओं के आत्म-बिंब मनुष्य के आंतरिक लगावों को व्यक्त करते हैं—आखिर संस्कृति मानव-बिंबों का संयोजन ही तो है। ये कविताएँ इस अर्थ में आज भी अर्थवान हैं कि अपनी सर्जनात्मकता से ये हमारे संवेगों, संस्कारों और स्मृतियों को प्रभावित करती हैं। इतना ही नहीं इनमें इतिहास के भीतर, समय और समाज के भीतर चलने वाले अनगिनत अंतर्द्वंद्वों, आशाओं, आकांक्षाओं के साक्षी बनने का अरमान मौजूद है। रचना की चरम उपलब्धि यही है कि वह अपने रचनानुभव से पाठक को समृद्ध करती है।

इसी भावना के साथ ये कविताएँ हिंदी भाषी समाज के हाथों सौंपने का मन बनाया। विषय एवं संवेदना की विविधता की दृष्टि से 'मन्योशु' का प्रतिनिधित्व हो सके इस बात को ध्यान में रखते हुए सभी वर्गों के कवियों की कविताएँ अनुवाद के लिए लीं। मूल कविता के साथ-साथ उसके स्रोत, लेखक परिचय, संबद्ध ऐतिहासिक घटना, दंत कथा, प्रथा, विचार आदि संबंधी टिप्पणी का भी अनुवाद किया। प्रत्येक टिप्पणी के पश्चात कोष्ठक में यह भी उल्लेख किया गया कि कविता किस खंड से ली।

प्राचीन जापान के संघर्षरत जन की प्रेम कविताएँ

जापान के प्राचीनतम काव्य-संग्रह 'मन्योशु' से ली गईं कुछ कविताओं का अनुवाद यहाँ प्रस्तुत है। राजाज्ञा पालन करते हुए कर्मचारियों, सुदूर सीमा प्रांत पर तैनात सैनिकों और उनके प्रियजनों द्वारा लिखी गईं ये कविताएँ उनके निजी जीवन-प्रणय, शृंगार, वात्सल्य, गृह-बिछोह के शब्द-चित्र प्रस्तुत करती हैं।

प्रेमी-प्रेमिका, पति-पत्नी, माता-पिता-संतान के बिछुड़ने की मनोदशाओं और स्वामिभक्ति की विविध प्रकार की मनोभूमिकाओं के ये भावचित्र प्राचीन जापान के सामाजिक, सांस्कृतिक संबंधों, राजनीतिक, आर्थिक, इतिहास, भूगोल और प्रकृति की रोचक तसवीर सामने लाते हैं।

आज से शुरू करता हूँ मैं
अपनी यात्रा
घर के विषय में कुछ भी विचार किए बिना
बनने को विनीत परिचर
महान् राजमहिषी का।

इमामात्सुरिबे योसोफु नामक एक निम्न-स्तरीय सेना अधिकारी द्वारा रचित। ये और इससे आगे की सात कविताएँ मन्योशु के खंड 20 की हैं। इनका संग्रह याकामोचि द्वारा किया गया माना जाता है। ये कविताएँ सन् 754-55 के दौरान दक्षिण क्यूशू के द्वीप की रक्षक सेना में सेवारत प्रहरियों में निम्नतम ओहदे के सैनिकों द्वारा रची गई हैं। घर से बिछुड़ने की पीड़ा और सैन्य सेवा की अनिश्चितता इन कविताओं में बिलकुल तात्कालिक रूप से व्यक्त है।

स्वामी की आज्ञा के
सादर अनुपालन में

विभिन्न तटों की यात्रा करता मैं
पार करता हूँ समंदर
छोड़कर पीछे माता-पिता को।

हासेत्सुकाबे हितामारो नामक सीमांत प्रहरी द्वारा रचित।

पिता और माता के शब्द—
'सौभाग्य तुम्हारे साथ हो, बेटा'
हृदय में समा गए हैं मेरे—
धीरे से सहलाते मेरे मन को
कभी नहीं भूल सकता मैं उन वचनों को!

हासेत्सुकाबे इनामारो नामक सीमांत प्रहरी द्वारा रचित।

बहुत बड़ी होगी मेरी जिम्मेदारी
यह सोच चल पड़ा था जब मैं घर से
सीमांत प्रहरी के रूप में
कुछ भी कहे बगैर कि करना है क्या,
क्या नहीं पीछे मेरी पत्नी को।

वाकातोनेरिबे हिरोतारि नामक सीमांत प्रहरी द्वारा रचित।

पर्वतीय कैमेल्लिया
तुम खिले हो मेरे द्वार पर!
लेकिन, नहीं चाहते तुम
छूऊँ मैं अपने हाथों से तुम्हारे फूलों को
डरते हो स्पर्श मात्र से बिखर जाएँगे फूल वे।

मोनोनोबे हिरोतारि नामक सीमांत प्रहरी द्वारा रचित। यहाँ सभी सुंदर वस्तुओं की बढ़ी हुई नजाकत सिपाही के बिछोह की वेदना को व्यक्त करती है :

कितनी ईर्ष्या है मुझे उन सबसे
जो बिना किसी चिंता के
तटस्थ भाव से पूछा करते हैं—

किसके पति बनने वाले हैं
सीमांत प्रहरी?

अज्ञातनाम सीमांत प्रहरी की लिखी मानी जाती है; पर शायद यह उसकी पत्नी द्वारा लिखी गई है।

बहुत ही लालायित होगी मेरी पत्नी
मुझसे मिलने को
साफ दिखाई देता है उसका बिंब मुझे
जल के। उस गिलास में जो मैं पी रहा हूँ
कैसे भूल सकता हूँ मैं
अपनी प्रिया को।

वाकायामातोबे मुमारो नामक एक प्रहरी द्वारा रचित। यह प्रहरी जिला अधिकारी पद पर था।

तुषारपात भरी रातों में जब
सिहर जाती हैं बाँसों की पत्तियाँ ठंडी हवा से
कपड़े पहने हूँ सात-सात जोड़ी
फिर भी जाड़ा ...
काश, मैं प्रिया के पास होता!

अज्ञातनामा सीमांत प्रहरी द्वारा रचित।

हिमाच्छादित फूजी पर्वत शिखर की

सारी बर्फ यदि
पिघलकर बह जाए
तपते जून मास के पंद्रहवें दिन—
गिर उठेगी बर्फ उसी रात फिर से ...!

मुशिमारो संग्रह (आरंभिक नारा युग) से गृहीत। अज्ञात लेखक की रचना। फुजी पर्वत पर लिखी लंबी कविता के दो उपसंहारों में से एक। उस समय और आज भी भव्य फुजी पर्वत पूर्वी जापान के कांतो क्षेत्र का भौगोलिक और प्रतीकात्मक दृष्टियों

से प्रमुख पर्वत है।

कामित्सुके में
असो के सन की गठरी
कसकर बाँहों में समेटे हूँ–
कभी नहीं थकता मैं : सन इकट्ठा कर गट्ठर बाँधने से
सोचता हूँ क्या करूँगा मैं तुम्हारे साथ?

अज्ञात लेखक द्वारा रचित 'आज़ुमा-उता' (पूर्वी भूमि के गीत)।

तुमसे मिलन-स्नेह-आलिंगन
के क्षण होते हैं बहुत छोटे,
लेकिन तुमसे मिलने की उत्कंठा–
मानो फुजी पर्वत शिखर से अचानक
द्रुतगति से गिरती हुई गरजती धारा हो।

प्रेम करती हूँ जिससे
क्या बयान करूँ उसका मैं?
मुसाशि के मैदानों में
बनैले ओवाता के फूल
खिल रहे हैं बेशुमार, लगातार...।

अज्ञात लेखक द्वारा रचित 'आज़ुमा-उता'। यहाँ वर्णित ओवाता (भटकटैया) जैसा जंगली फूल होता है, जो गरमियों भर खिला रहता है, यहाँ प्रेमी के प्रति कवयित्री की भावनाएँ अनंत काल के लिए हैं, ओवाता फूलने की लंबी अवधि के समान।

रेशम है मेरे पास
हाल ही में तैयार हुआ
त्सुकुबा पर्वत पर शहतूत के पेड़ों पर
पले कृमि कोषों से,
पर कितनी इच्छा है मेरी–
तुम्हारे वस्त्र आजमाने की।

अज्ञात लेखक का पूर्वी भूमि का गीत 'आज़ुमा-उता'। विवाह-संस्कार में दूल्हा-दुलहन के वस्त्रों के आदान-प्रदान की प्रथा थी।

कोमोचि पर्वत पर
मोमिजी वृक्षों पर आईं नई कोंपलें
जब तक नारंगी होकर किरमिजी लाल न हो जाएँ–
तुम्हारा प्रणय पा सकूँगी क्या
क्या तुम नहीं आओगे मेरे पास?

अज्ञातनामा लेखक का 'आज़ुमा-उता'। अंतिम पंक्ति में प्रश्न 'उतागाकि' (कविता की पटेबाजी अर्थात् उत्तर-प्रत्युत्तर में कविता कहने का खेल) का संकेत करता है, जिसमें युवक और युवतियाँ आमने-सामने पंक्तिबद्ध होकर प्रणय-निवेदन के रूप में कविताएँ अथवा गीत लिखकर आगे-पीछे उठाते थे। पर्वत का नाम 'कोमोचि' 'गर्भावस्था' के अर्थ में भी पढ़ा जा सकता है।

आशिगारी में
हकोने पर्वत की चोटी पर खिलते
गिंको के फूलों की भाँति गोरी
है वह, और अभी तक–
सोती है मानिनी-सी गहरी नींद में।

अज्ञात लेखक का 'आज़ुमा-उता'। 'गिंको' सुदर्शन (madain hair) का जापानी नाम है।

योरा पहाड़ी के नीचे
झाड़ी के पार्श्व में
मैंने उसे खड़ा रखा
जब तक मैंने की उस स्थल की सफाई
सेज थी जो हम दोनों की।

अज्ञात लेखक का 'आज़ुमा-उता'। संभवतया यह कविता भी 'उतागाकि' के रूप में गाई गई होगी।

क्या यह वास्तव में सच है
कि कास्तुशिका में
मामा ग्राम की सुंदरी तेकोना
मेरी दुल्हन चुन ली जाएगी–
मामा ग्राम की सुंदरी तेकोना...

अज्ञात लेखक की 'आज़ुमा-उता'।

['साहित्य अमृत', फरवरी 2005]

जापानी वसंत की कविताएँ

भारत में सरसों के पीले फूल वसंत के आगमन के सूचक होते हैं और जापान में साकुरा के हलके गुलाबी फूल। जापान में वसंत हमारे यहाँ से थोड़ा पीछे आता है—आधा मार्च बीतने के बाद। पहले दक्षिणी जापान में 'साकुरा' नामक फूल की कलियाँ चटकारी देती हैं और फिर धीरे-धीरे उत्तर में भी साकुरा फूलना शुरू होता है। पेड़ों की नंगी डालियाँ बहुत हलके गुलाबी फूलों की पँखुरियों से लदने लगती हैं। दक्षिण से उत्तर की ओर बढ़ते हुए वसंत का विस्तार अप्रैल भर रहता है। सभी लोग अपने जीवन की लय को प्रकृति में मिलाते हुए 'हाना मात्सूरी' (पुष्पोत्सव) में शामिल होते हैं। भगवान् बुद्ध का जन्म-दिवस भी अप्रैल में ही मनाते हैं।

प्रस्तुत है विभिन्न मनःस्थितियों में रची गईं कुछ सुप्रसिद्ध जापानी 'हाइकू' कविताओं का हिंदी अनुवाद—

मौजूद है साकुरा। —इस्सा

: 5 :

खिले साकुरा वृक्षों के बीच
कोई नहीं है—
निपट अजनबी। —इस्सा

: 6 :

झूल रहा है शिशु पालने में
हाथ में लिये डाल
फूले हुए साकुरा की। —इस्सा

: 7 :

सब गाते थे गीत—
'साकुरा, साकुरा...'[2]
उस उम्रदराज वृक्ष की छाया में। —इस्सा

: 8 :

घोड़े पर सवार दाइम्यो[3] को लुभाते हैं साकुरा
और वे उतर पड़ते हैं धरती पर
साकुरा को निहारने! —इस्सा

: 9 :

वर्षा की बूँदों से नहाए साकुरा—
कर रहे हैं नमन मंदिर की पहाड़ी पर
बुद्ध की विराट् प्रतिमा को।[4] —इस्सा

: 10 :

देख रहा हूँ संध्या में
साकुरा को
बीत गया है एक दिन और। —इस्सा

: 11 :

सहजता से भरोसा करो
नहीं करती क्या ऐसा भरोसा
फरफराकर गिरतीं साकुरा की पँखुरियाँ?[5] —इस्सा

: 12 :

बीती वसंत की रात
निहारते साकुरा को
चमक उठी है भोर की किरण नाजुक पँखुरियों पर। —बाशो

: 13 :

असाकुसा और उएनो[6] मंदिरों के प्रांगण में
हवा में डोलती-झूलती साकुरा की डालियों के पार—
सुन पड़ती है क्या घंटों की गूँज भी? —बाशो

: 14 :

साकुरा की बूढ़ी डालियाँ[7]—
क्या फिर से सज उठी हैं नए फूलों से
कायाकल्प कर नवयौवना-सी[8]। —बाशो

: 15 :

कितनी-कितनी यादें अपने साथ ले आते हैं
गुजरे अतीत की

फूल उठते हैं साकुरा जब।[9] —बाशो

: 16 :

कारासाकी का चीड़ वृक्ष[10]
फीका और धुँधला है
साकुरा फूलों के सामने। —बाशो

: 17 :

बीत चुकी है मंदिर के घंटे की गूँज
साँझ की हवा में फैली साकुरा की खुशबू
अब भी दे रही खबर उस अनुगूँज की। —बाशो

: 18 :

ऊँचे-से-ऊँचे पर्वतों पर खिले
साकुरा को भी नमन करते
हम गुनगुनाते हैं—'नामुअमिदाबुत्सु'[11]। —बाशो

---

1. मंदिर में प्रतिष्ठापित बुद्ध देवता की प्रतिमा।
2. 'साकुरा, साकुरा...' टेक पर बहुत से लोकगीत, काबुकी नृत्य और नाट्य प्रचलित हैं (जैसे 'दोजोजी' नामक नागा-उता का गीत)।
3. पुराने जमाने में छोटे दर्जे का जागीरदार सामंत।
4. जापान में कामाकुरा के मंदिर में बुद्ध की विराट् प्रतिमा (दाइ बुत्सु) खुले आकाश के नीचे पहाड़ी पर बनी है तथा चारों ओर साकुरा के वृक्ष हैं।
5. ज़ेन दर्शन और प्रकृति का नजदीकी संबंध है।
6. तोक्यो स्थित असाकुसा और उएनो के प्रसिद्ध मंदिर।
7. साकुरा की नंगी डालियों को वृद्धा स्त्री की उपमा दी गई है।
8. 'नोह' नाटक 'सानेमोरी' से गृहीत उपमा।
9. यह कविता काफी समय पहले दिवंगत हाइकू कवि सेंगिन की स्मृति में सन् 1688 में लिखी गई थी।
10. जापान की प्रसिद्ध झील 'लेक बीवा' के दक्षिण-पश्चिमी तट पर खड़ा चीड़ वृक्ष अपने सौंदर्य के लिए विख्यात है। चित्रकार हिरोशिगो ने इसे अपने चित्रों में उकेरा है।
11. अमिताभ बुद्ध को नमन।

[साहित्य अमृत, मई 2005]

मिमि-नाशी-होइचि : कनकटा होइचि (जापानी कहानी)

होइचि की कहानी प्रसिद्ध जापानी लोक कथाओं में से एक है। 'क्वाइदान' (प्रेत आदि दानवेटर योनियों से संबंद्ध)कथाएँ जापानी साहित्य का बहुत लोकप्रिय अंग हैं। मानवेतर योनियों से जुड़ी पुरा कथाओं और मिथकों ने जापानी नाटक, कविता, कथा साहित्य में विस्मय-बोध एवं रम्याद्‌भुत तत्त्व का समावेश करते हुए उस फैंटेसी के संसार की सृष्टि की है जिसे हम किसी जाति का सामूहिक अवचेतन मन कहते हैं। मिमि-नाशी-होइची जपानी की जनमन में रची-बसी ऐसी लोक कथा है जिसका आकषर्ण विदेशी पाठकों में भी कभी कम नहीं हुआ।

प्राचीन जापान के प्रमुख राजवंश–हेइके और गेंजी राजवंश–क्रमशः ताइरा और मिनामोतो राजवंश के नाम से भी जाने जाते हैं। पुराने जापान का इतिहास इन्हीं राजवंशों के बीच युद्धों और शौर्य का इतिहास है। इनकी युद्ध कथाएँ जापानी लोक जीवन, साहित्य और प्रस्तुति परक कलाओं में अनेक रूपों में चित्रित हुई हैं। हेइके-गेंजी राजवंशों के लंबे संघर्ष का अंतिम युद्ध शिमोनोसेकि के सँकरे समुद्र में दान-नो-उरा के तट पर लगभग आठ सौ वर्ष पहले हुआ था। इस युद्ध में हेइके राजपरिवार–सम्राट, स्त्रियों और बच्चों सहित–पूरी तरह नष्ट हो गया था। सम्राट अपनी सेनाओं के साथ इस युद्ध में वीरगति को प्राप्त हुए और महारानी अपनी अनुचरियों तथा बालक युवराज सम्राट अन्तोकु तेन्नो के साथ सागर की गोद में कहीं सो गईं। सदियों तक सागर और सागर तट पर प्रेतात्माओं का बसेरा रहा। वहाँ अक्सर विचित्र किस्म के केकड़े दिखाई दिया करते थे जिनकी पीठों पर इंसानी चेहरा होता। यह मानकर कि ये हेइके योद्धाओं की भटकती हुई आत्माएँ हैं जो केकड़ा योनि में घूम रही हैं–लोग उन्हें हेइके केकड़ा भी कहते।

पर दान-नो-उरा तट के पास-पास अक्सर कुछ अनोखी चीज़ें देखने-सुनने में आतीं अँधेरी रातों में बालुई तट पर हजारों प्रेत-तुल्य अग्नियाँ मँडराती हुई या लहरों के ऊपर फुदकती हुई दिखाई देतीं–मछुआरे इन पीली रोशनियों को 'ओनि-बि'

(पिशाची रोशनियाँ) कहते हैं। जब कभी हवाएँ तेज़ होतीं तो समुद्र से युद्ध के कोलाहल के समान विकराल चीत्कार की सी गर्जना होती है।

पुराने जमाने में हेइके योद्धा अब से ज्यादा बेचैन और अधीर थे। अब वे अपेक्षाकृत अधिक शांत हैं। उन दिनों तो वे उठ खड़े होते और रात में गुजरते जहाज़ों को डुबोने की कोशिश करते, हर समय तैराकों पर निगाह रखते, उन्हें खींच कर गिरा लेने को तैयार रहते। अकामागासेकि पर भगवान बुद्ध के मंदिर 'अमिदाजी' का निर्माण इन मृतात्माओं की शांति के लिए ही कराया गया था। पास में ही सागर तट के निकट एक समाधि क्षेत्र भी बनाया गया था जिसमें हेइके योद्धाओं के स्मारक बनाए गए थे। सागर में डुबाए गए सम्राट और उनके महान जागीरदारों के नाम उनके स्मारक पत्थरों पर अंकित किए गए। इन समाधियों पर प्रेतात्माओं के शमन के लिए बौद्ध रीतियों के अनुरूप अनुष्ठान नियमित रूप से किए जाते। मंदिर बन जाने और समाधियाँ स्थापित हो जाने के बाद हेइके प्रेतात्माएँ पहले की अपेक्षा थोड़ी शांत हुईं—लोगों को उतना परेशान न करतीं। लेकिन फिर भी, यदा-कदा वे कुछ-कुछ ऐसा ऊटपटाँग करती रहती थीं जिससे यह सिद्ध हो जाता कि उन्हें पूरी तरह से शांति नहीं मिल पाई है।

कुछ सदियों पहले अकामागासेकि में होइचि नामक एक अंधा रहता था जो बीवा (जापानी वीणा) की धुन पर गीत गाने के लिए प्रसिद्ध था। बचपन से ही होइचि वीणा की धुन पर गीत गाने का अभ्यास करने लगा था। आँखों के बिना अपनी अँधेरी दुनिया में उसने पूरा ध्यान गाने पर लगाया था। परिणाम यह हुआ कि किशोरावस्था तक पहुँचते-पहुँचते वह कथागायन कला में अपने गुरुओं से आगे निकल गया। पेशेवर 'बीवा-बोशि' के रूप में उसका यश दूर-दूर तक फैलने लगा। वीणा की धुन पर वह हेइके और गेंजी की पुरा-कथाओं को गा कर सुनाता तो लोग आत्म-विभोर हो जाते। कहा जाता है कि जब वह दान-नो-उरा के युद्ध का गीत गाता तो आम लोग तो रसमग्न हो आँसू बहाते ही करुणा का ऐसा प्रसार होता कि 'कि जिन' (पिशाचों) के भी आँसू न रुक पाते।

किस्मत की बात कि गरीब अंधे होइचि को एक मेहरबान मित्र मिल गया। अमिदाजी मंदिर के शोड्यो (महंत) को कविता, संगीत और काव्य से बड़ा लगाव था। वे अक्सर होइचि को बीवा पर कथागायन के लिए बुला लेते। इस अंधे बालक की अद्‌भुत प्रतिभा से बहुत प्रभावित थे। एक दिन उन्होंने होइचि से कहा—क्यों न वह मंदिर में ही आकर रहने लगे। होइचि ने उनका प्रस्ताव कृतज्ञतापूर्वक स्वीकार कर लिया। होइचि को मंदिर के भवन में एक कक्ष दे दिया गया, निवास तथा भोजन की व्यवस्था हो गई। बदले में होइचि को महंत को गाना सुनाने का काम मिला। शाम को

फुरसत के समय वे होइचि के गायन-वादन का आनंद उठाते।

एक बार गर्मियों में रात के समय महंत अपने एक यजमान के मृतक संस्कार के लिए उसके घर गए। होइचि को मंदिर में अकेले छोड़कर वह अपने सहायक अनुचर के साथ वहाँ के लिए रवाना हुए। उमस भरी गर्मी थी और अंधा होइचि अपने शयन कक्ष के बाहर बरामदे में ठंडक की तलाश में बैठा था। बरामदा अमिदाजी के अहाते में पीछे बने छोटे से बगीचे में खुलता था। महंत के इंतज़ार में होइचि वहाँ बैठा बीवा बजाकर अपना अकेलापन दूर कर रहा था। आधी रात बीत चुकी थी, महंत अभी तक नहीं लौटे थे। उमस भरी गर्मी में कमरे के भीतर चैन नहीं पड़ता था, होइचि बाहर ही बैठा रहा। तभी कोई द्वार के भीतर घुसा और बरामदे की ओर बढ़ने लगा। जो आगंतुक सामने आकर खड़ा हो गया था वह महंत तो न था। तभी एक गंभीर आवाज़ ने सहसा अंधे का नाम लेकर अनौपचारिक ढंग से पुकारा—मानो कोई समुराइ (शासक वर्ग का योद्धा) अपने से निचली हैसियत के व्यक्ति को पुकारता हो—'होइचि!'

इस बेतकल्लुफ और रोबीली आवाज़ को सुनकर होइचि क्षण-भर के लिए हक्का-बक्का रह गया, उसके मुँह से जवाब न निकला, दोबारा सख्त आदेश भरे स्वर में आवाज़ आई—

'होइचि!'

लहजे में भरी घुड़की से घबराए होइचि ने डरते-डरते कहा—'जी हाँ! मैं अंधा हूँ—मुझे नहीं मालूम कौन मुझे बुला रहा है।'

'डरने की कोई बात नहीं है' अजनबी ने अपने स्वर में और नरमी लाते हुए आगे कहा, 'मैं इस मंदिर के पास ठहरा हूँ और एक संदेश लेकर तुम्हारे पास भेजा गया हूँ। मेरे वर्तमान स्वामी, जो अत्यंत ऊँची हैसियत के व्यक्ति हैं, इस समय अपने अनेक कुलीन सेवकों के साथ अकामागासेकि में ठहरे हुए हैं। वह दान-नो-उरा का युद्ध स्थल देखना चाहते थे, और आज वे उस स्थल पर गए। उन्होंने सुना है कि तुम दान-नो-उरा युद्ध की कथा गाते हो और अब वे तुम्हारा गायन सुनना चाहते हैं, इसलिए तुम अपनी बीवा उठाओ और तुरंत मेरे साथ उस भवन में चलो जहाँ सम्मान्य जन-समुदाय तुम्हारी प्रतीक्षा कर रहा है।'

उस जमाने में किसी समुराई के आदेश के प्रति लापरवाही अथवा अवज्ञा असंभव थी। होइचि ने अपने जूते पहन लिए और अपनी बीवा उठाकर अपरिचित के साथ चल पड़ा। उस व्यक्ति ने बड़े सधे हुए ढंग से हाथ पकड़कर होइचि का मार्गदर्शन किया, लेकिन उसे बहुत तेज चलवाया। होइचि को लग रहा था कि जो हाथ उसका हाथ थामे चल रहा है वह मानो लोहे का हो। योद्धा लंबे-लंबे डग भर रहा था। उसकी चाल से पैदा खनखनाहट की आवाज़ सिद्ध कर रही थी कि वह पूरी तरह शस्त्र-सज्जित

है–संभवतया अपने काम पर तैनात कोई महल का संतरी हो। शुरू में होइचि को जो डर लगा था अब तक वह खत्म हो चुका था, उसे लगने लगा था कि इस वक्त उसकी किस्मत अच्छी है। उसे याद आया कि योद्धा सेवक ने 'किसी बहुत ऊँची हैसियत वाले' व्यक्ति का जिक्र किया था। वह सोचने लगा कि उसका गायन-वादन सुनने का इच्छुक व्यक्ति पहले दर्जे के 'दाइम्यो' (जागीरदार) से नीचे का नहीं होगा। तभी समुराइ रुका; होइचि को पता लगा कि वे किसी विशाल द्वार पर पहुँच गए हैं–उसे थोड़ा ताज्जुब हुआ क्योंकि जहाँ तक उसकी जानकारी थी शहर के उस हिस्से में अमिदा जी मंदिर के द्वार के अलावा कोई विशाल द्वार नहीं था। समुराइ ने बड़े आदर के साथ द्वार खोलने के लिए निवेदन किया–'काइमोन' (कृपया दरवाज़ा खोलें)। तभी अर्गला खोलने की आवाज़ सुनाई दी।

वे दोनों बगीचे को पार करते हुए आगे बढ़े और फिर किसी द्वार पर जाकर खड़े हो गए; सेवक ने ऊँचे स्वर में कहा–'मैं होइचि को अंदर ले आया हूँ।' फिर तेज़ कदमों की आहट, स्क्रीन सरकाने, खिसकवाँ दरवाजा खुलने की आवाज़ें तथा औरतों की बातचीत भी सुनाई दीं। स्त्रियों की भाषा से होइचि को लगा कि वे किसी कुलीन परिवार की घरेलू परिचारिकाएँ हैं, किंतु उसे यह समझ नहीं आ पाया था कि उसे किस स्थान पर ले जाया गया है, उसे स्थान के विषय में अनुमान लगाने या सोचने के लिए ज्यादा समय नहीं दिया गया। कई सीढ़ियाँ चढ़ने में मदद करने के बाद उससे जूते उतारने को कहा गया। फिर एक महिला उसका पथ-प्रदर्शन करते हुए आगे ले गई। चिकने तख्तों के बने फर्श पर चलते हुए खंभेदार अनगिनत मोड़ों पर मुड़ते हुए उसने अपार दूरी तय की। कक्ष के 'ततामी' फर्श (जापानी घरों के चटाईदार फर्श होते हैं) पर आश्चर्यजनक दूरी तक चलते हुए वह किसी विराट भवन के मध्य पहुँचा। जहाँ उसने सोचा बहुत से बड़े-बड़े लोग बैठे हुए हैं जिनके रेशमी वस्त्रों की सरसराहट जंगल में पत्तियों की सरसराहट जैसी महसूस होती थी। मंद स्वर में बोलते हुए लोगों की आवाज़ें पूरे कक्ष में गुंजायमान थीं। उनका वार्तालाप दरबारी शैली की गरिमा से पूर्ण था। होइचि से कहा गया कि वह आराम से बैठ जाए। उसके बैठने के लिए ज़बोतोन (गद्दी जिस पर संपन्न जापानी लोग घुटनों के बल बैठते हैं) तैयार था। ज़बोतोन पर बैठ कर उसने अपनी बीवा के तार ठीक से कसे। तभी एक स्त्री–जो संभवतया राजघराने की परिचारिकाओं की अध्यक्षा रही होगीने होइचि से कहा–'यहाँ सब लोग बीवा की धुन पर हेइके वृत्तांत सुनना चाहते हैं।'

संपूर्ण वृत्तांत गायन में कई रातों का समय लगता है; अतः होइचि ने जोखिम उठाते हुए प्रश्न करने का साहस किया–'चूँकि पूरी कथा थोड़े से समय में नहीं सुनाई जा सकती अतः सम्मान्य जन बताएँ कि वे कौन-सा भाग मुझसे सुनना चाहते हैं?'

स्त्री स्वर ने उत्तर दिया—'दान-नो-उरा के युद्ध की कथा सुनाओ—क्योंकि वह सर्वाधिक करुण और गंभीर है।'

तब होइचि ने ऊँची आवाज़ में गाना शुरू किया। उसने सागर की उत्ताल तरंगों पर भयानक युद्ध का गीत गाया—उसकी वीणा अद्भुत ढंग से स्वर-संगति कर उठी—पूरी ताकत से चल रहे चप्पुओं, धावा करते जहाज़ों की आवाज़ें, बाणों के तेज़ी से चलने की फूत्कार भरी फरफराहट, सैनिकों के आपस में भिड़ने-गरजने, गिरे हुए सैनिकों को खूँदते हुए रौंदने की आवाज़ें, ठोकरें खाते बूटों से दबते कुचले जाते सैनिकों की चीत्कार, शिरस्त्राणों पर तलवारों की खनखनाहट, हताहतों और घायलों को सागर के ज्वार में डुबोने की आवाज़ रात्रि के वातावरण में तैर उठी। गाते समय क्षण-दो क्षण को जब होइचि रुकता तो अपने दाएँ-बाएँ में प्रशंसा की फुसफुसाहट की भनक उसके कानों में पड़ जाती—'कैसा अद्भुत कलाकार है', 'हमारे अपने प्रांत में ऐसा उत्तम गायन-वादन कभी नहीं सुनने को मिला', 'पूरे साम्राज्य में होइचि जैसा कोई दूसरा गायक नहीं है।' इन मंद स्वरों के कानों में पड़ते ही होइचि के भीतर नया साहस और उत्साह भर जाता और वह पहले से और अच्छी धुन में और ज्यादा ओजभरी वाणी में गा उठता; और उसके चारों ओर एक अचरज भरा मौन गहराता जाता। लेकिन अंत में जब वह सद् और निस्सहाय पक्ष की नियति के बारे में सुनाने लगा—महिलाओं और बच्चों के दयनीय विनाश की गाथा और शाही शिशु को गोद में उठाए धाय नी-नो-आमा के सागर में कूद कर मृत्यु को वरण करने की गाथा गाने लगा—तो सभी श्रोताओं की वेदना रोंगटे खड़े कर देने वाले करुण रोदन में फूट पड़ी, लंबी-लंबी साँसों और हिचकियों में कक्ष डूब गया। फिर वे सब इतने ज़ोर-ज़ोर से बेतहाशा रोने और बिलखने लगे कि बेचारा अंधा होइचि अपने गीत से उत्पन्न विषाद की तीक्ष्णता से डर गया। काफी देर तक रोने-बिलखने और सिसकियों का वातावरण बना रहा। धीरे-धीरे विलाप करने की आवाज़ें बंद हुईं। होइचि ने स्त्री स्वर सुना जो संभवतया 'रोज़ो' (परिचारिकाओं की अधीक्षक) का था—

'हालाँकि हमें बताया गया था कि तुम बहुत कुशल बीवा-वादक हो, और कथा गायन में तुम्हारा कोई मुकाबला नहीं कर सकता, किंतु हम नहीं जानते थे कि कोई इतना कुशल भी हो सकता है जितना कि तुमने अपने को आज सिद्ध किया है! हमारे स्वामी तुम से प्रसन्न हैं और वे तुम्हें समुचित पुरस्कार प्रदान करेंगे। लेकिन वे चाहते हैं कि तुम अगले छह दिनों तक रोज रात में एक बार आकर उनके सामने अपना गायन प्रस्तुत करो। उसके बाद वे अपने भव्य दल के साथ वापस चले जाएँगे। इसलिए तुम्हें कल फिर इसी समय यहाँ आना होगा। आज जिस परिचर ने तुम्हारा पथ-प्रदर्शन किया था, कल फिर उसे तुम्हें लेने के लिए भेज दिया जाएगा। ...हाँ...

एक और बात है जो तुम्हें बताने के मुझे आदेश मिले हैं–तुम अपने यहाँ आने के विषय में स्वामी के आगामागासेकि में भव्य प्रवास के दौरान किसी को कुछ नहीं बताओगे क्योंकि वह अज्ञातवास के रूप में यह यात्रा कर रहे हैं।' उनका आदेश है कि इस विषय में किसी से जिक्र न किया जाए...! अब तुम अपने मंदिर वापस जा सकते हो।'

होइचि ने विधिवत् धन्यवाद ज्ञापन किया, उसके बाद एक महिला उसका हाथ पकड़कर भवन के द्वार तक पहुँचा गई, जहाँ वही परिचर उसका इंतज़ार कर रहा था, जो होइचि को साथ लेकर आया था। परिचर ने उसे मंदिर के पीछे उसी बरामदे तक पहुँचा कर उससे विदा ली।

होइचि वापस पहुँचा तब तक लगभग सवेरा होने को था; लेकिन मंदिर में उसकी अनुपस्थिति की ओर किसी का ध्यान नहीं गया था क्योंकि महंत काफी देर से लौटे थे और उन्होंने सोच लिया था कि होइचि सो गया है। दिन में होइचि को कुछ आराम करने का समय मिल गया। पिछली रात के अपने अद्भुत-अपूर्व अनुभव के विषय में किसी से कुछ नहीं कहा। अगले दिन आधी रात के समय फिर से समुराइ उसे बुलाने आया और होइचि को साथ लेकर सम्माननीय लोगों की सभा में पहुँचा। होइचि ने फिर अपनी प्रस्तुति की और पिछली प्रस्तुति के समान ही बड़ी सफलतापूर्वक सबसे प्रशंसा पाने में कामयाब रहा। किंतु इस बार मंदिर से उसकी अनुपस्थिति के बारे में संयोगवश सबको पता चल गया। सुबह वापस आने पर उसकी महंत के सामने पेशी हुई। उन्होंने आग्रहपूर्वक फटकार के स्वर में पूछा–

'हम तुम्हारे लिए बहुत चिंतित हैं मित्र होइचि! अंधे व्यक्ति का अकेले इतनी रात गए बाहर जाना खतरे से खाली नहीं है। तुम हमें बताए बिना क्यों चले गए? मैंने किसी सेवक को तुम्हारे साथ जाने के लिए कह दिया होता। और यह तो बताओ तुम कहाँ गए थे?'

होइचि ने टालमटोल उत्तर दिया–

'दयालु मित्र, मुझे क्षमा करें। मुझे किसी व्यक्तिगत कार्य के लिए जाना पड़ा और मैं वह काम किसी और समय नहीं कर सकता था।'

होइचि के बात छिपाने से महंत को ताज्जुब ही नहीं बड़ा कष्ट हुआ। उन्हें लगा कि यह होइचि का सहज व्यवहार नहीं है। उन्हें शक हुआ कि कहीं कुछ गड़बड़ी तो नहीं है। उन्हें डर लगा कि अंधा लड़का कहीं सम्मोहित न हो गया हो या किन्हीं नरक दूतों के बहकावे में न फँस गया हो। उन्होंने उससे और सवाल नहीं पूछे। लेकिन उन्होंने चुपके से मंदिर के पुरुष सेवकों को आदेश दे दिए कि होइचि की गतिविधियों पर निगरानी रखें और अँधेरा होने के बाद अगर वह मंदिर से बाहर जाए तो उसका

पीछा करें।

अगली रात को सेवकों ने होइचि को मंदिर से बाहर जाते देखा तो वे अपनी लालटेनें जलाकर उसके। पीछे चल पड़े। किंतु उस रात वर्षा हो रही थी; और जब तक मंदिर के सेवक सड़क तक पहुँचे तब तक होइचि गायब हो चुका था। ज़ाहिर था कि वह बहुत तेज़ चला होगा। लेकिन इस बात पर उन्हें बहुत आश्चर्य हुआ—क्योंकि एक तो वह अंधा था दूसरे सड़क की हालत बहुत खराब थी। वे लोग जल्दी-जल्दी सभी गलियों में उसे ढूँढ़ने लगे, ऐसे हर घर में उन्होंने पूछताछ की जहाँ होइचि जाया करता था। लेकिन कहीं भी होइचि का कुछ पता न चला।

आखिर में जब वे सागर तट के रास्ते से मंदिर की तरफ वापस आ रहे थे, अमिदा जी मंदिर की समाधि स्थल पर उन्मत्त ढंग से बज रही बीवा की आवाज़ सुनकर वे चौंक पड़े। अँधेरी रात में वहाँ जब-तब फुदकने वाली छलावे की रोशनियों के सिवाय चारों तरफ अँधेरा था। अचरज के साथ वे लोग तुरंत समाधि स्थल की ओर बढ़े। वहाँ अपनी लालटेनों की सहायता से वे होइचि को खोजने लगे। उन्होंने देखा कि होइचि अन्तोकु तेन्नो की स्मारक समाधि के सामने बारिश में अकेला बैठा बीवा बजा कर ऊँचे स्वर में दान-नो-उरा युद्ध का गीत गा रहा था। उसके पीछे, उसके ऊपर, उसके चारों ओर, समाधियों के ऊपर हर जगह बेताल-पिशाच योनियों की आग की रोशनियाँ जलती मोमबत्तियों की तरह नाच रही थीं। पहले कभी 'ओने-बि' (पिशाची रोशनियों) का ऐसा विशाल जमघट आदमी के सामने प्रकट नहीं हुआ था।

'होइचि सान! होइचि सान' सेवकों ने पुकारा—'आप सम्मोहित हो गए हैं... होइचि सान!'

उन्हें लगा कि अंधे को सुनाई ही नहीं दे रहा। वह लगातार अपनी वीणा के तारों को खड़खड़ाते, घनघनाते, झनझनाते हुए दान-ओ-उरा युद्ध का गीत बेतहाशा स्वर में गाए जा रहा था। सेवकों ने उसे पकड़ लिया और उसके कान पर चिल्लाए—

'होइचि सान, होइचि सान! तुरंत हमारे साथ घर वापस चलो।'

होइचि ने उन्हें फटकारते हुए कहा—'इन सम्माननीय लोगों के सामने मेरे गाने के बीच इस तरह की रोक-टोक मैं बिल्कुल बर्दाश्त नहीं कर सकता!'

होइचि की यह बात सुनकर, स्थिति की भयानकता के बावजूद सेवक अपनी हँसी नहीं रोक पाए। उन्हें निश्चय हो गया कि वह सम्मोहित है। उन्होंने उसे कस कर पकड़ लिया और खींच कर खड़ा किया तथा लगभग धकेलते हुए जल्दी-जल्दी मंदिर वापस लाए। वहाँ पहुँचने पर महंत के आदेश पर उसके गीले कपड़े बदलवाए गए और भोजन कराया गया। फिर महंत ने मित्रतापूर्वक आग्रह किया कि होइचि अपने इस विचित्र व्यवहार का स्पष्टीकरण दे।

काफी देर तक तो होइचि बताने से झिझकता रहा। पर आखिर में जब उसे लगा कि वह सज्जन महंत उसके आचरण से वास्तव में व्याकुल और नाराज़ हो गए हैं उसने तय कर लिया कि अब वह उनसे नहीं छिपाएगा। फिर उसने समुराइ के पहली बार आने से लेकर अब तक की सारी कथा महंत को बता दी।

महंत ने कहा—'मेरे मित्र! तुम बहुत बड़े खतरे में फँस गए हो! कितने दुर्भाग्य की बात है कि तुमने यह सब मुझे पहले नहीं बताया। संगीत में तुम्हारी अद्‌भुत दक्षता ने तुम्हें विचित्र कठिनाई में डाल दिया है। अब तक तुम्हें समझ आ गया होगा कि तुम किसी भी भवन में नहीं जा रहे थे, बल्कि अपनी रातें समाधि स्थल पर हेइके राजवंश की समाधियों के बीच गाते हुए बिता रहे थे और आज हमारे सेवकों को तुम अन्तोकु तेन्नो की स्मारक समाधि के सामने वर्षा में भीगते बैठे मिले। जो कुछ भी तुम कल्पना कर रहे थे वह सब छलावा था, सिवाय प्रेतात्माओं द्वारा आह्वान के। एक बार उनकी आज्ञा पालन करके तुमने अपने को उनके वश में कर लिया है। अब जो यह सब कुछ तुमने हमें बता दिया है उसके बाद तुम अनकी आज्ञा मानोगे तो भी वे तुम्हारे टुकड़े-टुकड़े कर डालेंगे। लेकिन देर-सवेर वे तुम्हारा विनाश तो हर हालत में करते ही...! अब मैं आज रात तो तुम्हारे साथ यहाँ रह नहीं सकूँगा क्योंकि मुझे एक और अनुष्ठान के लिए बाहर बुलाया गया है। लेकिन मेरे जाने से पहले यह जरूरी है कि तुम्हारे शरीर पर पवित्र मंत्र का पाठ लिखकर उसकी रक्षा की जाए।'

सूर्यास्त पहले महंत और उनके वेदी-सेवक ने होइचि के वस्त्र उतारे और अपनी लेखन-तूलिका से उसके पीठ-पेट, मुख-सिर और गले, हाथ-पैर आदि सभी अवयवों पर यहाँ तक कि पैरों के तलवों से लेकर सभी अंगों पर 'हन्न्या शिन-क्यो' (प्रज्ञा पारमिता हृदय सूत्र) नामक पवित्र सूत्र का पाठ लिखने लगे। जब वे लोग यँह कार्य कर चुके तो महंत ने होइचि को निर्देश दिए कि—'आज रात, मैं जैसे ही बाहर जाऊँ, तुम बरामदे में आकर बैठ जाना और प्रतीक्षा करना। तुम्हें बुलाया जाएगा। लेकिन कुछ भी हो, तुम न तो जवाब देना, न ही अपनी जगह से हिलना-डुलना। कुछ मत कहना, चुपचाप बैठे रहना—मानो तपस्या कर रहे हो। यदि तुम हिलोगे-डुलोगे या किसी तरह का शोर करोगे तो तुम्हें चीर कर टुकड़े-टुकड़े कर दिए जाएँगे; और किसी को मदद के लिए बुलाने की मत सोचना—क्योंकि कोई मददगार तुम्हें बचा नहीं सकेगा। यदि तुम वैसे ही करोगे जैसे मैं बता रहा हूँ तो खतरा टल जाएगा और तुम्हें फिर किसी और चीज़ का डर नहीं रहेगा।'

रात होने पर महंत और उनका वेदी-सेवक चले गए; और होइचि उनके निर्देशानुसार बरामदे में बैठ गया। उसने अपनी बीवा अपने पास लकड़ी के फर्श पर रख ली और ध्यान की मुद्रा में चुपचाप निश्चेष्ट होकर बैठ गया—उसने ध्यान रखा

कि उसके खाँसने, गला खखाँरने, ज़ोर से साँस लेने तक की आवाज़ न हो। घंटों वह ऐसे ही बैठा रहा। फिर उसे सड़क की ओर से किसी के आने की पदचाप सुनाई दी। आगंतुक द्वार से अंदर आया, बगीचा पार किया और बरामदे में पहुँच कर उसके बिल्कुल सामने आकर खड़ा हो गया।

'होइचि।' गंभीर आवाज़ ने पुकारा। किंतु होइचि साँस रोके निश्चेष्ट बैठा रहा।

'होइचि।' सख्त आवाज़ ने दोबारा पुकारा। तीसरी बार क्रोध से पुकारा—'होइचि!'

होइचि पत्थर की तरह मौन बैठा रहा, और खीज भरी आवाज़ में गरजते हुए फिर पुकार लगी—'कोई जवाब नहीं—ऐसे काम नहीं चलेगा। देखना चाहिए कि यह आदमी कहाँ है...!'

भारी कदमों के बरामदे में चढ़ने की आवाज़ आई। कदम सावधानी से उसकी ओर बढ़े और पास आकर रुक गए। कुछ देर तक सन्नाटा रहा। सन्नाटे के ये क्षण होइचि के लिए बड़े ही लंबे हो गए। उसे लगा कि उसकी हृदय की धड़कन इतनी ज्यादा तेज़ हो गई है कि उसका पूरा शरीर हृदय गति के साथ हिल रहा है।

आखिरकार रूखी आवाज़ उसके पास आकर बड़बड़ाई—'बीवा तो यहाँ रखी है; लेकिन बजाने वाला कहाँ है उसके तो मुझे केवल कान ही दिखाई दे रहे हैं...अच्छा इससे पता चलता है कि उसने जवाब क्यों नहीं दिया; उसका मुँह तो है ही नहीं जिससे जवाब दे—उसके कानों के सिवाय उसका कुछ भी नहीं बचा है...अब अपने स्वामी के लिए मैं उन कानों को ही ले जाता हूँ—ताकि प्रमाणित कर सकूँ कि उनकी सम्माननीय आज्ञा का जहाँ तक संभव हो सका मैंने पालन किया है।'

उसी क्षण होइचि को लगा कि उसके कान लोहे की उँगलियों से मरोड़ कर चीर डाले गए हैं! असह्य पीड़ा के बावजूद उसने चीख न निकलने दी। भारी पदचाप बरामदे को पार करती हुई लौट पड़ी, बगीचे में उतरी और दरवाज़े से होकर बाहर सड़क पर चली गई। धीरे-धीरे कदमों की आहट सुनाई देनी बंद हो गई। अंधे को अपने सिर के दोनों ओर गाढ़ा गर्म पदार्थ टपकता महसूस हुआ; लेकिन उसने अपने हाथ उठाने या हिलने-डुलने की हिम्मत नहीं की, वैसे ही मूर्तिवत् बैठा रहा।

सूर्योदय के से पहले महंत वापस आ गए। तुरंत पिछवाड़े के बरामदे की ओर बढ़े—तेज कदम बढ़ाते हुए वे किसी चिपचिपी चीज़ पर फिसल गए। उनके मुख से भयग्रस्त चीख निकल पड़ी क्योंकि लालटेन के प्रकाश में उन्होंने देखा कि वह चिपचिपा पदार्थ खून था। लेकिन तभी उन्होंने होइचि को बरामदे में ध्यानमग्न मुद्रा में बैठे देखा—उसके घावों से अब भी खून बह रहा था। महंत ने चौंक कर कहा—'बेचारा मेरा होइचि!' ... अरे! यह क्या है? ... तुम्हारे तो चोट लगी है?

मित्र की आवाज़ सुनकर अंधे ने अपने आपको सुरक्षित महसूस किया। वह

सिसकियाँ भरते हुए बोल उठा...। रोते-कराहते हुए उसने रात का अपना जोखिमपूर्ण अनुभव सुनाया।

'बेचारा अभागा होइचि!' महंत ने दुख-भरी आवाज़ में कहा। यह सब मेरी भयंकर भूल का परिणाम है...तुम्हारे शरीर पर हर जगह पवित्र सूत्र का पाठ लिखा था छोड़कर तुम्हारे कानों के! मैंने तुम्हारे कानों पर पवित्र सूत्र लिखने का काम अपने वेदी-सेवक को सौंप कर उस पर भरोसा कर लिया था—और मेरी ही बहुत बड़ी भूल रही कि मैंने जाँच नहीं की कि उसने वहाँ लिखा है या नहीं...! पर अब क्या हो! अब तो हम यही कर सकते हैं कि जितनी जल्दी हो सके उतनी जल्दी तुम्हारे घाव ठीक कराने में मदद करें ...। खुश हो जाओ मित्र—आसन्न संकट टल चुका है। अब कभी आगंतुक तुम्हें फिर से आकर नहीं सताएँगे!

अच्छे चिकित्सक के इलाज से होइचि के घाव जल्दी ठीक हो गए और उसके विचित्र किंतु साहस भरे अनुभव की कहानी दूर-दूर तक जल्दी ही फैल गई। इस कहानी ने होइचि के यश का और विस्तार किया। बहुत से सम्माननीय लोग उसका गाना सुनने आगामासेकि आने लगे; उसे बहुत बड़ी मात्रा में धन और उपहार भेंट स्वरूप मिलने लगे...! जल्दी ही होइचि धनवान हो गया। इतना ही नहीं, अब वह केवल होइचि के नाम से नहीं जाना जाता—उसके साहसपूर्ण कार्य के बाद अब उसके नाम के साथ एक उपाधि भी जुड़ गई—'कनकटा' (बगैर कानों का।) लोग उसे 'मिमि-नाशी-होइचि'—कनकटा होइचि (बगैर कानों का होइचि) नाम से जानते।

['साहित्य अमृत', अक्तूबर 2004]